D1719385

Karl A. Weiss

Die schweizerische Aktiengesellschaft

Karl A. Weiss

Die schweizerische Aktiengesellschaft

Ratgeber für den Einsatz der AG
als Betriebs- und Holding-Gesellschaft
nach dem neuen Aktienrecht

Fortuna Finanz-Verlag AG,
CH-8123 Ebmatingen/Zürich

© 1993 Alle Rechte by Fortuna Finanz-Verlag AG
CH-8123 Ebmatingen/Zürich
Druck: Konkordia Druck GmbH, 7580 Bühl
Printed in Germany: ISBN 3-85684-068-0

Für Veronika

Inhaltsverzeichnis

Haben Sie unsere

Unternehmensberichte

diese Woche

schon gelesen?

Einleitung

Jedes unternehmerische Handeln wickelt sich innerhalb einer bestimmten Rechtsordnung ab.

Für eine ausschliesslich im Inland aktive Unternehmung stehen die entsprechenden nationalen Gesetze im Vordergrund.

Finden unternehmerische Aktivitäten in verschiedenen Ländern und zwischen unterschiedlichen Rechtsordnungen statt, sind überdies die betreffenden ausländischen Rechtssysteme und Gepflogenheiten zu berücksichtigen.

Sowohl dem lediglich inländisch orientierten als auch – und dies in vermehrtem Mass – dem international operierenden mittelständischen Unternehmer stellt sich die zentrale Frage der auszuwählenden Rechtsform seiner unternehmerischen Organisation und damit zusammenhängend die Entscheidung, wo der Sitz dieser rechtlichen Einheit einzurichten sei.

Denn mit der rechtzeitigen und vernünftigen Klärung dieser Frage hängen insbesondere steuerrechtliche Belange zusammen, ganz abgesehen beispielsweise von haftungsrechtlichen Aspekten, denen in marktwirtschaftlichem Umfeld aktiven Unternehmungen ebenso gewichtige Bedeutung zukommt.

Sodann setzt eine später mögliche Erbteilung, soll sie nicht zur zwangsläufigen Zerschlagung der Unternehmung führen, besondere Anforderungen an die zugrunde liegende Rechtsform des Betriebs.

Und schliesslich soll die gewählte unternehmerische Rechtsform flexibel genug sein und auch eine allfällige Betriebsveräusserung – nicht zuletzt in steuerlicher Hinsicht – nicht behindern.

Bevor wir tiefer in die Thematik dieses Buchs eintauchen, seien die wichtigsten Zielsetzungen summarisch aufgelistet, die nach der Lektüre erreicht sein sollten:

◆ Der frisch ins unternehmerische Dasein eintretende Gründer eines Betriebs soll die entscheidenden Vor- und Nachteile einer Aktiengesellschaft kennenlernen.

◆ Der Unternehmer, der bereits einen oder mehrere Betriebe besitzt, soll in die Lage versetzt werden, mögliche Vorteile zu erkennen, welche die Einrichtung einer Aktiengesellschaft als Holding unter verschiedenen Aspekten mit sich bringen kann.

◆ Der ausländische Unternehmer schliesslich soll hier Anregungen finden, wie er mit der Gründung einer schweizerischen Aktiengesellschaft, etwa als Holding gestaltet, seine bisherigen Strategien optimieren kann, wie dies vor ihm schon zahlreiche andere namhafte Unternehmungen realisiert haben.

In allen Fällen soll der Leser nach der Lektüre fähig sein, den Gründungsablauf sowie die formelle Funktionsweise einer Aktiengesellschaft des schweizerischen Rechts zusammen mit dem Basiswissen über die aktienrechtliche Ausgestaltung zum Zweck eigener Entscheidungsfindung zu vereinigen.

Mehrere praktische Beispiele werden der Veranschaulichung dieser grundsätzlichen Zielsetzung dienen.

Dieses Buch berücksichtigt die wesentlichen Änderungen des neuen schweizerischen Aktienrechts, das auf den 1. Juli 1992 in Kraft getreten ist.

Nach 25jähriger Anlaufzeit wurde das etwa fünfzigjährige Aktienrecht ziemlich gründlich revidiert. Dabei stand im Zeichen von EWR und EG ganz allgemein eine verbesserte Europatauglichkeit im Vordergrund.

Die Neuorientierung dieses wohl wichtigsten Bereichs des schweizerischen Gesellschaftsrechts fand in zentralen Bereichen statt:

– Erleichterung der Kapitalbeschaffung
– Verbesserung der Transparenz in der Rechnungslegung
– Verstärkung der Stellung des Aktionärs
– Besserer Schutz der Gläubiger
– Erschwerung sogenannter Schwindelgründungen

Soweit kann heute gar von einer weitgehenden Europakompatibilität gesprochen werden.

Die Regelung der stillen Reserven sowie die Publizitätsvorschriften zur Rechnungslegung hingegen bleiben eine wesentliche Unvereinbarkeit mit den diesbezüglichen EG-Bestimmungen.

Die zahlreichen Änderungen im neuen Aktienrecht, nach denen sich die über 150 000 Aktiengesellschaften in der Schweiz auszurichten haben werden, müssen von den bereits bestehenden Gesellschaften binnen einer Frist von 5 Jahren nach Inkrafttreten des revidierten Gesetzes verwirklicht werden, widrigenfalls im Extremfall eine behördlich angeordnete Liquidation droht.

Gesellschaften, die vor dem 1. Januar 1985 gegründet worden sind, werden hingegen von einigen Anpassungen befreit. Dazu gehören die Vorschriften über die Höhe des Mindestaktienkapitals und das Verhältnis des Partizipationskapitals sowie des Nominalwertes von Stimmrechtsaktien.

Nicht den Genuss der fünfjährigen Übergangsfrist haben die Vorschriften zur Rechnungsablage erhalten; bereits die Gesellschaftsabschlüsse für 1993 müssen nach den neuen strengeren Vorschriften erfolgen.

Und auch die gesetzlichen Bestimmungen, welche im Interesse der öffentlichen Ordnung sind, kennen keine Übergangsfristen. Dazu zählen etwa die neuen Vorschriften über die Verantwortlichkeit der Organe und der Revisionsstelle oder die Anforderungen an die Revisionsstelle.

Darüber hinaus müssen die verschiedenen Schutzbestimmungen zugunsten des Partizipationsscheinkapitals bzw. der Partizipanten ohne Verzug eingehalten werden. Hervorzuheben wäre in diesem Zusammenhang beispielsweise die Forderung nach Gleichbehandlung dieser Kategorie von Eigentümern mit den ordentlichen Aktionären.

Ferner gelten die verschärften Vorschriften hinsichtlich der Einberufung und Durchführung der Generalversammlung, falls die Statuten der Gesellschaften keine anderslautenden Regelungen vorsehen. Anpassungen statutarischer Bestimmungen über qualifizierte Mehrheitsanforderungen können im übrigen bis zum 1. Juli 1993 noch mit absoluter Mehrheit der an einer Generalversammlung vertretenen Aktienstimmen durchgeführt werden.

Wo im Rahmen dieses Buches bedeutsam und möglich, findet der Leser entweder an der entsprechenden Stelle oder im besonders dafür vorgesehenen Kapitel Hinweise auf mögliche Kollisionen mit EWR- bzw. EG-Recht.

Wesentliche Neuerungen, die vom Bundesgesetz über die Harmonisierung der direkten Steuern der Kantone und Gemeinden (StHG) auf den 1. Januar 1993 ausgehen, sind ebenfalls integriert und in einem eigenen Kapitel dargestellt.

Schliesslich befasst sich ein gesonderter Abschnitt mit den Aussichten auf die unternehmensrelevante Steuergesetzgebung, die im Zuge der auf den 1. Januar 1995 vorgesehenen Einführung des Bundesgesetzes über die direkten Bundessteuern (DBG) einige wichtige Änderungen erfahren wird.

Der Leser darf sich angesichts seiner durch die Lektüre dieses Buches erworbenen Kenntnisse und Fähigkeiten indes nicht in der möglicherweise fatalen Sicherheit wiegend dazu verleiten lassen, auf den Rat und Sachverstand versierter Fachleute zu verzichten.

Dies gilt ganz besonders für ausländische Unternehmer und allgemein in jenen Fällen, deren Ausgangslage komplexer Natur ist.

Schliesslich ist auch zu berücksichtigen, dass im täglichen Umgang die in diesem Buch dargestellten Sachverhalte einerseits dem Wandel der Zeit und deshalb künftigen Änderungen unterliegen können, anderseits Darlegungen sowie Empfehlungen nicht den Anspruch auf absolute Vollständigkeit und individuelle Zweckmässigkeit erheben.

Dieses Buch will Basiswissen vermitteln und Anregungen geben; Vertiefungen in entsprechender Literatur sind von Fall zu Fall empfehlenswert.

Karl A. Weiss
CH-8712 Stäfa

I. KAPITEL

1. Gesellschaftsrecht der Schweiz

Das Obligationenrecht (OR) sowie ergänzend das Zivilgesetzbuch (ZGB) regeln die gesellschaftsrechtlichen Abläufe.

Beides sind Bundesgesetze und gelten deshalb für die ganze Schweiz einheitlich.

Den eingangs erwähnten Normenbüchern sind grundsätzlich auch ausländische Unternehmungen unterworfen, falls sie auf dem schweizerischen Territorium aktiv tätig werden, worin im übrigen auch reine unternehmensleitende Tätigkeiten eingeschlossen sind, selbst dann, wenn sie eine der Schweiz fremde Rechtsform haben.

2. Unternehmensformen der Schweiz

Neben der formlos zu gründenden Einzelunternehmung bestehen in der Schweiz die folgenden Gesellschaftsformen:

A) Personengesellschaften
- Kollektivgesellschaft
- Kommanditgesellschaft

B) Kapitalgesellschaften
- Aktiengesellschaft (AG)
- Gesellschaft mit beschränkter Haftung (GmbH)

Diese Gesellschaftstypen gehören zu den gebräuchlichen Rechtsformen von Unternehmungen mit wirtschaftlicher Zweckbestimmung.

Daneben existieren noch Genossenschaften, Stiftungen und Vereine, die in der Regel nicht primär wirtschaftliche Ziele verfolgen; Ausnahmen bestätigen nur die Regel.

Die Form der Kommandit-Aktiengesellschaft – geradezu ein Kuriosum in der Unternehmenslandschaft – sei lediglich der Vollständigkeit halber erwähnt; ihre praktische Bedeutung im Rahmen des vorliegenden Buchs wie im Wirtschaftsleben ist tatsächlich äusserst gering.

Für Einzelunternehmungen sowie Personengesellschaften gilt, dass sie keine eigene Rechtspersönlichkeit aufweisen, mithin also die jeweiligen Gesellschafter letztlich persönlich verpflichtet werden. Zu denken ist beispielsweise an die persönliche, unbeschränkte Haftung für Gesellschaftsschulden oder an die persönliche Steuerpflicht.

Demgegenüber sind die Aktiengesellschaft und die Gesellschaft mit beschränkter Haftung juristische Personen, Körperschaften also, die im Rahmen der entsprechenden Rechtsordnung fähig sind, Rechte und Pflichten zu begründen.

Allerdings ist die Aktiengesellschaft als Körperschaft im allgemeinen für strafbare Handlungen ihrer Organe nicht verantwortlich. Strafrechtlich in Haftung genommen werden gegebenenfalls die mit der Gesellschaft verbundenen Personen, was weiter hinten noch dargestellt wird.

Dank der zahlreichen überzeugenden Vorteile der Aktiengesellschaft zählt diese Rechtsform zu den gebräuchlichsten in der Schweiz, wobei die überwiegende Zahl der über 150 000 Aktiengesellschaften im Bereich der Klein- und mittelständischen Betriebe anzutreffen ist. Selbstverständlich ist die grosse Mehrzahl der an Schweizer Börsen kotierten Gesellschaften in der Rechtsform der Aktiengesellschaft notiert.

3. Die Aktiengesellschaft

Schlagwortartig lassen sich die wesentlichen Vorteile dieser Rechtsform anhand folgender Kriterien auflisten:

a) Haftungsbeschränkung
Die Eigentümer der Aktiengesellschaft, also die Aktionäre, haften prinzipiell nicht mit ihrem Privatvermögen für die Verbindlichkeiten der Gesellschaften.

Ausnahmen von dieser Grundregel gelten für Fälle, wo den verantwortlichen Organen der Gesellschaft, die gleichzeitig Aktionäre sind, Fehlverhalten oder gar strafbare Handlungen nachgewiesen werden können.

b) Anonymität
Falls die Aktionäre der Gesellschaft es wünschen, können sie als solche anonym bleiben, vorausgesetzt, sie besitzen keine auf ihren Namen lautenden Aktien (Namenaktien).

Im Gegensatz zu Personengesellschaften bestehen für die Eigentümer der Aktiengesellschaft grundsätzlich keine Publizitätsvorschriften. Über besondere Ausnahmebestimmungen lesen Sie später.

c) Holdingprivileg
Hat eine Aktiengesellschaft ausschliesslich oder zumindest mehrheitlich den Zweck, Beteiligungen an anderen Gesellschaften zu verwalten, so ist sie ertragssteuerbefreit.

Zu diesem Themenkomplex und den damit verbundenen Einschränkungen später mehr.

d) Erbrechtliche Vereinfachung
Statt einen Geschäftsbetrieb bzw. dessen Aktiven und Passiven aufspalten zu müssen, was in aller Regel den Untergang der Unternehmung zur Folge hat, oder den Erbberechtigten mit Barzahlung zu ihren Rechten zu verhelfen, kann den Anspruchsberechtigten durch Übergabe von Aktien deren gesetzlich vorgeschriebener Teil abgegolten werden. Dadurch bleibt die Unternehmung als Einheit – zumindest formal – erhalten.

e) Kapitalbeschaffung

Im Zuge des unternehmerischen Wachstums stossen Unternehmungen früher oder später an ihre kapitalmässige Grenze. Zusätzliches Eigenkapital wird notwendig.

Dank der einfachen Emission zusätzlicher Aktien können sich auch nicht aktiv am Geschäftsalltag teilnehmende Gesellschafter an der Aktiengesellschaft beteiligen.

Das revidierte Aktienrecht hat in diesem Zusammenhang dafür gesorgt, dass die Kapitalbeschaffung inskünftig durch einige attraktive Optionen erweitert wird, was weiter hinten noch beschrieben wird.

f) Einfache Aktienübertragung

Teile der Aktiengesellschaft oder gar die komplette Unternehmung können durch Übertragung entsprechender Aktien unkompliziert und ohne nennenswerte Formalitäten den Eigentümer wechseln.

g) Verbesserte Steuerplanung

Im Gegensatz etwa zu Personengesellschaften ist die Aktiengesellschaft auch ein Steuersubjekt, das heisst, sie zahlt auf ihrem Ertrag und ihrem Kapital die ordentlichen Steuern (beachten Sie dazu auch die Darlegungen im entsprechenden Kapitel).

Es kann im Interesse der Eigentümer liegen, aus der Parallelität ihrer persönlichen Steuerpflicht und jener der Gesellschaft einen Nutzen zu ziehen. Dies kann zum Beispiel dadurch erreicht werden, indem sie verschiedene Unkosten als geschäftsmässig begründbaren und deshalb abzugsfähigen Aufwand über die Aktiengesellschaft laufen lassen.

Weil im üblichen Geschäftsleben eine exakte Abgrenzung zwischen ausschliesslich dem persönlichen und privaten Nutzen dienenden Ausgaben und geschäftlich begründetem Aufwand nur selten möglich ist, neigen im Laufe der Zeit etliche Eigentümer dazu, «den Karren zu überladen», was im Extremfall zu empfindlichen Nachsteuern führen kann.

Es ist daher empfehlenswert, rechtzeitig einen erfahrenen Steuerexperten beizuziehen.

h) Freie Firmenwahl

Die Aktiengesellschaft kann ihren Namen grundsätzlich frei wählen, solange sie damit nicht eine in der Schweiz bereits bestehende Firma konkurrenziert.

Oft nennt man die verglichen mit anderen Gesellschaftsformen erhöhte Kreditwürdigkeit einer Aktiengesellschaft als weiteren Vorteil.

Diesem Argument lässt sich natürlich nicht unbesehen folgen, hängt doch die individuelle Kreditwürdigkeit gegenüber Banken oder Lieferanten in erster Linie von den im Einzelfall vorhandenen wirtschaftlichen und finanziellen Voraussetzungen ab.

16

Sodann verlangen gerade die Banken als Kreditgeber vielfach zusätzliche Bürgschaften seitens der Aktionäre als Voraussetzung für eine Darlehensvergabe an eine noch junge oder in finanziellen Schwierigkeiten steckende Aktiengesellschaft.

Es wäre nun falsch, die Aktiengesellschaft einseitig als nur vorteilhaft zu qualifizieren. In der Tat verbinden sich damit auch Nachteile, wobei diese wie die praktische Erfahrung lehrt nur in Extremfällen zu einem Verzicht auf die Gründung einer Aktiengesellschaft führen.

Im Kern müssen die folgenden Tatbestände kritisch gewürdigt werden:

a) Strenge Bewertungsvorschriften

Da für die Verbindlichkeiten der Aktiengesellschaft grundsätzlich nur das Vermögen der Gesellschaft haftet, erliess der Gesetzgeber ziemlich einschneidende Bewertungsvorschriften, die dem Gedanken eines möglichst guten Gläubigerschutzes folgen.

Während die Aktiven, also das Vermögen, zu ihren Anschaffungs- bzw. Herstellungswerten – unter Abzug der erforderlichen Wertverminderung – in der Bilanz eingesetzt werden dürfen, sind die Schulden der Gesellschaft vollständig zu ihrem tatsächlichen Wert zu bilanzieren.

Für alle Teile des Vermögens entsteht auf diese Weise ein sogenanntes Niederstwertprinzip, das heisst, die Aktiengesellschaft darf Aktiven keinesfalls höher bewerten, als ihnen gemäss dieser Vorschrift zusteht.

Es ist der Aktiengesellschaft hingegen unbenommen, mittels überhöhter Abschreibungen die Aktiven unrealistisch tief zu bewerten, wodurch stille Reserven entstehen. Einer solchen absichtlichen Tieferbewertung stehen selbstverständlich steuerrechtliche Einschränkungen gegenüber.

In jedem Fall widerspricht die Regelung zur Bildung von stillen Reserven jedoch dem Grundsatz der «true and fair view» in der Rechnungsablage, ein Handicap, worunter selbst das neue Aktienrecht ungeschmälert leidet.

Für die Verbindlichkeiten der Aktiengesellschaft gilt das gleiche Prinzip, das durch eine künstliche Aufblähung (beispielsweise über die Umrechnung von Fremdwährungsschulden zu ungünstigen Devisenkursen) das Bilden stiller Reserven ermöglicht.

b) Strenge formale Erfordernisse

Wie weiter hinten zu lesen sein wird, muss selbst die sogenannte Einmann-Aktiengesellschaft (nach dem Gründungsakt, der drei Personen voraussetzt) eine Reihe von rechtlichen Formalien beachten, wie sie auch grosse Aktiengesellschaften zu befolgen haben.

c) Wirtschaftliche Doppelbesteuerung

Der wohl gravierendste, weil nur fiskalisch begründbare, Nachteil ist die wirtschaftliche Doppelbesteuerung.

17

Zuerst versteuert die Aktiengesellschaft ihren Ertrag, danach sind die in der Regel aus eben diesem (Rest)Ertrag finanzierten Gewinnausschüttungen an die Aktionäre nochmals der Einkommensbesteuerung unterworfen, und zwar als Dividendeneinkommen des Aktionärs im Rahmen seiner ordentlichen Steuerpflicht.

Besonders stossend wirkt diese absolut ungerechtfertigte und wirtschaftlich unsinnige Doppelbesteuerung in jenen Fällen, wo der ausländische Aktionär auf kein Doppelbesteuerungsabkommen seines Domizillandes mit der Schweiz zurückgreifen kann oder aus anderen Gründen von einem bestehenden Doppelbesteuerungsabkommen keinen Gebrauch machen will.

Immerhin lassen sich mittels einer umsichtigen Steuerplanung die empfindlichsten Nachteile der skizzierten doppelten Besteuerung etwas mildern, wozu zweifellos auch das Einschalten einer Holdinggesellschaft zählt.

d) Publizitätsvorschriften

Wie erinnerlich zählt die weitgehende Anonymität des Aktionärs zu den Vorteilen der Aktiengesellschaft.

Ausserhalb des Aktionärbereichs entfalten sich diese Möglichkeiten jedoch nicht. Die Aktiengesellschaft bedarf nämlich zu ihrer Gründung des Eintrags in das Handelsregister, das von jedem Kanton in der Schweiz geführt wird und öffentlich zugänglich ist.

In dieses Handelsregister müssen wesentliche Eigenschaften der Aktiengesellschaften eingetragen werden, wie beispielsweise ihr Grundkapital (auch Aktienkapital genannt), der Gesellschaftssitz, die Mitglieder des Verwaltungsrats (das oberste Leitungsorgan der Aktiengesellschaft) usw., was weiter hinten ausführlich dargestellt wird.

Zu den weiterführenden Publizitätsvorschriften, namentlich als Folge der neuen Vorschriften im revidierten Aktienrecht, lesen Sie in den entsprechenden Kapiteln.

4. Die Organe der Aktiengesellschaft

a) Generalversammlung
Oberstes Organ der Aktiengesellschaft; Versammlung der Aktionäre

b) Verwaltungsrat
Höchstes Leitungsorgan der Aktiengesellschaft

c) Revisionsstelle
Internes Kontrollorgan der Aktiengesellschaft

Diese drei Organe, die später detailliert kommentiert werden, benötigt jede Aktiengesellschaft aufgrund der gesetzlichen Vorschriften.

Ein Verstoss dagegen (was allenfalls nur im Falle der Revisionsstelle oder des Verwaltungsrats praktische Bedeutung gewinnen könnte) kann eine richterlich angeordnete Liquidation nach sich ziehen.

Es kommt in der Praxis vor, dass vereinzelte Verstösse gegen die aktienrechtlichen Vorschriften zu keiner gesetzlichen Ahndung führen; sei es, weil kein Kläger vorhanden ist und die Gerichte, selbst in Kenntnis des Sachverhaltes, nicht von sich aus aktiv werden (namentlich weil keine unmittelbare Verletzung von Gläubigerinteressen erkennbar ist), sei es, weil die Missachtung den engen Kreis der direkt Betroffenen innerhalb der Aktiengesellschaft (noch) nicht verlassen hat.

Man muss sich indes stets bewusst sein, dass derartige Gesetzesverstösse – vorwiegend im Bereich der formellen Erfordernisse – in einem später möglicherweise stattfindenden Gerichtsfall strafverschärfend wirken können.

Die Generalversammlung

Die unübertragbaren Befugnisse dieses obersten Organs der Aktiengesellschaft sind im Gesetz (Obligationenrecht) geregelt.

Allgemein hat die Generalversammlung die Aufgabe, die wichtigsten Grundsatzentscheide der Aktiengesellschaft zu fällen, was angesichts der Tatsache, dass es sich bei diesem Organ um die Zusammenkunft der Aktionäre, also der Eigentümer, handelt, logisch konsequent ist.

Im wesentlichen lauten die keinem anderen Organ der Aktiengesellschaft übertragbaren Befugnisse wie folgt:

1. Aufstellung und Änderung der Statuten

Die Statuten sind das gesetzlich vorgeschriebene Grundgesetz einer Aktiengesellschaft, eine Art Verfassung, nach der die Organisation der Gesellschaft funktionieren soll.

Es versteht sich von selbst, dass die Bestimmungen der Statuten nur insoweit Gültigkeit haben, als sie auf die bestehende Rechtsordnung Rücksicht nehmen.

Es ist wichtig, dass Entscheidungen der Generalversammlung statutarische Vorschriften und Bestimmungen nicht verletzen, weil ansonsten solche Beschlüsse vor Gericht relativ einfach angefochten werden können. In der Folge wären auch Schadenersatzforderungen denkbar.

Hinsichtlich des Inhalts der Statuten gibt der Gesetzgeber einen Mindestrahmen vor, der im Einzelfall natürlich beliebig erweitert werden kann.

Aus praktischen Gründen sollten die Statuten jedoch wirklich nur die grundsätzlichen Bestimmungen enthalten und Details untergeordneten Reglementen zuweisen.

Angesichts der zentralen Bedeutung der Statuten für das Funktionieren der Aktiengesellschaft sind diese immer schriftlich zu verfassen und müssen überdies öffentlich beurkundet und beim Handelsregisteramt deponiert werden. Dieser Grundsatz gilt auch für später möglicherweise erforderliche Änderungen.

Über den gesetzlich geforderten Mindestinhalt der Statuten lesen Sie im Anhang.

2. Wahl und Abberufung der Verwaltung und der Revisionsstelle

Da die Aktionäre, zusammengefasst im Organ der Generalversammlung, an der Geschäftsführung nicht aktiv teilnehmen, kommt der Wahl bzw. der Abberufung von Mitgliedern des Verwaltungsrats (der als Organ die oberste Unternehmensleitung darstellt) sowie der internen Kontrollstelle eminent wichtige Bedeutung zu.

Besonders in jenen Fällen, wo sich konkurrenzierende Aktionärsgruppen befehden, ist daran zu denken, dass jede Aktionärsgruppe einen gesetzlichen Anspruch auf Delegation eines ihrer Vertreter in den Verwaltungsrat hat.

3. Abnahme der Gewinn- und Verlustrechnung mit Bilanz und Geschäftsbericht der Unternehmensleitung

Binnen sechs Monaten nach dem Ende des Geschäftsjahres, das meist mit dem Kalenderjahr übereinstimmt (was empfehlenswert ist, denn andernfalls wären vielleicht umständliche und zeitraubende Abgrenzungen für steuerliche Zwecke erforderlich), müssen die Gewinn- und Verlustrechnung (auch oft Erfolgsrechnung genannt) sowie der Geschäftsbericht und – falls vorgeschrieben – die Konzernrechnung vorliegen.

Zusammen mit einem schriftlichen Prüfungsbericht der Revisionsstelle (über deren Aufgaben und Kompetenzen im entsprechenden Kapitel zu lesen sein wird) liegen diese Unterlagen der Generalversammlung zur Beschlussfassung vor.

4. Verwendung des Reingewinns bzw. Deckung des Reinverlusts

Diese Abstimmung gehört zweifellos zu den intimsten Sphären der Aktionäre, denn dabei geht es vor allem um den Beschluss zur Ausrichtung der Gewinnanteile (Dividenden).

Daneben ist auch darüber abzustimmen, ob nebst den gesetzlichen Reserven zusätzliche, möglicherweise gar statutarisch festgelegte auszurichten sind.

Weiter können beispielsweise den Mitgliedern des Verwaltungsrats Gewinnanteile in Form von sogenannten Tantiemen zugesprochen werden.

5. Entlastung des Verwaltungsrats

Man nennt diesen Vorgang auch Décharge-Erklärung.
Sie soll die Arbeit der Verwaltungsräte während des vorangegangenen Geschäftsjahres qualifizieren.

Alle Aktionäre, die in irgendeiner Weise an der Geschäftsführung beteiligt waren, sind von dieser Abstimmung suspendiert; ihre allfälligen entlastenden Erklärungen wären wertlos.

Die Entlastungserklärung entfaltet eine recht bedeutsame Wirkung, weil später weder die Gesellschaft noch die ihr zustimmenden Aktionäre Verantwortlichkeitsklagen gegen Mitglieder der Verwaltung anstrengen können. Immerhin gilt dieser Grundsatz ausschliesslich für bekanntgegebene Tatsachen und nicht für Aktionäre, die keine Décharge erteilt haben.

Über die vorgängig beschriebenen Geschäfte stimmt die Generalversammlung mit der absoluten Mehrheit der vertretenen Aktienstimmen ab, sofern die Statuten dafür nicht qualifizierte Mehrheiten bestimmen.

Für einige als wesentlich erkannte Beschlüsse, die im folgenden besprochen werden, sieht das Gesetz zwingend qualifizierte Mehrheiten vor. Nur mit Zustimmung von wenigstens zwei Dritteln der vertretenen Aktienstimmen und der absoluten Mehrheit der vertretenen Aktiennennwerte können Änderungen herbeigeführt werden.

6. Änderung des Gesellschaftszwecks

Sollte eine Umwandlung oder eine Erweiterung bzw. Verengung des ursprünglich in den Statuten vorgesehenen Gesellschaftszwecks bzw. Geschäftsbereichs angezeigt erscheinen, haben die Eigentümer der Aktiengesellschaft dazu das letzte und entscheidende Wort zu sprechen.

7. Einführung von Stimmrechtsaktien

Dieser besondere Aktientyp, der noch detailliert vorgestellt wird, erlaubt einer Aktionärsgruppe trotz verhältnismässig geringem Kapitalanteil ein überproportional starkes Stimmengewicht.

8. Beschränkung der Übertragbarkeit von Namenaktien

Das Gesetz überlässt es grundsätzlich den privaten Geschäftspartnern, ob sie die Veräusserung von Namenaktien (die ebenfalls im entsprechenden Kapitel noch beschrieben werden) an die Erfüllung bestimmter Bedingungen knüpfen wollen. Ausnahmen gibt es zum Beispiel im Zusammenhang mit Grundstück- und Liegenschaftengeschäften, die einer vorgängigen behördlichen Genehmigung bedürfen, wenn der Käufer Ausländer ist.

Die Statuten der Aktiengesellschaft können bestimmen, dass Namenaktien nur mit Zustimmung der Gesellschaft, das heisst konkret mit Zustimmung des Verwaltungsrats, übertragen werden dürfen.

Waren früher Generalklauseln möglich, die es letztlich der Willkür des Verwaltungsrats überliessen, missliebige Käufer abzulehnen, sind nach neuem Aktienrecht die Gründe, die zu einer Ablehnung führen, in den Statuten aufzulisten. Dabei setzen die obligationenrechtlichen Bestimmungen darüber einen gewissen Rahmen, was als schützenswertes Interesse der Gesellschaft zu betrachten ist.

9. Genehmigte oder bedingte Kapitalerhöhung

Beide Formen der Kapitalerhöhung sind neu im Aktienrecht geregelt und stehen neben der früheren einfachen Kapitalerhöhung.

Mit der genehmigten Kapitalerhöhung erhält der Verwaltungsrat die Ermächtigung, zu einem späteren Zeitpunkt nach eigener Beurteilung das Aktienkapital im vorbestimmten Ausmass zu erhöhen.

Die bedingte Kapitalerhöhung ist anderseits eine vorsorgliche Massnahme, die beim Eintreffen bestimmter Ereignisse (etwa Umtausch von Wandel- oder Optionsanleihen) definitiv wird.

Diese Aussagen gelten auch im Falle der Kapitalerhöhung durch Ausgabe von Partizipationsscheinen (Beteiligungspapiere ohne Stimmrecht).

10. Kapitalerhöhung aus Eigenkapital, gegen Sacheinlage oder zwecks Sachübernahme und die Gewährung besonderer Vorteile

Vermehrt die Aktiengesellschaft die Anzahl umlaufender Aktien durch Kapitalerhöhung mit frei verfügbarem Eigenkapital, sinkt der Wert der bisherigen Aktien, weil ja kein zusätzliches Vermögen geschaffen wird.

Sacheinlagen, die statt Bargeld für die Liberierung (Bezahlung) neuer Aktien verwendet werden, waren in der Vergangenheit manchmal Gegenstand betrügerischer Manipulationen, indem die Sacheinlagen weit über ihrem tatsächlichen Wert angerechnet wurden. Deshalb verlangt das neue Aktienrecht auch eine besondere Prüfungsbestätigung durch die Revisionsstelle.

Eine verfeinerte Form der Sacheinlage ist letztlich die Kapitalerhöhung zwecks Sachübernahme, weshalb das oben Gesagte sinngemäss auch hierfür gilt.

Und schliesslich mag das Gewähren besonderer Vorteile an die neuen Aktionäre oder andere Personen insbesondere in der Vergangenheit dann und wann missbräuchlich gewesen sein; deshalb verlangt das Gesetz hierfür nebst des qualifizierten Mehrheitsbeschlusses auch ein Prüfungsattest durch die Revisionsstelle.

11. Einschränkung oder Aufhebung des Bezugsrechts

Das Gesetz bestimmt, dass jeder Aktionär Anspruch auf den Teil der neu ausgegebenen Aktien hat, der seiner bisherigen Beteiligung entspricht.

Eine Beschränkung dieses Rechts ist nur aus wichtigen Gründen möglich, wie beispielsweise die Beteiligung von Arbeitnehmern am Aktienkapital der Gesellschaft. In keinem Fall darf mit der Einschränkung oder Aufhebung des Bezugsrechts irgendein unsachlicher Vor- bzw. Nachteil verbunden sein.

12. Verlegung des Sitzes der Gesellschaft

Will die Gesellschaft ihr Domizil innerhalb der Schweiz oder gar ins Ausland verlegen, müssen diesem Vorhaben die Aktionäre ebenfalls mit qualifiziertem Mehr zustimmen.

13. Auflösung der Gesellschaft ohne Liquidation

Üblicherweise erfolgt die Gründung einer Aktiengesellschaft ohne zeitliche Beschränkung der Dauer.

Falls eine Auflösung beabsichtigt wird, zum Beispiel durch Fusion mit einer anderen Unternehmung, haben die Eigentümer der Aktiengesellschaft das entscheidende Wort mitzureden.

Neben den gesetzlichen Mindestbefugnissen können die Statuten der Generalversammlung zusätzliche Geschäfte überantworten. Es liegt schliesslich allein in der Kompetenz der Versammlung der Aktionäre, die Statuten der Gesellschaft so zu konzipieren, dass ihre Entscheidungskompetenzen über das gesetzliche Mindestmass hinauswachsen.

Man soll sich dabei jedoch vor Augen halten, dass solche statutarischen Bestimmungen, sind sie einmal aufgenommen, später nicht einfach und ohne weiteres missachtet werden dürfen. Die formal-juristischen Zwänge sind hier ausserordentlich streng.

Und Änderungen der Statuten, die zwar grundsätzlich immer möglich sind, verlangen wiederum die Einhaltung zahlreicher formeller Bedingungen (sie kommen später noch zur Sprache), an die sich selbst die sogenannte Einmann-Aktiengesellschaft strikte zu halten hat.

Die ordentliche Generalversammlung

Das Gesetz verlangt mindestens eine jährlich abzuhaltende Generalversammlung, und zwar jeweils innert spätestens sechs Monaten nach dem Ende des Geschäftsjahres.

Die Einladung zu dieser ordentlichen Generalversammlung ist Sache des Verwaltungsrats.

Über die formell zwingend zu beachtenden Erfordernisse gibt das Gesetz konkrete Anleitung.

Spätestens 20 Tage vor dem Versammlungstag sind die Aktionäre in der durch die Statuten vorgesehenen Form einzuladen.

Meist geschieht dies durch eingeschriebenen Brief, wenn die Aktionäre namentlich bekannt sind. Andernfalls lässt der Verwaltungsrat entsprechende Publikationen in Tageszeitungen und – eine zwingende Gesetzesvorschrift – im Schweizerischen Handelsamtsblatt (SHAB) erscheinen.

Der Einladung zur Generalversammlung sind die Traktanden sowie die Anträge des Verwaltungsrats beizufügen. Ferner muss den Aktionären zu diesem Zeitpunkt bekanntgemacht werden, wo die Bilanz und die Erfolgsrechnung samt Geschäftsbericht sowie der Revisionsbericht eingesehen werden können, was üblicherweise am Gesellschaftssitz der Fall ist.

In einfacheren Verhältnissen mit tadelloser Verhältnisatmosphäre können die erwähnten Unterlagen gleich zusammen mit der Einladung versandt werden. Andernfalls gibt das Gesetz dem Aktionär das Recht, unverzüglich eine Ausfertigung des Geschäfts- und Revisionsberichts zu verlangen (siehe dazu auch das Kapitel über die Rechte des Aktionärs).

Zu beachten ist, dass an einer Generalversammlung ausschliesslich über Themen abgestimmt werden kann, die vorgängig in korrekter Form als Anträge formuliert worden sind. Davon ausgenommen sind lediglich Anträge auf Einberufung einer ausserordentlichen Generalversammlung (wird im folgenden Abschnitt behandelt) sowie auf Durchführung einer Sonderprüfung (kommt später im Kapitel über die Aktionärsrechte detailliert zur Sprache).

Die skizzierten gesetzlich vorgeschriebenen Einberufungsformalitäten können nur dann umgangen werden, wenn sämtliche Aktien an der Generalversammlung vertreten sind und niemand Einspruch dagegen erhebt. Die auf diese Weise als sogenannte Universalversammlung bezeichnete Zusammenkunft kann alsdann über alle Themenbereiche entscheiden, die in ihre verbrieften Kompetenzen fallen.

Diese Vereinfachung schätzen natürlich insbesondere Aktiengesellschaften mit überschaubarem Eigentümerkreis.

Davon nicht berührt wird hingegen die absolute Pflicht zur Führung eines Protokolls, das im Anhang als Muster abgedruckt ist. Der Mindestinhalt dieses Protokolls ist im übrigen ebenfalls im Obligationenrecht zwingend vorgeschrieben.

Die ausserordentliche Generalversammlung

Das Recht zur Einberufung einer Generalversammlung steht grundsätzlich nur dem Verwaltungsrat zu.

Dieser kann aber von einem oder mehreren Aktionären, die zusammen mindestens 10% des Aktienkapitals vertreten, schriftlich und unter Angabe der Traktanden aufgefordert werden, eine ausserordentliche Generalversammlung einzuberufen. Ein einzelner Aktionär, der Aktien im Nennwert von wenigstens einer Million Franken vertritt, kann – auch wenn er selber nicht die vorhin genannte Hürde eines Anteils von mindestens 10% erreicht – von ihm gewünschte Verhandlungsgegenstände durchsetzen.

Falls die Verwaltung diesem Begehren nicht nachgibt, können die auffordernden Aktionäre eine richterliche Verfügung anstreben, mit der die Verwaltung zur Einberufung einer ausserordentlichen Generalversammlung gezwungen wird.

In Ausnahmefällen steht das Recht zur Einberufung einer Generalversammlung selbst der Revisionsstelle und gar Vertretern von Anleihensgläubigern zu, was sich jedoch auf Notfälle beschränkt (beispielsweise nach Flucht der Mitglieder des Verwaltungsrats udgl.).

Schliesslich sieht das Gesetz einen konkreten Umstand vor, der zur sofortigen Einberufung einer Generalversammlung zwingt: wenn nämlich die letzte Jahresbilanz zeigt, dass die Hälfte des Aktienkapitals und der gesetzlichen Reserven nicht mehr durch Vermögenswerte gedeckt sind, wodurch die Gefahr einer Überschuldung droht.

Auch für ausserordentliche Generalversammlungen gilt, dass sie als Universalversammlungen jederzeit und weitgehend formlos beschlussfähig sind.

Anfechtung von Beschlüssen der Generalversammlung

Alle Organmitglieder sind berechtigt, sowohl formelle Mängel (etwa Missachtung von gesetzlich vorgeschriebenen Einberufungsformalitäten) als auch Beschlüsse der Generalversammlung anzufechten.

Das Gesetz nennt neu eine Auswahl von Beschlüssen, die ohne weiteres anfechtbar sind:

- Verletzung von Aktionärsrechten
- Ungleichbehandlung von Aktionärsgruppen
- Aufhebung der Gewinnstrebigkeit der Gesellschaft

Eine Anfechtungsklage richtet sich gegen die Aktiengesellschaft und nicht gegen einzelne Aktionäre oder Aktionärsgruppen.

Zu beachten ist, dass das Anfechtungsrecht erlischt, wenn die Klage nicht spätestens zwei Monate nach der Generalversammlung erhoben wird.

Der Vollständigkeit halber sei auch erwähnt, dass es überdies sogenannte nichtige Beschlüsse gibt, also rechtlich überhaupt nie zustandegekommene, wofür das neue Aktienrecht insbesondere die folgenden Beispiele aufführt:

- Zwingende rechtliche Vorschriften zugunsten der Aktionäre wurden eingeschränkt oder aufgehoben;
- Kontrollrechte der Aktionäre wurden über das gesetzlich zulässige Mass hinaus beschränkt;
- Grundstrukturen der Aktiengesellschaft wurden missachtet oder Bestimmungen zum Kapitalschutz wurden verletzt.

Beschlussfassung an einer Generalversammlung

Sofern das Gesetz oder die Statuten der Gesellschaft nichts anderes vorschreiben, wählt und stimmt die Generalversammlung mit dem absoluten Mehr der anwesenden Aktienstimmen (insgesamt anwesende Aktienstimmen dividiert durch 2 plus 1).

Lästig und rechtlich nach wie vor nicht klar geregelt sind allfällige Stichentscheide in jenen Fällen, wo keine Mehrheit zustandekommt.

Stichentscheide des Versammlungspräsidenten (üblicherweise der Präsident des Verwaltungsrats) sind leicht anfechtbar und daher nach Möglichkeit zu vermeiden.

Für einige wenige Beschlüsse verlangt das Gesetz Stimmquoren, das heisst ein Entscheid kann rechtlich verbindlich nur dann gefällt werden, wenn ihm wenigstens zwei Drittel der anwesenden Aktienstimmen zugestimmt haben und er die absolute Mehrheit der vertretenen Aktiennennwerte auf sich vereinigt.

Zur Erinnerung seien die im Gesetz aufgelisteten Themen nochmals wiederholt, die qualifizierte Mehrheitsbeschlüsse verlangen:

1. Änderung des Gesellschaftszwecks;
2. Einführung von Stimmrechtsaktien;
3. Beschränkung der Übertragbarkeit von Namenaktien;
4. genehmigte und bedingte Kapitalerhöhung;
5. Kapitalerhöhung aus Eigenkapital, gegen Sacheinlage, zwecks Sachübernahme und Gewährung von besonderen Vorteilen;
6. Einschränkung oder Aufhebung von Bezugsrechten;
7. Verlegung des Sitzes der Gesellschaft;
8. Auflösung der Gesellschaft ohne Liquidation.

Falls die Statuten der Gesellschaft für die oben erwähnten Beschlussthemen noch grössere Mehrheiten vorsehen, haben sie gegenüber den obligationenrechtlichen Vorschriften den Vorrang.

Das Gesetz verlangt im übrigen nicht die persönliche Anwesenheit des Aktionärs; er kann sich also von einer ihm genehmen Person vertreten lassen, soll dieser sicherheitshalber jedoch eine schriftliche Vollmacht mitgeben. Manchmal sehen Statuten vor, dass eine Stellvertretung ausschliesslich durch andere Aktionäre der Gesellschaft rechtmässig sei. Kommt es hier an der Generalversammlung zu einem Disput, besteht die Gefahr, dass der mangelhaft oder überhaupt nicht legitimierte Vertreter von der Ausübung der Stimmrechte ausgeschlossen wird.

Wie auf den vorangegangenen Seiten dargestellt, nimmt die Generalversammlung als absolut oberstes Organ der Aktiengesellschaft eine eminent wichtige Rolle im Rahmen der grundsätzlichen Richtungsbestimmung ein.

Sind Aktionäre und Mitglieder des Verwaltungsrats weitgehend personenidentisch, sollten sich «Reibereien» zwischen diesen beiden Organen auf ein Minimum reduzieren.

Dies hat auch vereinfachende Folgen für die streckenweise gerade für einfachere Verhältnisse vielleicht umständlich anmutenden formellen Erfordernisse, etwa im Zusammenhang mit der Einberufung einer Generalversammlung.

Sobald jedoch Streitigkeiten zwischen Aktionären bzw. Aktionärsgruppen und den von ihnen delegierten Verwaltungsräten entstehen, steht mit dem Instrument der Anfechtungsklage von Generalversammlungsbeschlüssen ein griffiges Drohmittel und Vehikel zur Verfügung, das in der Praxis denn auch weidlich genutzt wird. Zudem verfügen besonders die Minderheitsaktionäre nach dem neuen Aktienrecht über eine Reihe zusätzlicher Möglichkeiten, die im Kapitel über die Aktionärsrechte noch einlässlich zur Sprache kommen werden.

Die Generalversammlung hat es in der Hand, die Statuten der Aktiengesellschaft mittels Statutenbestimmungen im Rahmen der weitgehend beeindruckend liberalen Gesetzgebung zum Zwecke der Erweiterung der eigenen Kompetenzen individuell anzupassen.

Es wird indes ein ewiger Widerstreit zwischen den Interessen der Aktionäre und jenen des Verwaltungsrats bestehen bleiben. Während jene vielleicht eher ein Maximum an Gewinnabschöpfung im Auge haben, sind diese – nicht zuletzt von Gesetzes wegen – verpflichtet, zum Wohl der Unternehmung etwa höhere Reserven zu äufnen als vom Gesetzgeber verlangt werden.

Solange sich Generalversammlung und Verwaltung zusammenraufen und einen schliesslich allseits akzeptablen Kompromiss finden können, ist es möglich, die kontroversen Interessen unter einen Hut zu bringen. Ist dies nicht mehr möglich, bringen auch Kompetenzverlagerungen hin zur Generalversammlung mittels Statutenänderungen auf Dauer nichts; die Statutenbestimmungen sind letztlich ein völlig untaugliches Instrument zur Abwehr von Massnahmen eines Verwaltungsrats, der das Vertrauen der Aktionäre nicht mehr geniesst. Einziger Ausweg dürfte in der Abwahl der missliebigen Mitglieder liegen.

Leider trifft man in der Praxis auf Verhältnisse innerhalb der Aktiengesellschaft, die das Prädikat skurril zu Recht verdienen.

So zum Beispiel etliche Familien-Aktiengesellschaften, wo jeder Familienzweig eitel auf ausreichende Vertretung in der Verwaltung bedacht ist und gleichzeitig Heerscharen von Rechtsanwälten mit Anfechtungs- und anderen Klagen beauftragt.

Unternehmungen, die in solchen oder vergleichbaren Umständen ihr Dasein fristen, kommen über kurz oder lang zu Fall; Beispiele aus dem praktischen Wirtschaftsleben gibt es zuhauf.

Für Aussenstehende ist bald einmal klar, dass nur der Verkauf der ganzen Unternehmung längerfristig das Überleben sichert, was den Betroffenen innerhalb der Aktiengesellschaft leider meist nur sehr spät, wenn überhaupt, klar wird.

Es ist kaum vorstellbar, dass die Verwaltung und damit das oberste Leitungs- und Führungsorgan einer Aktiengesellschaft neu so umbesetzt werden könnte, dass nicht mehr vorwiegend die Querelen der verschiedenen Eigentümergruppen im Zentrum ihrer Aktivitäten stehen, sondern das Wohl der Unternehmung.

Der Verwaltungsrat

Wie bereits erwähnt, ist der Verwaltungsrat das oberste Leitungsorgan der Aktiengesellschaft; in einfacheren Verhältnissen und vielfach im Fall von Familien-Aktiengesellschaften sind die Mitglieder dieses Organs identisch mit den Geschäftsleitern, die auch am aktiven Führungsgeschäft teilnehmen. Sie müssen Aktionäre sein.

Es genügt, wenn die Verwaltung aus einem einzigen Mitglied besteht. Werden mehrere Personen gewählt, nimmt eines der Mitglieder die Rolle des Präsidenten wahr, der insbesondere die Sitzungen dieses Gremiums leitet und bei Abstimmungen notfalls mit Stichentscheid einen Beschluss herbeiführen kann, falls die Statuten nichts anderes vorschreiben. Im übrigen lässt sich das Amt des Verwaltungsratspräsidenten recht treffend mit «primus inter pares» charakterisieren.

Gemäss Gesetz muss eine Mehrheit der Verwaltungsratsmitglieder in der Schweiz wohnhaft sein und das Schweizer Bürgerrecht besitzen. Ausnahmen von dieser Regel kann die schweizerische Landesregierung, also der Bundesrat, in jenen Fällen gewähren, wo es sich um Gesellschaften handelt, die überwiegend als Holding fungieren, sofern die meisten der gehaltenen Unternehmungen im Ausland liegen.

Sodann verlangt das Aktienrecht, dass wenigstens ein Mitglied des zur Vertretung der Gesellschaft befugten Verwaltungsrats in der Schweiz sein Domizil hat.

Eine Verletzung der erwähnten gesetzlichen Vorschriften kann zur zwangsweisen Liquidation der Gesellschaft führen.

Will beispielsweise ein ausländischer Staatsbürger seine Einmann-Aktiengesellschaft im Verwaltungsrat vertreten, muss er darauf bedacht sein, noch mindestens zwei zusätzliche Verwaltungsräte mit schweizerischem Bürgerrecht ins Gremium hineinzuwählen.

Während die Statuten der Gesellschaft sich über die Anzahl der Verwaltungsräte äussern (in der Praxis kann es lauten: «Der Verwaltungsrat der Gesellschaft besteht aus 1 bis 5 Mitgliedern»), sie überdies besondere Schutzbestimmungen für Minderheiten oder einzelne Gruppen von Aktionären vorsehen können, werden die konkreten Aufgaben, Pflichten und Kompetenzen der Verwaltungsratsmitglieder in einem Reglement festgelegt; das Gesetz bestimmt den Inhalt dieses Organisationsreglements (zum Beispiel muss es nebst der Ordnung der Geschäftsführung den Aufgabenkreis umfassen und auch die Berichterstattung an den Verwaltungsrat regeln); auf Anfrage sind Aktionäre wie Gläubiger darüber in schriftlicher Form zu unterrichten; ein Beispiel dafür finden Sie im Anhang. Bestehen mehrere Kategorien von Aktien, müssen die Statuten den Aktionären jeder Kategorie die Wahl wenigstens eines Vertreters sichern.

Das Gesetz nennt folgende unübertragbaren und unentziehbaren Aufgaben des Verwaltungsrats:

♦ Oberleitung der Gesellschaft und Erteilung der nötigen Weisungen
♦ Festlegung der Organisation
♦ Ausgestaltung des Rechnungswesens, der Finanzkontrolle sowie der Finanzplanung, sofern diese für die Führung der Gesellschaft notwendig ist
♦ Ernennung und Abberufung der mit der Geschäftsführung und der Vertretung betrauten Personen
♦ Oberaufsicht über die mit der Geschäftsführung betrauten Personen, namentlich im Hinblick auf die Befolgung der Gesetze, Statuten, Reglemente und Weisungen
♦ Erstellung des Jahresberichtes sowie Vorbereitung der Generalversammlung und Ausführung ihrer Beschlüsse
♦ Benachrichtigung des Richters im Fall der Überschuldung

All diese Aufgaben kann die Verwaltung einzelnen Ausschüssen oder einzelnen Mitgliedern zuweisen.

Die Statuten der Gesellschaft oder ein Reglement können den Aufgabenrahmen der Verwaltung natürlich noch präziser umschreiben oder gar erweitern.

Zu beachten ist jedoch, dass die Verwaltungsräte selbst nach Delegation von Kompetenzen an eine dem Organ untergeordnete Geschäftsleitung nicht vollständig aus ihrer Verantwortung entlassen sind.

So weist das Gesetz der Verwaltung unmissverständlich die letzte Verantwortung für die sorgfältige Auswahl, Unterrichtung und Überwachung der an der Geschäftsführung beteiligten Personen zu.

Gemäss dem Wortlaut der entsprechenden aktienrechtlichen Bestimmung liegt in einem Rechtsstreit die Beweislast eindeutig beim Verwaltungsrat.

Die Verantwortung für die finanzielle Entwicklung der Gesellschaft bleibt ausdrücklich im Schoss des Verwaltungsrats und verpflichtet ihn ausdrücklich, eine ausserordentliche Generalversammlung einzuberufen, wenn die letzte Jahresbilanz zeigt, dass die Hälfte des Aktienkapitals und der gesetzlichen Reserven nicht mehr durch Vermögensteile gedeckt ist.

Sollten selbst die Forderungen der Gläubiger nicht mehr gedeckt sein, also eine

Überschuldung vorliegen (das Gesetz spricht von «... wenn begründete Besorgnis einer Überschuldung besteht ...»), muss die Verwaltung die Revisionsstelle zur Prüfung veranlassen.

Muss die Revisionsstelle die Überschuldung bestätigen, ist der Richter zu benachrichtigen, sofern einzelne Gläubiger nicht im Ausmass dieser Unterdeckung Rangrücktrittserklärungen zugunsten anderer Gläubiger abgeben.

Daraufhin kann der Richter den Konkurs eröffnen bzw. entsprechend den Bestimmungen des Schweizerischen Schuldbetreibungs- und Konkursgesetzes (SchKG) Nachlassverhandlungen aufnehmen.

Verstösse gegen diese Vorschriften können schadenersatzpflichtige Wirkungen zeitigen und vielleicht gar strafrechtlich relevante Tatbestände darstellen.

Sämtliche Mitglieder der Verwaltung, deren Amtsdauer gesetzlich auf maximal sechs Jahre beschränkt ist – Wiederwahlen sind selbstverständlich zulässig –, sind mit Namen und Geburtsort im Handelsregister am Sitz der Gesellschaft einzutragen.

Auch allfällige Vertretungsbeschränkungen nach aussen (zum Beispiel Kollektivunterschriften zu zweien) sind eintragungspflichtig.

Dritten gegenüber rechtlich wirksam sind ausschliesslich die Eintragungsvermerke; interne Beschränkungen können Aussenstehenden notfalls nicht entgegengehalten werden.

Die Wahl der Mitglieder des Verwaltungsrats, ebenfalls ihre Wiederwahl, obliegt der Generalversammlung, und natürlich müssen die so Gewählten damit auch einverstanden sein.

Hinsichtlich der Amtsdauer eines Verwaltungsratsmitglieds können die Statuten innerhalb des vom Aktienrecht gesteckten Rahmens beliebige Inhalte setzen.

Die Verwaltung konstituiert sich selber, das heisst, sie wählt ihren Vorsitzenden (Präsidenten), einen Protokollführer (Sekretär) und Stimmenzähler, allenfalls Delegierte, die direkt in der Geschäftsleitung tätig sind; dabei gelten wie immer Mehrheitsbeschlüsse («one man, one vote») der Mitglieder, nötigenfalls durch Stichentscheid des Präsidenten herbeigeführt. Es kann ratsam sein, in den Statuten Anwesenheitsquoren für das Zustandekommen von Beschlüssen zu verlangen, damit allfällige Mehrheitsentscheide durch Minderheiten verhindert werden können.

Falls es die Statuten – wie nach neuem Aktienrecht möglich – vorsehen, muss der Präsident des Verwaltungsrats von der Generalversammlung, vielleicht gar mit qualifiziertem Mehr, gewählt werden.

Abstimmungen innerhalb der Verwaltung können auch auf dem Weg der schriftlichen Zustimmung oder Ablehnung durchgeführt werden, sofern niemand eine mündliche Beratung verlangt.

Das Auskunftsrecht der Mitglieder des Verwaltungsrats wurde im neuen Recht differenzierter als bisher formuliert.

Während der Sitzungen dieses Organs haben sie ein umfassendes Auskunftsrecht, namentlich von jenen Personen, die mit der Geschäftsleitung betraut sind. Einsicht in Bücher und Akten sind jedoch nur mit Zustimmung des Präsidenten oder nach einem Beschluss des Verwaltungsrats möglich.

Ausserhalb der Verwaltungsratssitzungen ist jedes Mitglied befugt, von der Geschäftsführung Auskünfte über den Geschäftsgang zu erhalten; zu einzelnen Geschäften hingegen nur mit Zustimmung des Präsidenten des Verwaltungsrats.

Dieses gegenüber früher erweiterte Auskunftsrecht wird es künftig den Vertretern dieses Organs zweifellos erschweren, sich mit dem Argument des «Wir wussten ja von nichts ...» aus der Verantwortung zu stehlen.

Ebenfalls bedeutsam ist der im Sinne eines effektiveren Minderheitenschutzes formulierte Passus im neuen Aktienrecht, der es dem Verwaltungsrat sowie der Geschäftsleitung auferlegt, die Aktionäre unter gleichen Voraussetzungen auch gleich zu behandeln.

Diese Vorschrift bezweckt keineswegs eine absolute, sondern lediglich eine relative Gleichbehandlung; sie will folglich willkürliche Entschlüsse gegen einzelne Aktionäre oder Aktionärsgruppen verhindern.

Es ist gewiss nicht die Absicht damit verbunden, die ansonsten im Aktienrecht innewohnenden Mehrheitsprinzipien zu verwässern.

Die Beschlüsse des Verwaltungsrats einer Aktiengesellschaft können nicht angefochten werden.

Immerhin sieht das neue Aktienrecht die Nichtigkeit von Entscheidungen der Verwaltung vor und unterwirft sie den gleichen Gründen, wie sie für nichtige Beschlüsse der Generalversammlung gelten.

Bestehen zwischen Verwaltung und Generalversammlung unüberbrückbare Differenzen, vermag ausschliesslich die Abwahl von Mitgliedern des Verwaltungsrats scharfe Grabenkriege verhindern helfen. Denn selbst mit Verantwortlichkeitsklagen gegen die Verwaltung will wohl kaum ein vernünftiger Aktionär die Geschäftsleitung seiner Gesellschaft disziplinieren.

Damit die Abberufung einzelner Verwaltungsräte auch nach aussen wirkt, muss sie unverzüglich dem entsprechenden Handelsregisteramt mitgeteilt werden, ansonsten Dritte weiterhin von der ursprünglichen Situation ausgehen dürfen.

Selbstverständlich bleibt es aber auch den Mitgliedern dieses Gremiums jederzeit offen, selber den Rücktritt zu erklären und diesen Sachverhalt bei Bedarf auch persönlich dem zuständigen Handelsregisteramt bekanntzugeben, falls es die Gesellschaft unterlassen sollte.

Die Honorierung der Verwaltungsräte bemisst sich nach den statuarischen Bestimmungen, nach Beschlüssen der Generalversammlung oder aufgrund der von der Verwaltung selber erlassenen Ansätzen.

In der Praxis trifft man vielfach einerseits fixe Honorierungen von beispielsweise Fr. 5 000.– pro Jahr, zusätzlich ein Sitzungsgeld von vielleicht Fr. 250.– je Verwaltungsratssitzung, meist auch den erforderlichen Spesenersatz sowie – falls von der Generalversammlung beschlossen – einen Anteil am Geschäftsgewinn (Tantieme). Je nach Grösse der Gesellschaft und der möglicherweise erforderlichen starken zeitlichen Beanspruchung können die Honorare der Mitglieder der Verwaltung stark nach oben abweichen.

Ferner ist natürlich der Bekanntheitsgrad und damit zusammenhängend das Beziehungsnetz der Persönlichkeit ganz entscheidend mitbestimmend.

Zur Ausrichtung von Gewinnanteilen (Tantiemen) bedarf es vorgängig der strikten Beachtung einer weiteren gesetzlich vorgeschriebenen formellen Bedingung: erst dann, wenn zuhanden der Aktionäre eine Dividende von mindestens 5% beschlossen worden ist (allfällige höhere, in den Statuten vorgesehene Dividendenausschüttungen vorbehalten), dürfen Tantiemen ausgerichtet werden.

Daraus ist zu folgern, dass die Eigentümer einer Aktiengesellschaft ihren Verwaltungsrat sorgfältig auswählen und auf eine einvernehmliche Zusammenarbeit bedacht sind.

Weil das Gesetz nicht vorsieht, dass Beschlüsse der Verwaltung angefochten werden können, bleibt der Generalversammlung letztlich nur die Abwahl missliebiger Vertreter dieses Organs übrig, die sie gegebenenfalls mit Schadenersatzklagen verfolgen lassen kann.

In letzter Zeit neigen die Gerichte vermehrt dazu, offensichtliche Verstösse der Verwaltung gegen ihre Sorgfalts- und Treuepflichten zu ahnden; die persönliche Haftung von Mitgliedern des Verwaltungsrats erhält dadurch eine materielle Aufwertung.

Auch in jenen Fällen, wo die Aktionäre gleichzeitig die Verwaltung besetzen, nimmt die Tendenz zu, die Integrität und Unversehrtheit der Gesellschaft per se vor ungebührlichen Beutezügen ihrer Eigentümer zu schützen.

Damit sucht man zu verhindern, dass die beschränkte Haftung der Aktiengesellschaft zielgerichtet für vermögensschädigende Handlungen ausgenutzt wird.

Schliesslich können derartig interpretierbare Handlungen seitens des Aktionär-Verwaltungsrats selbst strafrechtliche Folgen nach sich ziehen, zum Beispiel den Tatbestand der ungetreuen Geschäftsführung erfüllen.

Es darf nicht vergessen werden, dass die Aktiengesellschaft eine eigene, vom Recht beschützte Persönlichkeit besitzt; auch wenn die Gesellschaft von den eigenen Eigentümern via entsprechender Handlungen des Verwaltungsrats geschädigt wird, betrachtet das Gesetz dies als Schädigung einer dritten Person und greift mit aller Härte durch.

Grundsätzlich kann man den revidierten aktienrechtlichen Vorschriften mit Fug und Recht ein gutes Zeugnis ausstellen.

Positiv stimmt hauptsächlich, dass die bisherige Praxis des dispositiven Rechts, also der ergänzend wirksamen gesetzlichen Vorschriften der Gesellschaften, fortgeführt wurde. Dies erlaubt den Gesellschaften einen weiterhin recht grossen Spielraum in der Gestaltung nach individuellen Präferenzen.

Anderseits ist zu erwarten, dass die Gesetzesnorm, wonach Beschlüsse des Verwaltungsrats den nämlichen Nichtigkeitsgründen unterworfen sind, wie sie auch für Entscheidungen der Generalversammlung gelten, zu Klagen führen wird, stammen sie von unterlegenen Kollegen aus diesem Gremium oder von Aktionären. So wird es dann Sache der Gerichte sein, den Nichtigkeitsgründen mehr Leben einzuhauchen.

Schliesslich ist es ebenfalls absehbar, dass die Vorschrift der relativen Gleichbehandlung aller Aktionäre durch den Verwaltungsrat nur mit richterlicher Kompetenz im Laufe der Zeit zu einer klareren Verhaltungsrichtlinie finden wird.

Die Revisionsstelle

Das dritte und zugleich letzte Organ der Aktiengesellschaft ist die Revisionsstelle, die für sämtliche Gesellschaften vorgeschrieben ist.

Ihre zentrale Aufgabe besteht darin zu prüfen, ob die Buchführung und die Jahresrechnung sowie die Anträge des Verwaltungsrats über die Verwendung des Bilanzgewinnes Gesetz und Statuten entsprechen.

Schwieg sich das frühere Aktienrecht über die Qualifikationsanforderungen der Revisionsstelle aus (wenige Ausnahmen für grössere Unternehmungen bestätigten nur die Regel), spricht das neue Recht eine deutlichere Sprache.

Einleitend heisst es nämlich, dass die Revisoren befähigt sein müssen, ihre Aufgabe wahrzunehmen.

Je nach Grösse der zu prüfenden Gesellschaft, gewiss auch in Abhängigkeit zur individuellen Branchenzugehörigkeit, sind die im Einzelfall vorauszusetzenden Anforderungen an den mit der Revision Beauftragten unterschiedlich streng zu gewichten.

Auf jeden Fall sollte die Revisionsstelle, sei es eine Einzelperson, sei es selber eine Gesellschaft, wodurch die verantwortliche Leitungsperson in den Mittelpunkt rückt, umfassende buchhalterische Kenntnisse und Erfahrungen besitzen und auch über Grundkenntnisse in der Betriebswirtschaftslehre sowie aus dem Recht verfügen.

In der Schweiz können dies Träger eines eidgenössisch anerkannten Diploms (beispielsweise Buchhalter, Treuhänder usw.) sein.

Mit einschlägigem EG-Recht kompatibel sind Revisoren, die Absolventen der Bücherexpertenprüfung sind; sie erfüllen die Anforderungen zur Anerkennung gemäss den Bestimmungen der 8. EG-Richtlinie.

Das Aktienrecht verlangt für einige unten konkret umschriebene Fälle die Prüfung durch einen fachlich besonders befähigten Revisor. Diese Voraussetzungen erfüllt etwa ein Bücherexperte.

- Gesellschaft mit ausstehenden Anleihensobligationen
- Gesellschaften, deren Aktien an der Börse gehandelt oder nebenbörslich kotiert sind
- Gesellschaften, bei denen in zwei aufeinanderfolgenden Geschäftsjahren zumindest zwei der folgenden Kriterien erfüllt sind:
  a) Bilanzsumme über 20 Millionen Franken
  b) Umsatzerlös über 40 Millionen Franken
  c) Anzahl Arbeitnehmer über 200 im Jahresdurchschnitt
- Gesellschaften, die eine Konzernrechnung erstellen müssen
- Gesellschaften, die eine Kapitalherabsetzung beschliessen
- Gesellschaften, deren Liquidation bereits nach drei Monaten beendet sein soll
- Gesellschaften, die neue Aktien in Form der bedingten Kapitalerhöhung emittieren
- Gesellschaften, bei denen Wandel- und Optionsrechte erlöschen

Zusätzliche Kriterien sind im eidgenössischen Börsengesetz zu erwarten, das zurzeit in Bearbeitung steht.

Eine weitere wichtige Anforderung an alle Revisionsstellen ist die vorgeschriebene Unabhängigkeit.

Die Revisoren müssen sowohl vom Verwaltungsrat als auch von der Mehrheit der Aktionäre unabhängig sein. Sie dürfen weder Arbeitnehmer der zu prüfenden Gesellschaft sein noch sie in ihrer Unabhängigkeit behindernde Arbeiten für diese ausführen.

Unvereinbar mit dem gesetzlichen Revisionsauftrag wäre beispielsweise die Geschäftsführung bei der zu prüfenden Gesellschaft, weil dadurch – natürlich – die verlangte Unabhängigkeit der Revisionstätigkeit nicht mehr gewahrt bliebe.

Eine Beratungstätigkeit zugunsten der Unternehmung hingegen ist grundsätzlich ohne weiteres möglich, vorausgesetzt, die Entscheidungsbefugnis bleibt unzweideutig beim Kunden.

Auch die Führung der Buchhaltung für die zu prüfende Gesellschaft – eine Arbeit, die von etlichen Revisionsfirmen für ihre Kunden durchgeführt wird – ist soweit bedenkenlos, als dadurch weder eine Verlagerung der Entscheidungskompetenz hin zum Revisor verbunden ist noch die zur Prüfung unabdingbare Unabhängigkeit tangiert wird.

Während die innere Unabhängigkeit des Revisors eher in den Bereich seiner charakterlichen Integrität zielt, können für die Beurteilung der äusseren Unabhängigkeit einigermassen zuverlässige Massstäbe herangezogen werden, wie sie oben skizziert wurden.

Nebst dem gesetzlich nach wie vor sehr liberalen Rahmen helfen Verbandsnormen (etwa seitens der Schweizerischen Treuhand- und Revisionskammer), das bereits bestehende Gerüst weiter zu verfeinern.

Derzeit lauten die zentralen Anforderungen an die Unabhängigkeit der Revisionsstelle – übrigens weitgehend im Einklang mit ausländischen Rechtsnormen und Verbandsregeln – wie folgt:

♦ Die Stimmenmehrheit von Treuhand- und Revisionsgesellschaften soll mehrheitlich, direkt oder indirekt, in den Händen von in der Gesellschaft tätigen Berufsangehörigen liegen, wobei zu den Berufsangehörigen neben den Bücherexperten auch alle anderen Spezialisten mit entsprechender Spezialausbildung wie Juristen, Steuer- und Treuhandexperten oder Unternehmensberater gehören.

♦ Die Treuhand- und Revisionsgesellschaft soll weder direkt noch indirekt wesentliche Guthaben bzw. Schulden noch Beteiligungen gegenüber Kunden haben.

♦ Persönliche und familiäre Bindungen können die Unabhängigkeit in der Mandatsausübung beeinträchtigen und sollten daher vermieden werden.

Die Wahl der Revisionsstelle liegt in der Kompetenz der Generalversammlung.

Die Amtsdauer beträgt höchstens drei Jahre, wobei eine Wiederwahl natürlich möglich ist.

Die Revisionsstelle kann von der Generalversammlung jederzeit abberufen werden. Ausserdem ist es möglich, dass sowohl ein Aktionär als auch ein Gläubiger der

Gesellschaft mit Klage die Abberufung verlangen, wenn die Voraussetzungen für die ordnungsgemässe Erfüllung des Amts nicht (mehr) vorliegen.

Zu den Pflichten der Revisionsstelle gehört auch die persönliche Teilnahme an der Generalversammlung, wenn über die Jahresrechnung samt Revisionsbericht und die Verteilung des Bilanzgewinns beschlossen wird.

Wenn die Generalversammlung einstimmig beschliesst, auf die Anwesenheit des Revisors könne verzichtet werden, liegt dies in der Kompetenz jenes Organs. Auf keinen Fall darf hingegen der Revisionsbericht fehlen, denn sein Fehlen würde zu nichtigen Generalversammlungsbeschlüssen führen.

Es ist ein ständiger Widerspruch unter den Gelehrten in der Frage erkennbar, ob die Revisionsstelle auch die Geschäftsleitungstätigkeit prüfen soll.

Gemäss dem Wortlaut des Aktienrechts, das die Prüfungsaufgaben des Revisors umschreibt, ist eine derart erweiterte Prüfung nicht direkt ersichtlich.

Und auch die Anzeigepflicht zuhanden des Verwaltungsrats bzw. direkt an die Generalversammlung für im Rahmen der Revisionsprüfung festgestellte Verstösse gegen Gesetz oder Statuten mag nur sehr unzulänglich eine solche erweiterte Prüfung indirekt herleiten.

Einzig im Falle einer offensichtlichen Überschuldung der Gesellschaft, wenn also die Verbindlichkeiten nicht mehr durch Vermögen gedeckt sind, muss die Revisionsstelle für die Gesellschaft direkt selber den Richter anrufen, jedoch nur dann, wenn der Verwaltungsrat die Anzeige unterlassen sollte.

Wenngleich also die Verantwortung des Revisors nicht eindeutig das Geschäftsgebaren der Verwaltung bzw. der mit der Unternehmensleitung betrauten Personen miteinzubeziehen hat, wird erwartet – und von den Verbandsorganisationen auch unterstützt –, dass negativ Auffallendes im Revisionsbericht zur Sprache kommt.

Zweifellos trägt auch die gesetzliche Revisorenhaftung dazu bei, dass verantwortungsbewusste Prüfer nicht in fahrlässiger Weise Ungereimtheiten, von denen sie im Rahmen ihrer ordentlichen Arbeit erfahren, unter den Teppich kehren.

5. Rechtsstellung des Aktionärs

In einer Arbeit über die Gründung und grundsätzliche Funktionsweise einer schweizerischen Aktiengesellschaft darf eine Beschreibung der Rechtsstellung der Aktionäre nicht fehlen.

Die Generalversammlung, also die Eigentümer der Aktiengesellschaft, welche anlässlich ordentlicher und nötigenfalls ausserordentlicher Zusammenkünfte ihre Interessen wahrnimmt, ist das oberste Organ der Gesellschaft.

Solange die Aktionäre hinsichtlich Wissensstand über die geschäftlichen Belange mit der Verwaltung gleichziehen können, fassen sie ihre Entschlüsse basierend auf solidem Grund und Boden.

Nehmen die Aktionäre hingegen nicht direkt oder indirekt an der Geschäftsführung teil, ist ihr Informationsstand notgedrungenerweise von der Bereitschaft des Verwaltungsrats abhängig, für raschen und offenen Kommunikationsfluss zu sorgen.

Die Praxis zeigt allerdings, dass dieses oben gewünschte Miteinandergehen nur allzuoft graue Theorie bleibt, was nicht zuletzt auch daran liegt, dass die Aktionäre über ihre gesetzliche Rechtsstellung ungenügend Bescheid wissen.

Selbstverständlich bestehen daneben gute und sogar rechtlich abgesicherte Gründe, die es dem Verwaltungsrat ermöglichen, bestimmte Informationen zur Wahrung der Geschäftsgeheimnisse nicht oder nur äusserst rudimentär herauszugeben.

Setzen sich die Eigentümer der Aktiengesellschaft aus verschiedenen in Konkurrenz zueinander stehenden Gruppen zusammen, oder herrscht ein aussergewöhnlich selbstbewusster Verwaltungsrat, dem möglicherweise die legitimen Interessen der Aktionäre nicht am nächsten liegt, erweist sich das mangelhafte Wissen der Eigentümer über ihre Rechte als gravierend nachteilig.

Sowohl Familien-Aktiengesellschaften als auch grosse Publikumsgesellschaften neigen recht häufig zu selbstherrlichem Verhalten gegenüber ihren Eigentümern.

Diesem Umstand kommt auch die geltende Rechtsordnung ziemlich weit entgegen, denn im Gegensatz zu den meisten anderen zivilisierten Staaten läuft die schweizerische Rechtsordnung nämlich auf einen herausragenden Schutz der Gläubiger hinaus. Der Aktionär auf der anderen Seite – vor allem natürlich jener in der Minderheitsposition – gerät dabei leicht in Vergessenheit, wenngleich ihm – wie in diesem Kapitel dargestellt wird – gerade nach der Revision des Aktienrechts einige griffige Abwehrinstrumente zur Verfügung stehen.

Und trotzdem: auch wenn die Rechtsstellung des Aktionärs heute spürbar besser ist, bedeutet der schonungslose Einsatz der ihm vom Gesetz anerkannten Rechtsmittel in der Regel letztlich, dass innerhalb der Gesellschaft kriegerische Zustände ausbrechen, wodurch eine ordentliche Geschäftstätigkeit massiv beeinträchtigt wenn nicht gar verunmöglicht wird. Insofern wird die Gesellschaft Gefahr laufen, wirtschaftliche Einbussen zu erleiden, was dann den Aktionär wiederum direkt schädigt.

Aus wirtschaftlichem Blickwinkel mögen solche herben Streitereien vielleicht klüger mittels anderer Methoden, die bis hin zur Liquidation gehen, geführt werden, damit sich der finanzielle Schaden für den Aktionär in Grenzen hält.

Zuweilen ist es indessen – wie das Leben zeigt – unvermeindlich, in die offene Konfrontation einzutreten, zumal wenn auch nach umsichtiger Überlegung aller damit verbundener Konsequenten und unter Einbezug realistischer Alternativen kein anderer Weg sinnvoll erscheint.

Natürlich ist es ratsam, im Falle derartiger Auseinandersetzungen frühzeitig einen Rechtsanwalt beizuziehen. Dessen ungeachtet mag der Aktionär sich für die dann zur Verfügung stehenden Rechtsmittel interessieren.

Wenn wir jetzt die Rechtsstellung des Aktionärs gemäss neu geltendem Aktienrecht darstellen, sollen auch die Pflichten des Eigentümers zur Sprache kommen. Dabei können wir uns jedoch sehr kurz fassen, denn nach Gesetz hat der Aktionär lediglich die Pflicht, den von ihm übernommenen Teil des Aktienkapitals einzuzahlen. Daran vermögen auch allfällige anderslautende Statutenbestimmungen nichts zu ändern.

Kommt der säumige Aktionär seiner Einzahlungspflicht trotz Aufforderung des Verwaltungsrats der Aktiengesellschaft nicht nach, kann ihn die Verwaltung ausschliessen und ihm die früher übernommenen, aber nicht bezahlten Aktien aberkennen (kaduzieren) und von ihm sogar Schadenersatz verlangen.

Die Rechte des Aktionärs

Eine grobe Unterscheidung der Aktionärsrechte kann folgender Systematik folgen:

1. Vermögensrechte
2. Mitgliedschaftsrechte
3. Besondere Rechte

Auf einige der später konkret besprochenen Rechte kann der Aktionär selber verzichten, andere sind indessen absolut und unverzichtbar, auch wenn anderslautende schriftliche Erklärungen vorlägen.

1. Vermögensrechte

a) Recht auf Dividende

Es liegt auf der Hand, dass die Interessen des Aktionärs meist in erster Linie einen maximalen Verdienst verlangen.

Dieses Dividendeninteresse kollidiert oft mit den Absichten des Verwaltungsrats bzw. der Geschäftsleitung, welche die finanzielle Stärkung der Unternehmung im Zentrum ihrer Aktivitäten sehen, weswegen sie Gewinne lieber den Reserven zuweisen als sie auszuschütten.

Auch das Anliegen eines in der Geschäftsführung tätigen Mehrheitsaktionärs kann Dividendenauszahlungen auf ein absolutes Mindestmass reduzieren, vor allem dann, wenn dieser Mehrheitsaktionär seine finanziellen Bedürfnisse vorwiegend über hohe Gehalts- und Spesenzahlungen befriedigen will.

Nicht zuletzt stehen aber auch aktienrechtliche Bewertungsvorschriften den Dividendeninteressen der Aktionäre entgegen, lassen sie doch – zumindest in der Handelsbilanz – letztlich unbeschränkt die Bildung stiller Reserven zu. Dies bewirkt jeweils nach aussen eine Verminderung des Gewinns und dadurch eine Reduktion des Dividendenpotentials.

b) Bezugsrecht

Wenn eine Aktiengesellschaft ihr Grundkapital erhöht, ohne dass die bisherigen Aktionäre im Ausmass der beschlossenen Erhöhung daran teilnehmen können, vermindert sich zwangsläufig das alte Stimmverhältnis, und der Altaktionär erleidet eine Einbusse seiner Stimmkraft (Verwässerung).

36

Deshalb sieht das Aktienrecht vor, dass die Bezugsrechte nur aus wichtigen Gründen aufgehoben werden dürfen. Als solche beschreibt das Obligationenrecht insbesondere die Beteiligung von Arbeitnehmern und die Übernahme von Unternehmungen.

Liegt indessen ein wichtiger Grund für die Aufhebung des Bezugsrechts vor, so können die damit nicht einverstandenen Aktionäre wenig dagegen ausrichten, solange das Gleichbehandlungsgebot nicht verletzt worden ist. Selbstverständlich bleibt den unterlegenen Aktionären das Recht auf Klage gegen den ihrer Meinung nach unrechten Beschluss.

c) Anteil am Liquidationsergebnis

Nach Auflösung einer Aktiengesellschaft sind in erster Linie die ausstehenden Verbindlichkeiten der Gesellschaft zu begleichen.

Aus dem allenfalls vorhandenen Überschuss erhalten die Aktionäre anteilmässig einen Teil des Liquidationsergebnisses, falls die Statuten darüber nichts anderes bestimmen.

d) Recht auf Bauzinsen

Das Gesetz verbietet grundsätzlich das Ausrichten von Zinsen auf dem Aktienkapital, das ausschliesslich am Erfolg der Unternehmung teilnehmen soll.

Von dieser Regel gibt es aber eine Ausnahme: unter der Voraussetzung, dass es die Statuten vorsehen, darf das Aktienkapital in der Gründungsphase – beispielsweise bis zur Vollendung eines mit dem Gesellschaftszweck zusammenhängenden Objekts – verzinst werden.

2. Mitgliedschaftsrechte

a) Teilnahme an der Generalversammlung

Jeder Aktionär darf an den Generalversammlungen der Gesellschaft teilnehmen oder sich vertreten lassen.

Dabei sind allfällige statutarische Bestimmungen über die Stellvertretung zu beachten, die zum Beispiel vorsehen können, dass eine Stellvertretung nur durch andere Aktionäre möglich ist.

Auch in dem Fall, wo keine statutenmässige Beschränkung des Stellvertretungsrechts erkennbar ist, ist es empfehlenswert, eine schriftliche Vollmachtserklärung an die Generalversammlung mitzunehmen und nach Möglichkeit auch gleich Weisungen des Auftraggebers zur Abstimmung über die verschiedenen Traktanden auf sich zu führen.

b) Antragsrecht

Der Aktionär besitzt sodann das Recht, im Rahmen der mit der Einladung zur Generalversammlung angekündigten Traktanden seine Anträge zu stellen, über welche die Generalversammlung auch abstimmen muss.

Über Belange, die nicht ordentlich traktandiert worden sind, kann keine Abstimmung rechtsgültig erfolgen, es sei denn, es handle sich um den Antrag zur Einberufung einer ausserordentlichen Generalversammlung oder zur Vornahme einer Sonderprüfung.

Es wird so offensichtlich, dass der Verwaltungsrat, der für die Vorbereitung der Generalversammlung zuständig ist, dank der Möglichkeit, die Traktandenlisten zusammenzustellen, erheblichen Einfluss ausüben kann.

Daher mögen die Aktionäre daran interessiert sein, an der Erstellung der Traktandenliste aktiv mitzuwirken, was jedoch gegen den Willen des Verwaltungsrats nur mit einer entsprechenden statutarischen Ermächtigung möglich ist.

Ansonsten gibt das Aktienrecht nur den Aktionären, die Aktien im Nennwert von mindestens 1 Million Franken besitzen, das Recht, die Traktandierung von Verhandlungsgegenständen zu verlangen.

Des weiteren können Aktionäre, die zusammen mindestens 10% des gesamten Aktienkapitals besitzen, die Einberufung einer ausserordentlichen Generalversammlung zu bestimmten Traktanden verlangen; notfalls mit richterlicher Gewalt.

Und natürlich können alle Aktionäre als Universalversammlung über sämtliche in den Geschäftskreis der Generalversammlung fallenden Gegenstände rechtsgültige Beschlüsse fassen, solange niemand dagegen Einspruch erhebt.

c) Äusserungsrecht

Jeder Aktionär darf sich an der Generalversammlung zu Wort melden, was selbst für Themen gilt, die nicht auf der Traktandenliste stehen.

Man mag dies zuweilen bedauern, und zwar einzig deshalb, weil die Voten manchmal wirklich langweilig ausfallen.

Der Vorsitzende der Generalversammlung, in der Regel der Präsident des Verwaltungsrats, kann auf der anderen Seite Beschränkungen dieses Äusserungsrechts erlassen (etwa zeitliche Beschränkung der einzelnen Voten auf eine Redezeit von 5 Minuten), wenn damit der ordnungsgemässe Verlauf der Generalversammlung sichergestellt wird.

In extremen Notsituationen können Aktionäre sogar des Raums verwiesen werden. So beispielsweise dann, wenn unter den Aktionären in einer Familien-Aktiengesellschaft die hochhergehenden Emotionen befürchten lassen, dass es zu handgreiflichen Auseinandersetzungen kommt (was ab und zu nicht nur gerechtfertigt, sondern auch erfrischend wirken könnte!).

d) Stimmrecht

Üblicherweise nimmt der Aktionär sein Stimmrecht an der Generalversammlung nach Massgabe der auf ihm vereinigten Nennwerte der Aktien wahr. In der Praxis ist demgegenüber die Usanz vorherrschend, dass auf jede Aktie je eine Stimme entfällt.

Die Statuten können Einschränkungen zur Stimmausübung vorsehen, beispielsweise in der Form, dass keinem Aktionär mehr als 10 Stimmen zufallen sollen.

Mit sogenannten Aktionärbindungsverträgen (die weiter hinten besprochen werden) können solche Einschränkungen auf legalem Weg umgangen werden.

Allerdings könnten die Folgen aus aktionärbindungsvertraglicher Stimmabgabe – eben weil sie Statutenbestimmungen umgehen – die unterlegenen Aktionäre dazu veranlassen, die gefällten Beschlüsse anzufechten.

Das Stimmrecht des Aktionärs entsteht, sobald der vereinbarte Betrag für die entsprechenden Aktien eingezahlt worden ist.

Hinsichtlich des Rechts auf Stimmausübung gibt es lediglich eine Ausnahme.

Niemand, der direkt oder indirekt an der Geschäftsführung teilgenommen hat, darf rechtsgültig mitstimmen, wenn es um die Entlastung des Verwaltungsrats geht.

3. Besondere Rechte

Die jetzt skizzierten Rechte können im konkreten Einzelfall die Instrumente des Aktionärs darstellen, der sich in seinen Rechten verletzt fühlt.

Sie erstrecken sich vorab auf bestimmte Kontrollrechte und gehen dann über auf Massnahmenrechte, die vielfach unter Anrufung der Gerichte durchgesetzt werden müssen.

Ferner profitiert der Aktionär vom nunmehr geschriebenen Recht auf Gleichbehandlung aller Eigentümer der Gesellschaft.

Das Abschätzen, ob in einem bestimmten Fall dieses Gleichbehandlungsprinzip verletzt worden ist, bereitet jedoch grosse Mühe, weshalb in praxi und im Zug gerichtlicher Auseinandersetzungen Klagen auf Missachtung der Gleichheitsrechte meist parallel zu anderen laufen.

a) Kontrollrechte

Jeder Aktionär hat das Recht auf Einsichtnahme in die Gewinn- und Verlustrechnung sowie die Bilanz samt Geschäftsbericht des Verwaltungsrats und den Revisionsbericht, und zwar spätestens 20 Tage vor der ordentlichen Generalversammlung.

Er kann zudem verlangen, dass ihm unverzüglich eine Ausfertigung dieser Unterlagen zugestellt wird, was einer spürbaren Verbesserung gegenüber dem früheren Zustand gleichkommt.

Selbst wenn der einblicknehmende Aktionär über buchhalterische und betriebswirtschaftliche Kenntnisse verfügt, wird er aus den zur Verfügung gestellten Unterlagen schwerlich den effektiven Geschäftsgang herauslesen können.

Allein die Bildung von stillen Reserven über eine Tieferbewertung von Vermögensteilen und Höherbewertung von Verbindlichkeiten beeinflusst das Unternehmensergebnis möglicherweise nachhaltig.

Denn trotz erheblich strikter gesetzlich formulierter Gliederungskriterien in der Jahresrechnung und der Vorschrift, dass in einem Anhang zur Bilanz der Gesamtbetrag der stillen Reserven angegeben werden muss, kann der Aktionär nur dann aus diesen erläuternden Aussagen «Honig saugen», wenn mehr stille Reserven aufgelöst als gebildet worden sind.

Das Gesetz verlangt nämlich nur in dem Fall eine spezifische Angabe, wenn dadurch das erwirtschaftete Ergebnis wesentlich günstiger dargestellt wird.

Das Recht auf Einsichtnahme in den Geschäftsbericht sowie in den Revisionsbericht behält der Aktionär während eines ganzen Jahres nach der Generalversammlung.

Weiter hat der Aktionär die Befugnis, an der Generalversammlung vom Verwaltungsrat Auskünfte über die Angelegenheiten der Gesellschaft zu verlangen; auch die Revisionsstelle ist verpflichtet, auf Verlangen ihre Prüfung zu kommentieren.

Allerdings erfährt dieses Einsichts- und Informationsrecht dort eine Einschränkung, wo dadurch Geschäftsgeheimnisse oder andere schützenswürdigen Interessen der Gesellschaft gefährdet werden könnten; ein offensichtlich ziemlich breiter Interpretationsspielraum, den das Gesetz dem Verwaltungsrat einräumt. Denn nur ein Beschluss der Generalversammlung könnte allenfalls den Aktionären trotzdem zur Erfüllung ihrer Forderungen verhelfen.

b) Recht auf Sonderprüfung

Die Generalversammlung kann neu die Durchführung einer Sonderprüfung zur Abklärung bestimmter Sachverhalte beschliessen. Von dieser Möglichkeit können gegebenenfalls auch einzelne Aktionäre Gebrauch machen, falls sie entweder zusammen mindestens 10% des Aktienkapitals besitzen oder Aktien im Nennwert von wenigstens zwei Millionen Franken vertreten.

In beiden Fällen entscheidet der Richter, ob das Gesuch auf Sonderprüfung legitim ist, wofür in erster Linie verletzte Aktionärsinteressen, die Missachtung von statutarischen Bestimmungen und Gesetzesverstösse in Frage kommen.

Stimmt der Richter der Durchführung einer Sonderprüfung zu, beauftragt er Sachverständige damit; für die dadurch entstehenden Kosten kommen entweder die Gesellschaft (vor allem dann, wenn die Sonderprüfung durch Beschluss der Generalversammlung zustandegekommen ist) oder die Gesuchsteller auf; in jedem Fall obliegt dieser Entscheid ebenfalls dem Richter, der dann später auch darüber befindet, ob die Ergebnisse der Sonderprüfung den Gesuchstellern bzw. der Generalversammlung unterbreitet werden müssen.

Besteht nämlich die Gefahr, mit der Vorlage des Berichts der Sonderprüfung würden Geschäftsgeheimnisse oder andere schützenswürdige Gesellschaftsinteressen verletzt, kann der Richter den Verwaltungsrat ermächtigen, auf die Publikation der Sonderprüfung zu verzichten. In diesem Fall bliebe den Aktionären lediglich noch die Klage auf Veröffentlichung, und zwar immerhin während eines ganzen Jahres nach der Generalversammlung.

c) Einberufungsrecht

Die ordentliche, einmal jährlich stattfindende Generalversammlung wird üblicherweise vom Verwaltungsrat organisiert; er lädt auch dazu ein.

Weil die Aktionäre grundsätzlich nur anlässlich der Generalversammlung über die Geschäfte der Gesellschaft diskutieren können, gibt das Gesetz auch den Aktionären die Möglichkeit, die Einberufung von Generalversammlungen zu veranlassen.

Dazu braucht es Aktionäre, die zusammen wenigstens 10% des Aktienkapitals auf sich vereinigen.

Die Aufforderung hat schriftlich und unter Angabe der Traktanden an den Verwaltungsrat zu erfolgen; nötigenfalls kann auch richterliche Hilfe angefordert werden, damit die Verwaltung dem Ansinnen nachkommt.

Dann und wann mag die taktische Vorgehensweise einer Aktionärsgruppe darin liegen, die Generalversammlung zu irgendeinem Beschluss zu bewegen und diesen darauf dann anzufechten.

d) Anfechtungsrecht

Wie schon verschiedentlich erwähnt, können Beschlüsse des Verwaltungsrats nicht angefochten werden, so sie nicht den Nichtigkeitstatbestand erfüllen.

Als Kläger gegen Entschlüsse der Generalversammlung können einzelne Aktionäre, aber auch der Verwaltungsrat der Gesellschaft auftreten, wobei im letzten Fall der Richter einen Verwalter für die Unternehmung bestellen wird.

Die Frist, innerhalb der eine Anfechtungsklage eingereicht werden muss, ist recht kurz: binnen zweier Monate nach der entsprechenden Generalversammlung.

Als Gründe für eine Anfechtungsklage können zum Beispiel die Verletzung von Gesetz oder Statuten oder die Ungleichbehandlung der Aktionäre gelten.

e) Recht auf Verantwortlichkeitsklage

Können Beschlüsse des Verwaltungsrats schon nicht angefochten werden, bleibt den Aktionären doch noch das Recht, gegen die Verantwortlichen eine Klage auf Verletzung ihrer Pflichten einzureichen.

Diese Vorgehensweise favorisieren natürlich jene Aktionäre, denen es nicht gelungen ist, ihnen nicht genehme Mitglieder des Verwaltungsrats abzuwählen.

Erwähnenswert ist sicher, dass die Verantwortlichen allenfalls mit ihrem persönlichen Vermögen in Haftung genommen werden; strafrechtliche Aspekte mögen noch hinzukommen.

f) Gruppenvertretungsrecht im Verwaltungsrat

Bereits früher und in anderem Zusammenhang ist dieses Recht zur Sprache gekommen.

Wenn entweder in bezug auf das Stimmrecht oder hinsichtlich der vermögensrechtlichen Ansprüche verschiedene Aktionärsgruppen bestehen, müssen die Statuten der Gesellschaft jeder dieser Gruppen zumindest einen Vertreter im Verwaltungsrat zuweisen.

g) Recht auf Auflösungsantrag

Wohl als letzte Konsequenz, wenn die Aktionäre alle ihre Abwehrmittel ausgeschöpft haben, bietet das Aktienrecht den Antragsstellern, die insgesamt mindestens 10% des Aktienkapitals vertreten müssen, die Möglichkeit, mit Klage die

Gesellschaft zwangsweise zu liquidieren. Voraussetzung dafür ist natürlich das glaubhafte Geltendmachen wichtiger Gründe.

Es wird den Gerichten überlassen bleiben zu entscheiden, in welchen Fällen ausreichend wichtige Gründe einer möglichen Minderheit von Aktionären zur Liquidation der Gesellschaft führen.

Möglicherweise wird es indessen gar nie zu solchen Auflösungsbeschlüssen kommen, denn nach neuem Obligationenrecht steht dem Richter die Alternative nach einer anderen Lösung offen, welche für alle Beteiligten zumutbar und sachgerecht ist.

Zusätzliche Schutzmechanismen, die hauptsächlich dank den Vorschriften des revidierten Aktienrechts praktischen Nutzen erhalten, wie etwa die Pflicht der Gesellschaft, künftig die Beteiligungen von Namen-Aktionären bekanntzugeben, die mehr als 5% des Kapitals auf sich vereinigen, werden in anderem Zusammenhang nochmals erwähnt bzw. gelten – wie die vorher genannte Beteiligungsoffenbarung – lediglich für grössere Gesellschaften, deren Aktien an einer Börse kotiert sind.

Wenngleich heute gerade den Minderheitsaktionären ein griffigeres Instrumentarium zur Verteidigung ihrer Rechte als früher zur Verfügung steht, ist es zweifellos jedem Leser klar, dass es zu einer vernünftigen und einvernehmlichen Kooperation innerhalb seiner Gesellschaft keine langfristig wirtschaftlich vertretbare Alternative gibt.

Sollte sich jedoch ein Aktionär nachhaltig und böswillig in seinen Rechten verletzt sehen, kann er seinem Anliegen sowohl auf zivil- als auch auf strafrechtlichem Weg Respekt verschaffen; zuweilen reicht ja bereits die glaubhafte Drohung aus, entsprechende Schritte in die Wege zu leiten...

6. Aktionärbindungsvertrag

Einzelne Aktionäre oder Aktionärsgruppen können sich vertraglich dazu verpflichten, bestimmte Handlungen in ihrer Eigenschaft als stimmberechtigte Miteigentümer der Gesellschaft vorzunehmen oder gewisse Aktivitäten zu unterlassen.

So sind in der Praxis solche Aktionärbindungsverträge (ein Muster finden Sie im Anhang) vielfach als Stimmbindungsverträge (auch Poolverträge genannt) konzipiert, die beispielsweise statutarische Aktienstimmbeschränkungen umschiffen wollen.

Dank derartiger Stimmbindungsverträge gewinnen einzelne, an und für sich bedeutungslose Aktienstimmen an Gewicht.

Aktionärbindungsverträge eignen sich folglich auch für Minderheits- und Kleinaktionäre, ihr Stimmenpotential verstärkt zur Geltung zu bringen.

Diese privatrechtlichen Vereinbarungen vermögen selbstverständlich ausschliesslich die daran Beteiligten zu verpflichten; die Aktiengesellschaft selber ist nicht Vertragspartei und deshalb nicht direkt daran irgendwie beteiligt.

Im Rahmen der üblichen Vertragsfreiheiten können die Vertragsgegenstände von den Parteien des Aktionärbindungsvertrags frei ausgewählt werden.

Oft stehen sie im Zusammenhang mit Pflichten, die das Ausüben der Stimmrechte an der Generalversammlung betreffen (zum Beispiel: die Verpflichtung, einen bestimmten Aktionär als Verwaltungsrat zu wählen oder als Folge gewisser Umstände für die Liquidation der Gesellschaft einzutreten).

Aktionärbindungsverträge sind eher ein untaugliches Instrument, wenn sie die gegenseitigen Vorkaufsrechte an den Aktien der Vertragspartner sichern sollten.

In einem solchen Fall ist dringend zu empfehlen, die vertraglich vereinbarten Ansprüche auch substantiell abzusichern, indem die Parteien beispielsweise ihre Aktien bei einem Vertrauensanwalt hinterlegen oder gar zusammen eine neue Aktiengesellschaft gründen, in welche sie die aktionärbindungsvertraglichen Aktien als Sacheinlage einbringen.

Verletzt ein Vertragspartner Bestimmungen des Aktionärbindungsvertrags, macht er sich gegenüber den anderen schadenersatzpflichtig. Eine entsprechende Gerichtspraxis schützt im übrigen die Ansprüche aus Aktionärbindungsverträgen.

Es kann empfehlenswert sein, das Vorhandensein eines Aktionärbindungsvertrags gegenüber den nicht daran beteiligten Aktionären zu verschweigen, weil diese andernfalls unter Umständen Generalversammlungsbeschlüsse als missbräuchlich anfechten, da sie gegen eine vielleicht in den Statuten verankerte Stimmbeschränkung verstossen.

7. Beteiligungspapiere

Den Gründer einer schweizerischen Aktiengesellschaft wie auch den Käufer einer solchen Gesellschaft wird es gewiss auch interessieren zu erfahren, auf welchen wertpapierrechtlichen Grundsätzen ein Beteiligungspapier wie die Aktie basiert, allenfalls auch, welche zusätzlichen Möglichkeiten der Ausgabe von anderen Beteiligungspapieren aufgrund der geltenden Rechtsordnung bestehen.

Die Aktie und andere als Wertpapier geltende Beteiligungsurkunden verkörpern ein Recht – je nach Fall: ein Stimm- und/oder Vermögensrecht –, das ohne diese Urkunde weder geltendgemacht noch auf Dritte übertragen werden kann.

Wer eine solche Urkunde verliert, muss denn auch in einem durch den Richter veranlassten Verfahren eine öffentliche Kraftloserklärung anstrengen, da ansonsten grundsätzlich jedermann, der die verlorengegangene Urkunde vorweist, als Berechtigter zu betrachten wäre.

Wir unterscheiden:

♦ Inhaberaktie
♦ Namenaktie
♦ Partizipationsschein
♦ Genussschein

Die vier genannten Beteiligungspapiere sollen auf den folgenden Seiten vorgestellt werden.

Die Inhaberaktie

Diese Form der Aktie eignet sich auch vorzüglich für eine anonyme Beteiligung an einer Aktiengesellschaft und bietet hinsichtlich ihrer Handelbarkeit keine Probleme. Jeder, der eine Inhaberaktie vorweist, wird als Aktionär der entsprechenden Aktiengesellschaft anerkannt.

Gemäss neuer aktienrechtlicher Bestimmung muss der Nenn- oder Nominalwert (also der auf der Aktie gedruckte Wert) mindestens Fr. 10.– (früher Fr. 100.–) betragen.

Inhaberaktien sind jene Beteiligungspapiere, die in überwiegendem Mass an der Aktienbörse gehandelt werden, wobei heutzutage kaum mehr eine physische Übertragung erworbener Aktien stattfindet, sondern lediglich mittels Abbuchung vom Verkäufer zum Erwerber übergehen; wenn der Käufer es nicht ausdrücklich verlangt, werden ihm die gekauften Aktien also nicht ausgehändigt. Vielmehr lagern sie in grossen Sammeldepots der Banken oder spezialisierter Unternehmungen.

Einzig im Falle der Übertragung von Aktien an kleinen und mittelgrossen Gesellschaften ist das physische Übergeben der Titel an den Käufer keine Ausnahmeerscheinung.

Mit Inhaberaktien sind jedoch auch Nachteile verbunden. Zu nennen wäre etwa die Gefahr, dass Dritte unbemerkt die Stimmenmehrheit an einer Aktiengesellschaft erwerben können (eine Gefahr im übrigen, die mit Hinterlage der Titel bei einem Rechtsanwalt weitestgehend gebannt wäre).

Die Namenaktie

Auch sie muss einen Mindestnennwert von Fr. 10.– tragen.

Im Gegensatz zur Inhaberaktie ist ausschliesslich jene Person berechtigt, die auf dem Aktientitel bzw. auf dessen Rückseite als solcher namentlich aufgeführt ist.

Ein anonymes Halten einer Beteiligung wird dadurch natürlich verunmöglicht; die Gesellschaft weiss, wer rechtmässiger Eigentümer ist.

Für die Übertragung einer Namenaktie genügt die blosse Übergabe der Urkunde wie im Falle der auf den Inhaber lautenden Aktie nicht mehr.

Der Verkäufer muss den Titel indossieren, das heisst auf der Rückseite der Aktie unterschreiben und den neuen Aktionär benennen. Damit gibt er der Aktiengesellschaft den Auftrag, die dritte Voraussetzung für die erfolgreiche Aktienübertragung auf den Erwerber zu erfüllen: Der neue Aktionär muss ins Aktienregister der Gesellschaft eingetragen werden. Ohne diesen Eintrag wäre die Übergabe der Aktie an den neuen Aktionär – zumindest gegenüber der Aktiengesellschaft – rechtlich unwirksam, denn die Gesellschaft anerkennt nur die im Aktienbuch aufgelisteten Personen.

Häufig sind Namenaktien schweizerischer Aktiengesellschaft vinkuliert. Dies hat zur Folge, dass die Eintragung ins Aktienregister an die Erfüllung bestimmter Bedingungen geknüpft ist.

Früher waren Generalklauseln in den Statuten, die den Verwaltungsrat ermächtigten, missliebige Neuaktionäre nach Lust und Laune abzulehnen, keine seltene Erscheinung.

Das revidierte Aktienrecht hat hier Besserung geschaffen.

Heute darf die Gesellschaft einen neuen Aktionär nur noch aus wichtigen, in den Statuten genannten Gründen ablehnen.

Das Gesetz steckt auch gleich einen Rahmen jener als wichtig geltenden Motive:

♦ Bestimmungen über die Zusammensetzung des Aktionärkreises, die im Hinblick auf den Gesellschaftszweck oder die wirtschaftliche Selbständigkeit des Unternehmens eine Verweigerung rechtfertigen

Vorstellbar wäre etwa, dass ein Konkurrent die Aktienmehrheit erwirbt, um danach eine Liquidation anzustreben.

♦ Wenn der Erwerber nicht erklärt, dass er die Aktien in eigenem Namen und für eigene Rechnung erworben hat

Hierbei könnten Strohmänner vorgeschoben werden, welche die Absichten eines ansonsten abgelehnten Erwerbers verfolgen müssen.

Am Rande sei erwähnt, dass die Gesellschaft die Möglichkeit hat, einem unerwünschten Aktionär die Titel abzukaufen, falls sie eine möglicherweise langwierige rechtliche Auseinandersetzung wegen der verweigerten Eintragung ins Aktienbuch verhindern will.

Für börsenkotierte Namenaktien gilt nach neuem Aktienrecht nur eine in den Statuten verankerte prozentuale Begrenzung des Aktienbesitzes auf eine Person als Ablehnungsgrund (also zum Beispiel «Kein einzelner Aktionär darf mehr als 2% der gesamten Stimmrechte auf sich vereinigen»).

Die Zustimmung des Verwaltungsrats zur Eintragung des neuen Aktionärs ins Aktienregister benötigt natürlich eine gewisse Zeit (maximal drei Monate sind gesetzlich erlaubt, ansonsten automatisch eine Anerkennung stattfindet). Solange der Eintrag nicht erfolgt ist, bleiben sämtliche Rechte wie auch das Eigentum an der Aktie beim Veräusserer.

Folglich kann der Kaufvertrag über die Namenaktien erst mit erfolgter Eintragung der Aktien ins Aktienbuch seine Wirkung entfalten.

Wurden die Aktien hingegen an einer Aktienbörse erworben, tritt die frühere Praxis wieder in Kraft, die eine Spaltung der Eigentumsrechte bewirkte.

Die Stimmrechte verbleiben beim Veräusserer, während die Vermögensrechte (insbesondere das Recht auf Dividende) an den Erwerber übergehen.

Die den Verkauf vermittelnde Bank muss im übrigen den Namen des Veräusserers und die Anzahl der verkauften Aktien unverzüglich der betreffenden Gesellschaft anzeigen.

Der Käufer vinkulierter Namenaktien, der Wert auf die Eintragung im Aktienregister legt, ist sicher gut beraten, wenn er die Unterzeichnung des Kaufvertrags von der schriftlichen Zustimmung des Verwaltungsrats zur ungehinderten Eintragung ins Aktienbuch abhängig macht.

Letztlich kann sich aber auch ein Käufer, der nicht im Aktienregister eingetragen wurde, dadurch behelfen, dass er dem Veräusserer, der ja nach wie vor eingetragen ist, Instruktionen erteilt, wie er an der Generalversammlung sein Stimmrecht ausüben soll.

Eine derartige Vorgehensweise verspricht natürlich nur dann längerfristig Aussicht auf Erfolg, wenn die Aktienübertragung geheim geblieben ist; ansonsten wäre ein Ausschluss des früheren Aktionärs von der Generalversammlung absehbar.

Eine besondere Ausprägung der Namenaktie ist die sogenannte Stimmrechtsaktie, die einen kleineren Nennwert als die anderen Aktien der Gesellschaft aufweist.

Während das Aktienrecht die Stimmrechte nach Massgabe der Nennwerte bemisst, können die Statuten jeder Aktie eine Stimme verleihen, und zwar unabhängig vom dafür geltenden Nominalwert.

Auf diese Weise gelingt es, dass kapitalmässig unterdurchschnittlich engagierte Aktionäre ein überdurchschnittliches Stimmengewicht erreichen.

Dank Stimmrechtsaktien können folglich finanzielle Minderheitsaktionäre zu stimmenmässigen Mehrheitsaktionären heranwachsen.

Ein neu in eine Gesellschaft eintretender Aktionär tut demzufolge gut daran, sich vorab über die Aktienstruktur ins Bild zu setzen.

Verschiedene gesetzliche Bestimmungen erschweren die Bildung von Stimmrechtsaktien oder schränken deren Umfang empfindlich ein.

So verlangt das Aktienrecht beispielsweise, dass die Einführung von Stimmrechtsaktien und die damit zusammenhängenden Statutenänderungen von mindestens zwei Dritteln der an der Generalversammlung vertretenen Stimmen sowie der Mehrheit der vertretenen Aktiennennwerte gutgeheissen werden müssen.

Ferner darf der Nominalwert der übrigen Aktien das Zehnfache jenes der Stimmrechtsaktien nicht übersteigen.

Zusätzliche Einschränkungen im Falle der Ausübung des Stimmrechts durch Stimmrechtsaktionäre dienen der Bekämpfung möglicher Missbräuche:

Für genau umschriebene Geschäfte ist die Anwendung des Prinzips «Pro Aktie eine Stimme» untersagt, nämlich für Beschlüsse der Generalversammlung, die
– die Wahl der Kontrollstelle
– die Ernennung von Sachverständigen zur Prüfung der Geschäftsführung oder einzelner Teile
– die Beschlussfassung über die Einleitung einer Sonderprüfung
– die Beschlussfassung über die Anhebung einer Verantwortlichkeitsklage
  zum Thema haben.

Der Partizipationsschein

Wenn es die Statuten der Gesellschaften vorsehen, kann sich die Unternehmung Partizipationskapital beschaffen.

Es handelt sich dabei um stimmrechtsloses Eigenkapital, das auf den Namen oder den Inhaber lauten kann und wie die Aktien einen minimalen Nennwert von Fr. 10.– aufweisen muss.

Die Vorteile des Partizipationskapitals für die Gesellschaft liegen auf der Hand: Sie erhält voll haftendes Eigenkapital, ohne den Geldgebern ein Stimmrecht einräumen zu müssen. Die Inhaber von Partizipationsscheinen haben lediglich Anspruch auf Gewinnanteil und Anspruch auf ein Liquidationsergebnis.

Das erstmals im neuen Aktienrecht beschriebene Partizipationskapital (früher behalf man sich in der Praxis mit Anlehnung an den weiter unten noch zur Sprache kommenden Genussschein) profitiert heute von den gesetzlich vorgeschriebenen Schutzbestimmungen, die den Inhaber von Partizipationsscheinen vor allzu gravierenden Nachteilen gegenüber den Aktionären bewahren wollen.

Zum einen stellt das revidierte Aktienrecht das Partizipationskapital, den Partizipationsschein und den Partizipanten grundsätzlich auf die gleiche Stufe mit dem Aktienkapital bzw. der Aktie sowie dem Aktionär.

Sodann bestimmt das Gesetz, dass das Partizipationskapital nicht mehr als das Doppelte des Aktienkapitals betragen darf.

Ferner besitzt der Inhaber von Partizipationsscheinen das Recht, schriftlich zuhanden der Generalversammlung ein Begehren um Auskunft oder Einsicht oder um Einleitung einer Sonderprüfung zu stellen, falls ihm die Statuten der Gesellschaft dies nicht ermöglichen.

Das Gesetz verlangt schliesslich eine Gleichbehandlung der beiden Kategorien von Eigenkapital, lässt also zum Beispiel eine Benachteiligung von Inhabern von Partizipationsscheinen nur dann zu, wenn auch die Aktionäre im gleichen Ausmass Nachteile erfahren.

Der Genussschein

Zum Schluss soll das eher exotische Beteiligungspapier Genussschein zur Sprache kommen.

Sofern es die Statuten der Gesellschaft vorsehen, dürfen solche Genussscheine zugunsten von Personen geschaffen werden, die mit der Unternehmung besonders verbunden sind, sei es als Aktionär, Gläubiger oder Arbeitnehmer, sei es in anderer verdienstvoller Weise.

Diese Form von Eigenkapital eignet sich nicht als Finanzierungsinstrument, weil der Genussschein weder einen Nennwert aufweisen noch gegen Geld oder Sachwerte eingetauscht werden darf.

Die Ansprüche der Inhaber solcher Beteiligungspapiere beschränken sich auf einen Anteil am Bilanzgewinn oder am Liquidationsergebnis oder den Bezug neuer Aktien.

Es ist einer Aktiengesellschaft freigestellt, ob sie im Ausmass der vorhandenen Beteiligungspapiere einzelne Dokumente drucken lässt oder Zertifikate ausgibt, die eine bestimmte Anzahl solcher Titel verkörpern.

Gerade im Falle kleinerer Gesellschaften mit verhältnismässig wenig Eigentümern ist es aus praktischen Gründen üblicher, Zertifikate auszustellen, zumal damit in keiner Weise irgendwelche Nachteile für die Berechtigten verbunden sind.

8. Rechnungslegung

Zu den zentralen Neuerungen im revidierten Aktienrecht gehören zweifellos die Vorschriften zur Rechnungslegung.

Zielen die neuen Bestimmungen auch in Richtung stärkerer EG-Kompatibilität, hauptsächlich auf dem Gebiet der Publizität, bleiben sie dennoch hinter dem Konzept des «True-and-Fair-View» zurück. Denn das Festhalten am Institut der stillen Reserven, also der für Aussenstehende unbekannten verdeckten Eigenkapitalteile, wird es auch in Zukunft letztlich verunmöglichen, einen möglichst sicheren Einblick in die Vermögens- und Ertragslage der Gesellschaft zu erhalten. Diesbezüglich sind Anpassungen an EG-Regeln absehbar, wie unter anderem später im entsprechenden Kapitel dargestellt wird.

Das Gesetz verlangt neu die Einhaltung der Grundsätze einer ordnungsgemässen Rechnungslegung, die es erlauben soll, die Vermögens- und Ertragslage der Gesellschaft möglichst zuverlässig zu beurteilen. Damit schreibt das revidierte Aktienrecht vor, was andernorts unlängst die Norm darstellt und international üblicher Praxis entspricht; es handelt sich um ein grundlegendes Prinzip des Rechnungswesens.

Was die Gesetzgeber unter einer ordnungsgemässen Rechnungslegung verstehen, formuliert die entsprechende Bestimmung wie folgt:

- Vollständigkeit der Jahresrechnung
- Klarheit und Wesentlichkeit der Angaben
- Vorsicht
- Fortführung der Unternehmenstätigkeit
- Stetigkeit in Darstellung und Bewertung
- Unzulässigkeit der Verrechnung von Aktiven und Passiven sowie von Aufwand und Ertrag

Sämtliche schweizerischen Aktiengesellschaften müssen künftig in ihrer Rechnungslegung diese Generalnorm befolgen.

Die Anforderungen an die Rechnungslegung von Gesellschaften, deren Aktien an der Börse kotiert sind, sind dabei erheblich strenger, interessieren jedoch im Zusammenhang mit der Zielsetzung dieses Buches nicht.

Jahresrechnung

Sie umfasst die Bilanz, die Erfolgsrechnung (Gewinn- und Verlustrechnung) sowie den Anhang dazu.

Für die Darstellung und Gliederung gelten nach neuem Aktienrecht detaillierte Vorschriften, die weiter hinten ausführlich dargestellt sind.

Ferner verlangt das Gesetz in jenen Fällen, wo die Aktiengesellschaft durch Stimmenmehrheit oder auf andere Weise eine oder mehrere Gesellschaften unter einheitlicher Leitung zusammenfasst, eine konsolidierte Jahresrechnung als Konzernrechnung. Zu den Konsolidierungsgrundsätzen, wie sie in der Schweiz als Fachempfehlung von Büchersachverständigen bestehen, lesen Sie im Anhang.

Eine Konzernrechnung ist indessen nur dann zu erstellen, wenn die Gesellschaft eine bestimmte Grösse erreicht hat, wobei zwei der folgenden Kriterien erfüllt sein müssen:

– Bilanzsumme von über 10 Mio Franken
– Umsatzerlös von über 20 Mio Franken
– Mitarbeiterzahl von über 200

Hingegen können Aktionäre, die zusammen mindestens 10% des Aktienkapitals vertreten, die Erstellung einer Konzernrechnung verlangen.

Anhang

Wie eingangs erwähnt, gehört der Anhang mit zusätzlichen Angaben zum Jahresabschluss neu als zwingend vorgeschriebener Teil zur Jahresrechnung; damit ist eine Bestimmung in Anlehnung an entsprechende EG-Vorschriften entstanden.

Mit diesem Anhang soll der Zweck der Rechnungslegung, nämlich die Vermögens- und Ertragslage der Gesellschaft möglichst zuverlässig beurteilen zu können, noch stärker als bisher unterstützt werden.

Die gesetzlich vorgeschriebenen Bestandteile dieses Anhangs werden weiter hinten vollständig und detailliert aufgelistet.

Bemerkenswert sind jedoch vorab die folgenden drei Kriterien, die künftig nötigenfalls im Anhang zur Sprache kommen müssen.

a) Stille Reserven

Wie schon früher dargestellt, entstehen stille Reserven entweder durch Tieferbewertung von Vermögensteilen oder durch Höherbewertung von Verbindlichkeiten der Gesellschaft.

Liess bereits das alte Aktienrecht sowohl Bildung als auch Auflösung solcher stillen Reserven weitgehend ohne nennenswerte Einschränkungen zu, wodurch natürlich die wahre Vermögens- und Ertragslage verhältnismässig einfach und falls beabsichtigt drastisch verschleiert werden konnte, hat hier das revidierte Recht nur in geringem Ausmass Grenzen gesetzt.

Es wird nämlich auch weiterhin für schweizerische Aktiengesellschaften möglich sein, stille Reserven unbemerkt für Aussenstehende zu bilden; nur wenn in einem Jahr mehr stille Reserven aufgelöst als gebildet wurden, muss der Saldo der aufgelösten stillen Reserven im Anhang genannt werden, und auch dies nur unter der einschränkenden Voraussetzung, dass dadurch das erwirtschaftete Unternehmensergebnis wesentlich günstiger dargestellt werden konnte.

b) Eigene Aktien

Dank den neuen Bestimmungen darf eine Aktiengesellschaft in beschränktem Ausmass eigene Aktien erwerben.

Der gesamte Nennwert der gekauften eigenen Aktien darf 10% des Aktienkapitals (20% im Zuge des Erwerbs nicht eingetragener Namenaktien) nicht überschreiten; deren Finanzierung ist ausschliesslich mit frei verwendbarem Eigenkapital erlaubt. Ferner schreibt das Gesetz vor, dass die so erworbenen Aktien bis auf einen Anteil von 10% am Gesamtkapital binnen zweier Jahre entweder wieder verkauft oder vernichtet werden.

Auf sonderliches Interesse wird diese neue Erlaubnis indes kaum stossen, weil die Steuerbehörden Aktienrückkäufe als indirekte Teilliquidation qualifizieren, und die Differenz zwischen Nominal- und Kaufwert deshalb verrechnungssteuerpflichtig ist.

Der Anhang muss über die Transaktionen mit eigenen Aktien Auskunft geben, ebenso über deren Bestand im Portefeuille der Gesellschaft. Sodann sollten entsprechende Informationen erscheinen, wenn Aktien von anderen Gesellschaften gehalten werden, an denen erstere eine Mehrheitsbeteiligung besitzt.

Es entspricht in der Schweiz nämlich gängiger Praxis, dass befreundete Gesellschaften gegenseitig Aktienpakete halten, ohne dass damit mehrheitliche Beteiligungen entstünden.

c) Aufwertung von Vermögenswerten

Das schweizerische Obligationenrecht hält an den Höchstbewertungsvorschriften fest. Deshalb dürfen Aktiva höchstens zu den Anschaffungs- oder Herstellungskosten bilanziert werden.

Zwangsweise entstehen darauf dann stille Reserven, wenn im Laufe der Jahre durch angestiegene Verkehrswerte (so beispielsweise für Liegenschaften) die bilanzierten früheren Werte zu tief ausfallen.

Der Gesetzgeber wollte die Realisierung dieser stillen Reserven zugunsten der Erfolgsrechnung erst im Zeitpunkt der Veräusserung anfallen lassen.

Das revidierte Aktienrecht ermöglicht den Gesellschaften im Bedarfsfall die vorzeitige Aufwertung, und zwar ausschliesslich für Grundstücke und Beteiligungen an anderen Unternehmungen.

Auf diese Weise entstehen sogenannte Aufwertungsreserven, die ebenfalls im Anhang zu erläutern sind.

Der Gesetzgeber wollte diese fundamentale Ausnahmeregelung von der ansonsten durchs Band weg ungebrochen bestehenden Vorschrift der Höchstbewertung für den Fall der Beseitigung einer Unterbilanz (durch Verlust ist das Aktienkapital der Gesellschaft nicht mehr voll gedeckt) beschränken; andere Verwendungen sind unzulässig und daher illegal.

Die Neuerungen in der Rechnungslegung sind erstmals in der Jahresrechnung 1993 (Abschluss per 31. 12. 93) zu berücksichtigen, sofern das Geschäftsjahr der Gesellschaft mit dem Kalenderjahr übereinstimmt, was aus praktischen Erwägungen in den meisten Fällen ohnehin zutrifft.

II. KAPITEL

1. Steuersystematik der Schweiz

Die folgenden wichtigen Steuerarten berühren auch die Aktiengesellschaften mit Sitz in der Schweiz:

1. Bundessteuern
- Direkte Bundessteuer auf Einkommen und Vermögen natürlicher und juristischer Personen
- Warenumsatzsteuer (WUST)
- Verrechnungssteuer
- Stempelsteuer

2. Kantons- und Gemeindesteuern (inklusive Kirchensteuern)
- Einkommens- und Vermögenssteuern für natürliche und juristische Personen
- Liegenschaftensteuer

Weitere Fiskalabgaben wie beispielsweise die Alkoholsteuer oder die Tabaksteuer sollen hier nicht näher beleuchtet werden; sie sind im Zusammenhang mit der Standortwahl für eine Aktiengesellschaft verhältnismässig unbedeutend.

Verpflichtung zur Zahlung von Steuern

Jede Gesellschaft mit Sitz in der Schweiz unterliegt mit ihrem Reineinkommen und Reinvermögen (Brutto abzüglich Aufwand bzw. Verpflichtungen) der schweizerischen Besteuerung.

Davon ausgenommen sind Einkünfte aus ausländischem Grundbesitz und solche aus ausländischen Firmeninvestitionen bzw. deren Vermögen.

Basis der steuerlichen Veranlagung

Bilanz sowie Erfolgsrechnung (Gewinn- und Verlustrechnung) einer Aktiengesellschaft bilden die Grundlage der neu alljährlich stattfindenden steuerlichen Veranlagung (ab 1. Januar 1993 auf Kantons- und Gemeindeebene, ab 1. Januar 1995 auch auf Bundesebene), die nach dem Grundsatz der Selbstdeklaration erfolgt.

In der Schweiz existiert keine steuerliche Vorauszahlung; die Steuerrechnung trifft nach der Selbstdeklaration, allenfalls nach der Einschätzung der Steuerbehörde, ein.

Über die möglichen steuerlichen Erleichterungen, von denen eine Holdinggesellschaft profitieren kann, lesen Sie im späteren Kapitel.

Die Gesellschaften neigen – verständlicherweise – dazu, den deklarierten Gewinn eher tief zu halten, um ihre Steuerlasten zu minimieren; ein durchaus legales Verhalten, dem die schweizerische Steuergesetzgebung recht weit entgegenkommt.

Grenzen gesteckt werden klar dort, wo mit Transaktionen in erheblichem Umfang Steuerhinterziehung oder gar Steuerbetrug begangen wird. In beiden Fällen sind nebst Nachsteuern empfindliche Strafsteuern zu erwarten. Im Falle des Steuerbetrugs müssen die Fehlbaren gar mit Gefängnisaufenthalten rechnen!

Die Steuerämter, welche die Selbstdeklaration der Gesellschaften prüfen, achten grundsätzlich darauf, dass der steuerbare Reingewinn der tatsächlichen Entwicklung des Geschäftsgangs entspricht, insbesondere keine verdeckten Gewinnausschüttungen udgl. stattgefunden haben.

Deshalb werden dem deklarierten Reingewinn etwa die Aufwendungen zugeschlagen, die nicht zur Deckung geschäftsmässig begründeter Unkosten dienten.

Auch unbegründete Abschreibungen und Rückstellungen sowie andere Entnahmen aus dem Geschäftsvermögen, die den Reingewinn der Gesellschaft künstlich schmälerten, werden dem ursprünglich deklarierten Reingewinn zugeschlagen.

Dafür können illustrativ einige Beispiele herangezogen werden:

♦ Übersetzte Gehaltszahlungen an Direktoren der Gesellschaft, die gleichzeitig Eigentümer der Aktiengesellschaft sind
♦ Übernahme von Verpflichtungen und Zahlungen, die der privaten Sphäre der Aktionäre angehören
♦ Gewinnverschiebungen innerhalb einer Unternehmensgruppe, denen nach dem Grundsatz des «at arm's length» (was im Verkehr mit Dritten üblich ist) die Berechtigung abgeht
♦ Gewährung von zinslosen oder auffallend tief verzinslicher Darlehen an Aktionäre oder andere der Gesellschaft nahestehende Personen, deren Rückzahlung überdies nicht absehbar ist.

Diese Auflistung ist natürlich bei weitem nicht vollständig, weshalb es gewiss empfehlenswert ist, rechtzeitig einen mit den örtlichen Gepflogenheiten vertrauten Steuerberater beizuziehen, damit spätere Auseinandersetzungen mit den Steuerbehörden vermieden werden können. In zahlreichen Fällen kann es sogar zweckmässig sein, eine möglicherweise strittige Transaktion vorgängig von den Fiskalbehörden absegnen zu lassen; dabei ist darauf zu achten, dass Erklärungen der Steuerämter ausschliesslich schriftlich relevant sind!

Vielfach geht es in der Praxis darum, dass der Fiskus offensichtlich als verdeckte Gewinnausschüttungen erkannte Aufwendungen und Ausgaben bzw. Leistungen der Gesellschaft dem offen ausgewiesenen Ergebnis hinzurechnet. Verluste aus früheren Jahren können allerdings bis zu 7 Jahren vorgetragen und mit Gewinnen aus diesen Jahren verrechnet werden.

Die Warenumsatzsteuer (WUST) gilt als Verbrauchssteuer, in der Grundüberlegung (jedoch nicht in der Systematik) vergleichbar mit der im Ausland gebräuchlichen Mehrwertsteuer.

Während diese als Konsum- und Leistungssteuer ausgestaltet ist, birgt jene den Nachteil in sich, dass Investitionsgüter um das WUST-Betreffnis verteuert werden (sogenannte taxe occulte); ein klarer Wettbewerbsnachteil für schweizerische Unternehmungen aus der Investitionsgüterbranche.

Auf der anderen Seite sind nicht alle Umsätze mit WUST belastet. Nebst den Dienstleistungen (die bekanntlich im Ausland in der Regel der Mehrwertsteuer unterworfen sind) sind in der Schweiz zum Beispiel die Lebensmittel, Bücher, Medikamente und Liegenschaften davon befreit, und für das Baugewerbe gelten tiefere als sonst übliche WUST-Sätze. Gerade für den Bereich der zunehmend bedeutungsvollen Dienstleistungen ist die fehlende steuerliche Belastung ein deutlicher Wettbewerbsvorteil für in der Schweiz domizilierte Unternehmungen.

Die Warenumsatzsteuer ist eine sogenannte Einphasensteuer, das heisst, sie ist lediglich von den ablieferungspflichtigen Unternehmen (den WUST-Grossisten) im Falle eines Verkaufs der zu belastenden Leistung an die Verbraucher bzw. nicht ablieferungspflichtigen Händler abzurechnen.

Die Verrechnungssteuer von 35% ist eine Quellensteuer, wie sie auch im Ausland (meist mit tieferen Sätzen) vorkommt.

Sie wird berechnet auf Gewinnausschüttungen (Dividenden), seien sie offen oder verdeckt erfolgt; ablieferungspflichtig ist die ausschüttende Gesellschaft. Daneben findet man die Verrechnungssteuer beispielsweise auch auf Zinszahlungen inländischer Unternehmungen sowie auf zusätzlichen Leistungen, die hier indessen nicht interessieren.

Die Verrechnungssteuer kann von Schweizer Steuerpflichtigen mit der Steuerdeklaration zurückgefordert werden.

Ausländer müssen dafür gemäss dem Inhalt eines bestehenden Doppelbesteuerungsabkommens mit ihrem Heimat- bzw. Steuerdomizilland vorgehen. Dazu sei auf das spätere Kapitel verwiesen.

Die Stempelsteuer sodann – ein wahrhaftiger Anachronismus in der schweizerischen Steuerlandschaft – kommt üblicherweise mit einem Satz von 3% für Gründungen von Aktiengesellschaften und Kapitalerhöhungen zum Zug. Eine erfreuliche Entlastung bringt das auf den 1. April 1993 in Kraft tretende revidierte Stempelsteuergesetz. Nebst spürbarer Reduktion einiger Steuersätze – leider unter Ausklammerung der Tatbestände der Gründung einer AG und der Kapitalerhöhung – verschont der Fiskus dann beispielsweise die Domizilverlegung einer ausländischen Gesellschaft in die Schweiz und erhebt keine Steuer mehr (bisher 1,5%). Sodann werden die Eigengeschäfte von Banken und Finanzgesellschaften ebenfalls befreit.

Die Liegenschaftensteuer schliesslich (exakter wäre die Liegenschaftengewinnsteuer) hängt im wesentlichen von der vorgängigen Besitzdauer des Verkäufers ab und kann ohne weiteres 50% ausmachen. Daneben spielt auch der Standort der Liegenschaft eine ausschlaggebende Rolle, weil diese Steuer kantonalen Unterschieden folgt.

Im übrigen sei im Zusammenhang mit dem Liegenschaftenbesitz auf die bundesgesetzlichen Vorschriften hinsichtlich maximaler Beleihungsgrenze und minimaler Besitzdauer sowie die Einschränkungen für Ausländer aufmerksam gemacht.

Die bereits früher erwähnte Vielfalt der unterschiedlichen, dem föderalistischen Staatsaufbau der Schweiz folgenden Steuergesetze verunmöglichen es, auf dem hier zur Verfügung stehenden Raum alle Kantons- und Gemeindesteuern zu behandeln.

Auch mit dem Inkrafttreten des Steuerharmonisierungsgesetzes für Kantone und Gemeinden auf den 1. Januar 1993 wird sich so schnell die angestrebte formelle Vereinheitlichung nicht einstellen. Die Kantone und Gemeinden haben acht Jahre Zeit, ihre Gesetze den neu geschaffenen Bundesvorschriften anzupassen, und wer die

«Dynamik» der Parlamente kennt, wäre nicht erstaunt, wenn die achtjährige Anpassungsfrist ausgeschöpft wird.

Aus diesem Grunde bleiben die unterschiedlichen Gesetze vorläufig noch in Kraft und sind für die Standortwahl relevant.

Wer sich mit den aktuellen kantonalen und Gemeindesteuersätzen und -gepflogenheiten näher auseinandersetzen will, sei auf die vorhandene Literatur verwiesen (zum Beispiel: «Die Besteuerung der Aktiengesellschaft in der Schweiz», 4. Auflage 1989/90, Cosmos-Verlag AG, Muri/Bern). Ein ausgezeichnetes Werk, das sich auf gut verständliche Weise mit der schweizerischen Steuersystematik auseinandersetzt, stammt von E. Blumenstein und P. Locher: «System des Steuerrechts», 4., neubearbeitete Auflage 1992, Schulthess Polygraphischer Verlag, Zürich.

Während der Höchstsatz der direkten Bundessteuer auf dem Einkommen der Aktiengesellschaft mit 9,8% noch verhältnismässig bescheiden ausfällt, kennen die verschiedenen kantonalen Ansätze Schwankungsbreiten, die weit über 20%-Punkte hinausreichen; daran wird auch die Steuerharmonisierung nichts ändern, belässt sie doch die Kompetenz der Steuersatzbestimmung ausdrücklich weiterhin den Kantonen und Gemeinden.

Die totale Steuerbelastung in Prozenten des massgeblichen Reingewinns kann dadurch in den Bereich jenseits der 40%-Marke vorstossen. Die Wahl des kantonalen Steuersitzes hängt folglich eng mit der letztendlich zu zahlenden Steuerquote zusammen.

Gerade für den ausländischen Interessenten mag es von Interesse sein, im Rahmen seiner Standortwahl einige wichtige Kriterien für die Beurteilung des Steuerstandortes Schweiz kennenzulernen.

Diesem Thema ist das folgende Kapitel gewidmet.

2. Schweizer Steuerbelastung im internationalen Vergleich

Einer Studie des Bundesamtes für Konjunkturfragen (BFK) zufolge ist die durchschnittliche Steuerbelastung in der Schweiz während der vergangenen 25 Jahre überdurchschnittlich stark angestiegen. Sie lag Ende der achtziger Jahre jedoch nach wie vor recht deutlich unter den Durchschnittswerten der meisten anderen OECD-Staaten.

Eine ähnliche Entwicklung fand im übrigen auch in Japan statt, während in den USA praktisch keine nennenswerte Veränderung festzustellen war (allerdings: die entsprechenden Belastungen in den USA können in bemerkenswert kurzen Intervallen mehr oder minder stark schwanken, sind also zuweilen ziemlich volatil).

Den weitaus grössten Sprung in der steuerlichen Durchschnittsbelastung machte während der eingangs erwähnten Zeitperiode Dänemark, wo sich die durchschnittliche Steuerbelastung um nicht weniger als rund 70% des Bruttoinlandprodukts erhöhte.

Die durchschnittliche Steuerbelastung von etwa 32% in der Schweiz unterbieten – wenngleich nur marginal – Staaten wie Australien, Japan und die USA.

Kommen deutsche und italienische Steuerzahler mit Durchschnittswerten von vielleicht 38% schlechter weg, leiden die skandinavischen unter Spitzensätzen von bis zu deutlich mehr als 50%.

Eine Sonderstellung nimmt die Schweiz im Vergleich mit anderen OECD-Staaten auch dort ein, wo es um die Aufteilung des Steueraufkommens in direkte und indirekte Steuern (also die nicht die Leistungsfähigkeit des Steuerzahlers berücksichtigenden Umsatzsteuern wie etwa die Warenumsatzsteuer) geht.

Der Schweizer Fiskus nimmt aus dem Umsatz von Gütern weniger als 10% ein, während der OECD-Durchschnitt auf annähernd 20% lautet. Dieser erhebliche Unterschied liegt zu bedeutenden Teilen darin begründet, dass die Dienstleistungen, welche in einer modernen Volkswirtschaft vielfach mehr als die Hälfte des Sozialprodukts ausmachen, in der Schweiz nicht der Warenumsatzsteuer unterworfen sind.

[1] OECD. The Tax/Benefit Position of Production Workers, 1986–1989. Paris 1990

Die Steuerbelastung im OECD-Vergleich

	Steueraufkommen[1] in % des BIP			Einkommenssteuer in % eines Ø-Einkommens[2] [3]			Nettoeinkommen[2] [4] in % des Bruttoeinkommens		
	1986	1988	1989	1986	1988	1989	1986	1988	1989
Australien	31	31	[5]	17,4	19,8	17,9	84,5	81,6	83,1
Belgien	46	45	[5]	15,9	15,1	10,8	83,0	86,0	90,9
Bundesrepublik	38	37	38	8,3	8,8	9,2	79,1	78,1	77,5
Dänemark	51	52	51	25,0	36,1	35,6	63,3	67,3	67,6
Finnland	38	38	38	24,5	26,9	23,7	78,4	75,7	80,0
Frankreich	44	44	44	[5]	[5]	[5]	91,6	90,2	89,2
Griechenland	37	36	[5]	2,6	2,7	3,7	84,2	84,1	83,1
Grossbritannien	38	37	36	17,4	15,3	15,6	81,7	82,8	82,6
Irland	39	41	39	17,1	18,0	17,0	79,1	77,7	78,5
Italien	36	37	38	14,6	15,6	14,8	84,7	84,1	83,4
Japan	29	31	[5]	3,0	2,3	1,9	90,0	90,7	91,1
Kanada	34	34	33	11,4	10,1	10,8	87,8	88,6	88,2
Luxemburg	43	43	[5]	2,1	0,9	[5]	95,8	96,6	98,8
Neuseeland	35	38	[5]	22,6	21,8	21,7	80,1	78,2	78,3
Niederlande	46	48	46	8,8	8,7	9,1	73,5	73,4	74,7
Norwegen	50	47	46	15,1	17,2	18,6	82,4	83,5	83,2
Österreich	43	42	41	8,3	6,8	3,1	90,0	91,2	94,4
Portugal	33	35	35	2,5	6,0	2,0	91,5	87,8	91,6
Spanien	31	33	34	9,6	6,5	6,8	84,8	87,9	87,6
Schweden	53	55	57	34,5	35,8	35,7	74,2	73,4	72,5
Schweiz	33	32	32	5,2	6,0	5,8	91,1	89,9	89,0
Türkei	23	23	24	22,8	22,2	[5]	70,8	68,3	[5]
USA	29	30	[5]	12,4	11,6	11,5	80,4	80,8	81,0

[1] Gesamtes Steueraufkommen (inkl. Sozialabgaben und indirekten Steuern); [2] am Beispiel einer Familie mit zwei Kindern und einem durchschnittlichen Arbeitereinkommen (nur ein Ehepartner berufstätig); [3] zur Berechnung der Steuerbelastung wurden nur Pauschalabzüge berücksichtigt; Angaben zu den übrigen Steuerabzügen, welche zum Teil den Durchschnittssatz spürbar verändern würden, sind nicht überall erhältlich; [4] Bruttoeinkommen abzüglich Einkommenssteuern und Sozialabgaben, zuzüglich (Bar-)Transferleistungen; [5] nicht erhältlich

Das Steueraufkommen in den OECD-Staaten (gemessen in % des BIP zu laufenden Preisen)			
	1980	*1985*	*1989*
Schweden	49,1	50,4	56,1
Dänemark	45,5	49,0	49,9
Niederlande	45,8	44,9	46,0
Norwegen	47,1	47,6	45,5
Belgien	44,4	47,6	44,3
Frankreich	41,7	44,5	43,8
Luxemburg	41,0	44,0	42,4
Österreich	41,2	43,1	41,0
Neuseeland	33,1	34,1	39,4
Finnland	33,0	37,0	38,1
Deutschland	38,0	38,0	38,1
Italien	30,2	34,4	37,8
Irland	34,0	38,2	37,6
Grossbritannien	35,3	37,9	36,5
Kanada	31,6	33,1	35,3
Portugal	28,7	31,6	35,1
Spanien	23,8	28,8	34,4
Island	30,5	28,9	33,8
Griechenland	28,4	35,1	33,2
Schweiz	30,8	32,0	31,8
Japan	25,4	27,6	30,6
Australien	28,5	30,0	30,1
USA	29,5	29,2	30,1
Türkei	21,7	19,7	29,0
OECD Total	34,9	36,9	38,4
OECD Europa	36,3	38,6	39,7
EG	36,4	39,5	39,9

Quelle: Statistiques des recettes publiques des Pays Membres de l'OCDE, Paris, OECD, 1991.

Aber selbst die natürlichen Steuerpersonen scheinen in der Schweiz privilegiert zu sein, weil einem entsprechenden OECD-Durchschnitt von gegen 30% ein schweizerischer von immer noch knapp unter 20% gegenübersteht. Beachten Sie dazu auch die weiter unten folgende Zusammenstellung der Steuerbelastungen im OECD-Raum.

Klar nachteilig wirkt sich der verhältnismässig hohe Anteil der direkten Steuern für die schweizerische Exportwirtschaft aus, die immerhin mit einem Drittel zum Zustandekommen des Sozialprodukts beiträgt.

Denn die direkten Steuern fliessen ganz oder zumindest teilweise in die Exportpreiskalkulation – ebenso die schon früher genannte «taxe occulte» – und führen zu einer gewissen wettbewerblichen Benachteiligung.

Hinsichtlich der marginalen Steuersätze, also der prozentualen Steuerbelastung eines zusätzlich verdienten Frankens, rechnete die Schweiz 1989 mit einem maximalen Satz von 47%, der weltweit nur selten unterboten wird. Allerdings gilt es zu beachten, dass aufgrund der kantonal sehr unterschiedlich ausfallenden Steuerbelastung der oben erwähnte Maximalsatz nicht unbedingt repräsentativ ist.

Dass marginale Steuersätze von 40% und mehr die Leistungsbereitschaft einer Volkswirtschaft drastisch hemmen können, wissen Experten seit langem. Leider finden solche Fakten selten genug auch die Akzeptanz der verantwortlichen Politiker. Immerhin blieb etlichen OECD-Staaten in den verflossenen Jahren aus wettbewerbspolitischen Gründen gar nichts anderes übrig, als ihre Grenzsteuersätze zu senken. Auch in der Schweiz nimmt der Druck auf die entscheidenden Politiker zusehends zu. Neuen Statistiken zufolge ist die Fiskalbelastungsquote (Steuereinnahmen und obligatorische Beiträge an die Sozialversicherungseinrichtungen in Prozenten des Bruttoinlandprodukts) leicht gesunken.

3. Steuerbelastung als Standortfaktor

Niemand zahlt gerne unnötig hohe Steuern, sei er Unternehmer oder Angestellter. Dieser verbreitete Widerwillen macht sich vor dem Hintergrund zunehmender steuerlicher Begehrlichkeit vermehrt bemerkbar. Vor allem dann, wenn einem der wohl geradezu blasphemische Gedanken durchs Hirn rast, dass staatliche Kreativität kaum auf anderen, zweifellos ebenso bedeutsamen Betätigungsfeldern in derartigem Ausmass Früchte trägt.

Gerade die Unternehmer, die dank ihrem Engagement, gepaart mit überdurchschnittlicher Risikobereitschaft und dem Willen, Verantwortung zu tragen, das volkswirtschaftliche Wohlergehen unvergleichlich mitbestimmen, spüren überbordende Steuergelüste besonders stark.

Es ist deshalb nicht nur ihr gutes Recht, sondern letztlich sogar dem Ziel einer gut funktionierenden Wirtschaft unterzuordnende Pflicht, im Rahmen der gesamtunternehmerischen Planung auch der Steuerplanung den ihr gebührenden Rahmen zukommen zu lassen.

Da heute selbst universitäre Lehrgänge die Steuerplanung als ein zentrales Element der gesamtunternehmerischen strategischen Planung anerkennen, braucht niemand schlechten Gewissens durchs Leben zu wandeln, wenn er dank umsichtiger Vorsorge möglicherweise weniger als sonst geschuldet dem Fiskus abliefern muss.

Ein unreflektierter Vergleich der verschiedenen nationalen Steuersätze ist allein kein taugliches Mittel, einen bestimmten Standort steuerlich zu qualifizieren.

Ausschlaggebend ist primär grundsätzlich die schliesslich zu bezahlende Steuerschuld, die indessen bei weitem nicht ausschliesslich von den jeweiligen Steuertarifen bestimmt wird.

So mag zum Beispiel die auf Anhieb nicht sonderlich zu begeisternde, verhältnismässig hohe Steuersatzordnung in Ländern wie Deutschland oder Österreich abschrecken.

Unter Einbezug der mannigfaltigen staatlichen Unterstützungsleistungen und Ausnahmeregelungen ist es dann aber durchaus möglich, dass die effektive Steuerlast auf ein wieder sehr konkurrenzfähiges Niveau sinkt.

Steuerlast: DER GRIFF NACH DEM GEWINN

Das Kieler Institut für Weltwirtschaft hat die Steuerlast für Unternehmen in verschiedenen Ländern errechnet – eine Grösse, die bei der Diskussion um Standortvor- und -nachteile jeweils eine wichtige Rolle spielt. Grundlage für die Modellrechnung war ein Produktionsunternehmen in Form einer Kapitalgesellschaft mit hohem Gewinn. Interessant ist der Unterschied in der Besteuerung je nachdem, ob eine Firma ihren Gewinn ausschüttet oder nicht. Die Grafik zeigt, dass die Schweiz im Vergleich bei Nichtausschüttung sehr vorteilhaft abschneidet. Anders in der BRD, wo sich die Steuerschuld bei einbehaltenen Gewinnen mehr als verdoppelt und über 70 Prozent davon auffrisst.

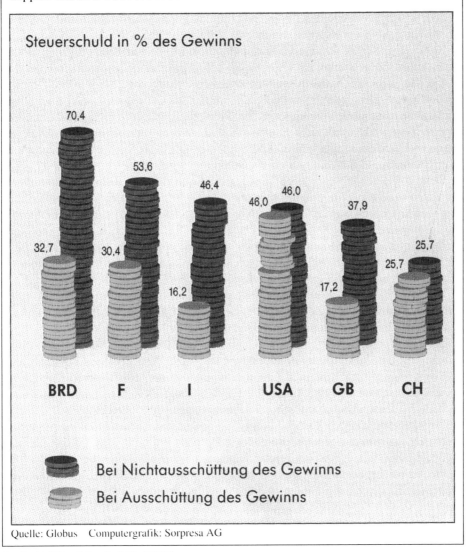

Steuerschuld in % des Gewinns

70,4 — 53,6 — 46,4 — 46,0 46,0 — 37,9 — 25,7

32,7 — 30,4 — 16,2 — 17,2 — 25,7

BRD   F   I   USA   GB   CH

Bei Nichtausschüttung des Gewinns
Bei Ausschüttung des Gewinns

Quelle: Globus   Computergrafik: Sorpresa AG

Quelle: Politik + Wirtschaft Nr. 5/1989

Entscheidend im internationalen Steuervergleich sind sodann auch die unterschiedlichen Usanzen der Steuersysteme im Hinblick auf die Behandlung der ausgeschütteten und der in der Unternehmung zurückbehaltenen Gewinne.

Das Kieler Institut für Weltwirtschaft hat die Steuerbelastung für Unternehmungen in verschiedenen Staaten zu errechnen versucht. Grundlage für diese Modellrechnungen war ein Produktionsbetrieb in der Rechtsform einer Kapitalgesellschaft mit hohem Gewinn.

Die Unterschiede, wie sie aus der Graphik Seite 59 hervorgehen, sind tatsächlich beeindruckend, nicht nur mit Blick auf die steuerliche Endbelastung, sondern auch in bezug auf die fiskalischen Strafen für ausgeschüttete bzw. zurückbehaltene Gewinne.

Nun denken möglicherweise zahlreiche Leser spontan an die Namen mehr oder weniger bekannter Steueroasen, die rund um den Erdball anzutreffen sind. Sie preisen allesamt geradezu paradiesische Steuerverhältnisse an, vielfach zum Nulltarif.

Solche exotischen Standorte haben zweifellos ihre Existenzberechtigung, stellen in bestimmten Einzelfällen gar die optimale Lösung vorhandener Probleme dar.

Für die aktuellen Bedürfnisse wirtschaftlich aktiver mittelständischer Betriebe sind sie jedoch meist denkbar ungeeignet.

Tauchen nämlich die Namen solcher Steuerparadiese in den Geschäftsbüchern oder in Steuerdeklarationen auf, provoziert dies quasi automatisch in sämtlichen Steuerämtern Westeuropas höchstes Misstrauen, und der Steuerpflichtige erntet vorab ein mitleidiges Lächeln des Steuerbeamten.

Denn – wie schon der frühere Ministerialdirektor des Bundesfinanzministeriums Dr. Karl Koch feststellte – heute herrscht die Tendenz vor, bereits die Verwendung von Steueroasen-Firmen bzw. deren Benutzung als (zumindest versuchten) Steuerbetrug zu qualifizieren.

Dessen ungeachtet mag sich die Frage aufdrängen, weshalb denn trotzdem zahlreiche Privatpersonen, aber auch Unternehmungen (und beileibe nicht ausschliesslich solche dubioser Herkunft) sich in Steueroasen ein Domizil beschaffen.

Grundsätzlich ist es natürlich kein Unrecht, dass ein Geschäftsmann oder eine Firma zum Beispiel in Guernsey eine Niederlassung eröffnet, auch wenn es sich dabei lediglich um eine Postanschrift handelt.

Solange im Geschäftsverkehr mit diesen ausländischen Gesellschaften das Prinzip des «at arm's length» eingehalten wird – also die relevanten Transaktionen nachweislich auch im Verkehr mit Dritten im nämlichen Ausmass ablaufen –, müssen die heimischen Fiskalbehörden die Handels- oder Finanzgeschäfte schliesslich akzeptieren. Dies schliesst natürlich ein langwieriges und vielleicht auch ärgerliches Prüfungsprozedere durch das Finanzamt im Vorgang nicht aus. Und weiter darf es auch nicht erstaunen, wenn später die Geschäftsbücher der inländischen Gesellschaft jeweils mit besonderer Sorgfalt geprüft werden.

Der interessierte Leser möge allenfalls Zusatzliteratur zum Thema der weltweit verstreuten Steuerparadiese lesen und sich – besonders wichtig – vor einem Engagement mit seinem Steuerberater absprechen.

Um der Wahrheit Genüge zu tun, sei hier in Erinnerung gerufen, dass die Steuerbelastung zwar ein zentrales, aber doch nicht das einzige Kriterium für die Standortwahl darstellt. Daneben sind selbstverständlich zusätzliche Kriterien wie beispielsweise die vorhandenen Informations- und Transportinfrastrukturen, verfügbares Personal mit gewünschter Qualifikation, Erbfolgen und Nachfolgeregelungen und vieles mehr mitentscheidend.

4. Die Schweizer Aktiengesellschaft und ihre steuerliche Belastung

Grundlage für den Steuerbescheid ist üblicherweise die Gewinn- und Verlustrechnung sowie die Bilanz der Aktiengesellschaft, die ab 1. 1. 93 grundsätzlich jährlich auf dem Weg der eigenverantwortlichen Selbstdeklaration den Steuerämtern der Domizilgemeinde einzureichen sind. Die Aufforderung dazu kommt automatisch.

Einsprüche gegen Steuerbescheide sind dank ausführlicher Rechtsmittel über mehrere Instanzen hinweg möglich.

Immerhin kann man in der Praxis meist feststellen, dass den zuständigen Steuerbeamten der Sinn für wirtschaftliche Zusammenhänge nicht abgeht, weshalb im Falle erheblicher Differenzen persönliche Gespräche zweckdienlich sein können, vor allem dann, wenn sie im Beisein eines sachverständigen Beraters stattfinden.

Leider kennt die Schweiz die Konzernbesteuerung noch nicht. Dadurch wird jede Aktiengesellschaft einzeln steuerpflichtig. Gruppeninterne Transaktionen können – soweit sie als auch im Verkehr mit Dritten üblich zu qualifizieren sind – diesen Nachteil mildern.

Das schweizerische Steuersystem stellt stark auf die wirtschaftliche Zweckbestimmung der Gesellschaft ab.

Eine als Betriebs-Aktiengesellschaft qualifizierte Unternehmung zahlt wesentlich höhere Einkommenssteuern als beispielsweise eine Domizil- oder Holdinggesellschaft.

Dieser unterschiedlichen Belastungsfolge ist das nun folgende Kapitel gewidmet.

Im Anhang finden Sie eine detaillierte Aufstellung sämtlicher kantonaler Bestimmungen zu den einzelnen Gesellschaftsformen.

Betriebs-Aktiengesellschaft

Die steuerrechtliche Praxis umschreibt die Betriebs-AG als Unternehmung, die einen Handels-, Fabrikations- oder Dienstleistungsbetrieb führt.

Wie erwähnt trifft diese Form der Aktiengesellschaft die volle im Gesetz vorgesehene Steuerbelastung auf allen Ebenen:

1. Direkte Bundessteuer
   a) Grundsteuer von 3,63% des Reingewinns
   b) Zuschlag von 3,63% auf jenem Teil des Reingewinns, der 4% Rendite, bezogen auf die eigenen Mittel, übersteigt

c) nochmaliger Zuschlag von 4,84% auf jenem Teil des Reingewinns, der 8%
   Rendite, bezogen wiederum auf die eigenen Mittel, übersteigt

Die effektive Steuerbelastung durch die direkte Bundessteuer hängt folglich von
der erwirtschafteten Eigenmittelrendite ab. Je höher sie ausfällt, desto tiefer greift
der Fiskus in die Tasche, wobei der maximale Satz auf 9,8% zu stehen kommen
kann (entsprechend einer Rendite von etwa 23%).

Wegen dieser Steuerprogression werden ältere und weniger lukrative Unternehmen gegenüber jungen, gewinnträchtigen deutlich bevorzugt. Vorstösse seitens
vernünftiger Wirtschaftspolitiker hin zur Einführung eines proportionalen Steu-
ertarifs haben bislang nichts gefruchtet.

2. Kantonale und Gemeindesteuern (inklusive Kirchensteuer)

Mit 26 zum Teil markant unterschiedlich konzipierten Gesetzen und Systemen
lassen sich einheitliche Grundsätze nur sehr schwer formulieren.

Immerhin: Etwas mehr als die Hälfte aller Kantone wendet analog zur direkten
Bundessteuer die Besteuerung gemäss Eigenkapitalrendite (sogenannte Ertrags-
intensität) an; andere kennen Stufentarife oder progressive Steuersätze.

Selbst innerhalb einzelner Kantone bestehen manchmal recht markante Unterschiede hinsichtlich der steuerlichen Belastung mit Gemeindesteuern.

Für die Wahl des steuerlichen Firmendomizils sind daher nicht nur die kantonalen, sondern auch die kommunalen Ansätze und Gebräuche bedeutsam.

Ferner mögen wirtschaftlich etwas rückständige Gemeinden eher dazu bereit
sein, einem Neuzuzüger gewisse steuerliche Erleichterungen zu gewähren. Und
schliesslich finden sich auch einige Kantone, die Investitionserleichterungen als
Instrument ihrer Beschäftigungspolitik anwenden. Auskünfte erteilen die kommunalen bzw. kantonalen Wirtschaftsämter.

Holding-Aktiengesellschaft

Eine solchermassen qualifizierte Gesellschaft bezweckt hauptsächlich, dauernde
Beteiligungen an anderen Gesellschaften zu verwalten.

Die Holding-AG geniesst sowohl auf Bundes- als auch auf Kantons- bzw. Gemeindeebene steuerliche Vorteile. Es erstaunt daher nicht, dass die Bedingungen, an
die der Fiskus das sogenannte Holding-Privileg knüpft, zum Teil ziemlich einschnei-
dend sind.

1. Direkte Bundessteuer

Auf Bundesebene existiert rein formell kein Holding-Privileg; hingegen besteht
eine Steuerbefreiung für Beteiligungsabzüge, was zulänglicher mit Schachtelpri-
vileg definiert wird. Faktisch jedoch findet die Entlastung von der Reinertragssteuer statt, wenn das Einkommen der Gesellschaft vollständig aus Beteiligungs-
zahlungen stammt; ansonsten wird die geschuldete Steuer im Verhältnis der
Beteiligungserträge zum Gesamtertrag gekürzt.

Voraussetzung ist, dass die Gesellschaft mit mindestens 20% oder mindestens

2 Millionen Franken am Aktienkapital anderer in- oder ausländischer Unternehmungen beteiligt ist.

Sodann geniessen ausschliesslich Einnahmen aus Gewinnausschüttungen von Tochtergesellschaften (Zinsen oder Lizenzeinnahmen zählen nicht dazu) das oben erwähnte Privileg; auch Kapitalgewinne als Folge einer Beteiligungsveräusserung fallen nicht darunter.

2. Kantonale und kommunale Steuern (inklusive Kirchensteuer)

Die kantonalen Anforderungen, die erfüllt sein müssen, damit die Gesellschaft steuerliche Privilegien geniessen kann, sind höchst unterschiedlich. Als Folge der achtjährigen Anpassungsfrist für die Adaptierung kantonaler und kommunaler Steuergesetze an das Steuerharmonisierungsgesetz wird sich daran vorläufig auch nichts Entscheidendes ändern.

Die im Anhang eingefügten Aufstellungen zeigen die wesentlichen Voraussetzungen für steuerprivilegierte Anerkennung; auch die verschiedenen kantonalen Besteuerungsgrundsätze sind detailliert aufgelistet.

In der Regel setzt man ein bestimmtes Mindestverhältnis der Beteiligungseinkommen zum Gesamteinkommen fest bzw. fordert minimale Beteiligungsverhältnisse bezogen auf das gesamte Vermögen. Nach den Bestimmungen des Steuerharmonisierungsgesetzes ist für die Anerkennung als Holdinggesellschaft eine minimale Beteiligung von 20% am Grund- oder Stammkapital anderer Gesellschaften oder eine Partizipation von wenigstens 2 Millionen Franken erforderlich.

Sind die Verhältnisse indessen einmal im Sinne der Holding-Besteuerung geklärt, entfallen für die Holdinggesellschaft die auf Beteiligungseinkünfte entstehenden Steuern.

Domizil-Aktiengesellschaft

Hierbei liegt ein Fall vor, wo eine Gesellschaft in der Schweiz lediglich ihren formellen Sitz hat, jedoch absolut keine geschäftsmässige Tätigkeit innerhalb des Landes ausübt.

Das Einkommen einer solchen Gesellschaft fliesst ausschliesslich aus ausländischer Quelle, zum Beispiel in Form von Zwischengewinnen, Kommissionen, Lizenzgebühren udgl.

1. Direkte Bundessteuer

Auf Bundesebene findet grundsätzlich eine ordentliche Besteuerung statt; es besteht allerdings die Möglichkeit, die Privilegien entsprechend den vorherigen Darlegungen zur Holding zu beanspruchen.

2. Kantonale und kommunale Steuern (inklusive Kirchensteuer)

Die meisten Kantone räumen den Domizilgesellschaften steuerliche Privilegien ein, die letztlich durchaus mit den Vorteilen der Holding-Besteuerung gleichziehen können. Eine Anerkennung dieser Praxis kommt übrigens auch im Steuerharmonisierungsgesetz zum Ausdruck.

Verwaltungs-Aktiengesellschaft

Dieser Typ einer Aktiengesellschaft hilft vor allem ausländischen Unternehmungen, die hier mit eigenem Personal und in eigenen Räumlichkeiten eine aktive kommerzielle Tätigkeit – meist zugunsten ihrer im Ausland domizilierten Einheiten – ausüben.

Oft trifft man auf Dienstleistungen wie etwa Finanzierungen, Marktbearbeitung, Lizenzverwertung usw.; auch das Halten und Überwachen der ausländischen Beteiligungen ist nicht selten.

1. Direkte Bundessteuer

Mit Ausnahme des bereits früher für Holdinggesellschaften geltenden Beteiligungsabzugs gilt die ordentliche Besteuerung.

2. Kantonale und kommunale Steuern (inklusive Kirchensteuer)

Zahlreiche Kantone gewähren steuerliche Erleichterungen.

So sind beispielsweise die Beteiligungseinkommen steuerbefreit, und die übrigen Einkommen aus ausländischer Quelle massiv steuerentlastet. Demgegenüber müssen die inländischen Einkünfte ordentlich versteuert werden.

Nach dem am 1. Januar 1993 in Kraft tretenden Steuerharmonisierungsgesetz werden die Einkünfte aus dem Ausland ordentlich zu besteuern sein, so sie nicht Beteiligungserträge darstellen und zur gewöhnlichen Verwaltungstätigkeit in der Schweiz zählen.

Für sämtliche in diesem Kapitel erwähnten Gesellschaftstypen gilt, dass nebst einer wie immer berechneten Einkommens- oder Ertragssteuer auch eine Kapitalsteuer zu entrichten ist. Sie beträgt auf Bundesebene derzeit 0,825 Promille und ist also zu vernachlässigen. Dasselbe gilt für die kantonalen Ansätze, die im Anhang aufgeführt sind.

5. Die Aktiengesellschaft als Holding

Nicht zuletzt deshalb, weil die Vorteile einer Holding-Struktur in jüngerer Vergangenheit wieder vermehrt Publizität erlangten, besinnen sich viele mittelständische Unternehmer auf die damit verbundenen Vorteile.

Vorbildern wie beispielsweise VW, Daimler-Benz, Marc Rich und anderen kommt dabei verständlicherweise eine Vorreiterrolle zu, was kleinere Unternehmungen zur Nachahmung veranlasst.

Gewiss, die Grössenunterschiede mögen auf Anhieb einem direkten Vergleich den Wind aus den Segeln nehmen. Andererseits: Dermassen verschieden sind die grundsätzlichen Problemstellungen zwischen einem grossen Konzern und einem mittelständischen Betrieb gar nicht.

Im Gegenteil; manche Schwachstellen grosser Unternehmensgruppen sind in überschaubaren Verhältnissen nicht oder weniger virulent vorhanden, können dank der Flexibilität der kleineren Organisation auch besser gemeistert werden.

Deshalb können Therapien – grossen Konzernen abgeguckt und auf die Bedürfnisse mittelständischer Betriebe massgeschneidert – durchaus prüfenswert sein.

Die Renaissance der Holding-Struktur ist nicht etwa besonders originell. In der Schweiz gehören solche Strukturen seit jeher zum gewohnten Bild in der Unternehmenslandschaft, und zwar beileibe nicht ausschliesslich der steuerlichen Vorteile wegen.

Bereits während der sechziger Jahre lief eine grosse Welle von Holding-Gründungen durch Europa. Vorbild dafür waren unter anderem Konzerne wie die amerikanische ITT, deren Konzept zahlreiche Nachahmer fand.

Zu jenen Zeiten standen indes andere Ziele als heute im Vordergrund, die mit der Errichtung einer Holding-Struktur angestrebt wurden.

Zentralisierung sämtlicher unternehmerischer Aktivitäten lautete damals die Parole.

Die mit einer zentralisierten Verwaltung zwangsläufig einhergehenden bürokratischen Auswüchse verursachten jedoch bald eine grosse Ernüchterung; in der Folge gerieten Holding-Strukturen wieder aus der Mode, weil die zuvor erwarteten Vorteile ausblieben.

Heute wird subtiler zwischen drei grundsätzlich verschiedenen Holding-Typen, gestützt auf die individuellen damit verbundenen Absichten, unterschieden:
1. Reine Finanz-Holding
2. Strategische Management-Holding
3. Operative Management-Holding

Während die Finanz-Holding als rechtlich und organisatorisch selbständige Unternehmenseinheit vor allem für die finanzielle Eingliederung ihrer verschiedenen betrieblichen Einheiten und Aktivitäten handelt, sind sowohl die strategische als auch die operative Management-Holding aktiv im Sinne der unternehmerischen Leistungserstellung; gerade für die operative Management-Holding mag auch der Begriff des Profit-Center zutreffen.

Im folgenden Kapitel werden ein paar Beispiele von Holding-Gesellschaften vorgestellt. Es handelt sich dabei zum Teil um ausländische Unternehmensgruppen, die ihre weltweiten Aktivitäten aus der Schweiz organisatorisch und finanziell steuern.

Beispiele für die Gründung einer Holding

Anglo American – De Beers

Seit Mitte der siebziger Jahre ist dieser südafrikanische multinationale Konzern auch in der Schweiz vertreten, wo über die Diamond Trading Company in Luzern ein grosser Teil der weltweiten Diamantenverkäufe abgewickelt wird.

Aufgrund der guten Erfahrungen mit dem schweizerischen Domizil wurde die De Beers Centenary AG als Holding ebenfalls in Luzern eingetragen.

Alle Interessen des Konzerns, die ausserhalb von Südafrika liegen, sind dort zusammengefasst.

Laut Aussagen von Julian Ogilvie, Chef des Konzerns, war für die Standortwahl eine Reihe von Kriterien ausschlaggebend, wie beispielsweise die soziale Stabilität, die steuerliche Berechenbarkeit, exzellente Infrastrukturen, freier Kapitalverkehr.

Hauptsächliches Ziel, das schliesslich zur Gründung der Holding führte, war eine optimale Führung der internationalen Aktivitäten des Weltkonzerns.

Damit ist die Centenary AG nicht nur eine Finanz-Holding, sondern weist auch deutliche Züge einer strategischen/operativen Management-Gesellschaft auf.

Schweizer Rückversicherungs-Gesellschaft

Ende November 1990 verlautete in Presseerklärungen, dass der weltweit zweitgrösste Rückversicherer eine Umstrukturierung des Konzerns beabsichtigte.

Mit der Schaffung einer Holding-Struktur wollten die Verantwortlichen vermehrt Transparenz und Übersichtlichkeit schaffen. Dazu sollten die verschiedenen operativen Unternehmensbereiche unter eine einheitliche Leitung gebracht werden.

Die neue Konzern-Dachgesellschaft habe – so der Delegierte des Verwaltungsrats – sodann die herausragende Aufgabe, in erster Linie Financier und Investor zu sein, das heisst für den Konzern die erforderlichen Geldmittel am Kapitalmarkt zu beschaffen und den unterschiedlichen Unternehmensteilen für zentrale Dienste zur Verfügung zu stehen.

Die Geschäftsleitung der «Schweizer Rück» qualifizierte die neu gegründete Holding selber als klassische Finanz-Holding. Dass ihr dereinst nebst dem Konzern-Controlling zusätzliche Aufgaben (wie zum Beispiel Steuerung der Informatik, Management Development, allgemeine Steuer- und Rechtsfragen) übertragen würden, wollte man nicht ausschliessen.

CS-Holding

Ungeachtet des gegen die CS-Holding ergangenen Urteils des schweizerischen Bundesgerichts in Sachen Eigenmittelunterlegung im sogenannt atypischen Bankenkonzern will die Unternehmensleitung dem Vernehmen nach grundsätzlich an der gewählten Holding-Struktur festhalten.

Unter dem Dach der CS-Holding finden sich das Flaggschiff, die Schweizerische Kreditanstalt (SKA) sowie die Anteile an der neuen Versicherungsgesellschaft CS-

Life. Ferner die Gesellschaften Elektrowatt, Leu Holding mit Bank Leu, Bank Hofmann und Clariden Bank sowie die Beteiligung an der Credit Suisse First Boston und an der Fides-Holding.

Hauptzweck der Holding-Struktur ist nebst der weltweiten Koordination der finanziellen Transaktionen die transparente leistungsmässige Unterstellung strategischer Bereiche des gesamten Konzerns.

Die Vorzüge dieser Strukturierung traten nicht zuletzt auch im Zusammenhang mit dem Mehrheitserwerb an der Bank Leu zutage.

Hermes Precisa

Hermes Precisa mit Sitz in Yverdon-les-Bains engagierte sich 1990 nach mehr als einem Jahrzehnt wirtschaftlicher Enttäuschungen in grossem Umfang im Geschäft mit Elektronik.

Nach einer Restrukturierung im Kreis der Aktionäre der Gesellschaft wurde beschlossen, die Unternehmung neu als Holding mit Beteiligungen an spezialisierten Handelsfirmen im Elektronikbereich zu konstituieren.

Danach firmierte die Gesellschaft als HPI Hermes Precisa International Holding S. A.

Rückwirkend auf Anfang 1990 übernahm die HPI Holding S. A. das Kapital der Bell & Howell Australia Group Ltd., die mittlerweile in Hermes Precisa Australia umbenannt worden ist.

Sodann wurden zentrale Bestandteile der im Kanton Zürich ansässigen Omny Ray AG integriert.

Die Funktion der Holding scheint klassisch zu sein; sowohl rein finanzielle Zielrichtungen als auch Management-Aufgaben wurden ihr überantwortet.

Unigestion

Als Folge des Abtretens der Unigestion-Interessen an der Banca della Svizzera Italiana an den Schweizerischen Bankverein gegen Mitte 1991 lancierten die Verantwortlichen der Unigestion eine Straffung der Kapitalstrukturen.

Wie entsprechende Pressemeldungen verlauten liessen, ergriffen die zuständigen Manager zugleich die Gelegenheit und passten die Organisation der vorher zu den bankähnlichen Finanzierungsgesellschaften zählenden Unigestion modernen Rechtsverhältnissen an.

Die einstige Uni-Tower Holding S. A. wurde in Unigestion-Holding S. A. umbenannt.

Der Handel mit Inhaber-Aktien der neuen Holding ist an den wichtigen Börsenplätzen in der Schweiz gut angelaufen.

Lisca

Einer recht dürren Presseverlautbarung konnte man 1991 entnehmen, dass die Lisca Unternehmensgruppe eine Holding-Struktur eingeführt hatte.

Die neue Holding gleichen Namens, deren Aktienkapital von 55 Millionen Franken von den 28 schweizerischen Kantonalbanken aufgebracht worden war, hält hundertprozentige Beteiligungen an der Lisca Leasing AG, der Autisca Leasing AG sowie an der Credisca AG.

Stuag Baugruppe

Die Unternehmung zählt zu den grössten Baufirmen der Schweiz.

Stuag – Schweizerische Strassenbau- und Tiefbau-Unternehmung AG – in Bern wollte 1990 eine rechtliche, organisatorische und führungsmässige Neustrukturierung, um den erforderlichen Unterbau für die Realisierung ihrer längerfristigen Strategien zu schaffen.

Das als Fitnessprogramm bezeichnete Vorhaben sah im Kern die Gründung der Stuag Holding AG vor, wodurch die alteingesessene Firma ihre in den vorangegangenen Jahren im Rahmen einer zügigen Diversifikationsstrategie vorangetriebenen Akquisitionen unter einheitliche Leitung bringen wollte.

Die Geschäftsbereiche wurden in drei Konzernbereiche gegliedert: Strassen- und allgemeiner Tiefbau, Tunnel- und Felsbau sowie Tiefbau und Spezialtiefbau.

Auch mit Blick auf das näher zusammenrückende Europa wurde die neue Holding-Struktur, die mit Vorbereitungen zu einer Erweiterung der Kapitalbasis zusammenfiel, als adäquat qualifiziert.

Coutts-Holding

Die britische National Westminster Bank hält offenbar grosse Stücke auf die Schweiz.

Mit einer neuen Struktur wollte die National Westminster Bank, deren Hauptsitz in London liegt, die Privatbankaktivitäten der Gruppe ordnen.

Dank der Kombination des britisch-schweizerischen Stils sah sie gute Chancen, ihre Rolle im globalen Geschäft des Private Banking zu profilieren.

Zu diesem Zweck wurde für die in der Schweiz domizilierte HandelsBank NatWest mit der Coutts & Co. in Grossbritannien und der NatWest International Trust Corp. auf den Bahamas eine Holding-Struktur geschaffen.

Während Coutts nach wie vor ihre Geschäfte auf Grossbritannien konzentrieren soll, lenkt die neue, in Zürich beheimatete Coutts & Co. International Holding AG das weltweite Privatbankengeschäft der ganzen Gruppe.

Es mag auf Anhieb leicht verblüffen, von britischen Verantwortlichen der Gruppe zu vernehmen, dass die Schweiz das Zentrum für das globale Private Banking sei. Doch scheinen die immensen Kapitalströme während des Golfkriegs in Richtung Schweiz nachhaltig Eindruck gemacht zu haben.

Man beziffert in London das von der Schweiz aus verwaltete Kundenvermögen auf rund 2000 Milliarden Franken; davon seien gut die Hälfte fest in Händen der hiesigen Grossbanken.

Und trotzdem: Ein beachtlicher Brocken bleibt dennoch übrig, wofür National Westminster verständlicherweise Appetit zeigt.

Bank in Liechtenstein (BIL)

Die seit geraumer Zeit erwartete Umstrukturierung der Gruppe fand mit der Errichtung einer Holding-Struktur ihren vorläufigen Abschluss.

Die neue Holding mit Sitz in Vaduz heisst BIL-GT-Gruppe Aktiengesellschaft, wie es laut einer Presseverlautbarung Ende 1990 hiess.

Eigentümerin der neuen Holding ist zu fast 100% die Fürst-von-Liechtenstein-Stiftung.

Unter dem Dach der neu geschaffenen Holding sind zusammengefasst:
– Bank in Liechtenstein samt Tochtergesellschaften
– Bilfinanz und Verwaltungs AG, Zürich
– Bank in Liechtenstein, Frankfurt
– GT Management, London

(Die drei letztgenannten Gesellschaften sind wiederum Holdingunternehmen untergeordnet, folglich lediglich indirekt der neuen BIL-GT-Gruppe zugewiesen.)

Nach Aussagen Seiner Durchlaucht, des Fürsten von und zu Liechtenstein, hatten einerseits das Bedürfnis nach einem neuzeitlich gestalteten Firmengerüst, anderseits der Zwang, zur Wahrung der internationalen Wettbewerbskraft in ausländischen Jagdgründen Ausschau zu halten, entscheidend zum Entschluss zur Holding-Gründung beigetragen.

Metro International AG

Der zweitgrösste Handelskonzern der Welt kontrolliert aus dem schweizerischen Baar seine verschiedenen geschäftlichen Aktivitäten.

Schätzungen gehen davon aus, dass unter Berücksichtigung sämtlicher Kreuz- und Querverbindungen der Metro ein Umsatzvolumen von gegen 80 Milliarden Franken im Jahr erarbeitet wird.

Über ein Geflecht mehrerer über- und untergeordneter Holdinggesellschaften, wozu unter anderen zum Beispiel die Kaufhof Holding AG zählt, hat sich der Gründer der Metro, Otto Beisheim, direkte und indirekte Kontrolle über seinen weitverzweigten Konzern geschaffen.

Atag Ernst & Young Holding

Die Gruppe ATAG Ernst & Young hat sich auf den 1. Januar 1992 eine neue Organisation gegeben.

Als Gründe wurden einerseits das starke Wachstum der Gruppenaktivitäten der vergangenen Jahre als auch die Anforderungen des EG-Rechts hervorgehoben.

Die Dienstleistungsbereiche Wirtschaftsprüfung und Wirtschaftsberatung mit fast 1500 Mitarbeitern sind in der neu gegründeten Gesellschaft ATAG Ernst & Young AG, Basel, zusammengefasst, während das bisherige Stammhaus zur Holdinggesellschaft der Gruppe umgewandelt worden ist.

Sämtliche Aktien der ATAG Ernst & Young Holding AG gehören einer Stiftung, die wie schon früher im Besitz der Mitarbeiter dieser zu den auch international führenden Wirtschaftsprüfungsgesellschaften liegen.

Unter dem Dach der neu gegründeten Holding befinden sich nebst der oben erwähnten ATAG Ernst & Young AG verschiedene Gesellschaften aus den Bereichen Consulting, Versicherungsberatung und – als Subholding mit mehreren Untergesellschaften – die ATAG Wirtschaftsinformation Holding. Zudem werden Beteiligungen an verschiedenen Beratungsunternehmungen ausgewiesen.

Marc Rich & Co. Holding AG

Mit Sitz im zentralschweizerischen Zug kontrolliert Marc Rich, nunmehr alleiniger Mehrheitsaktionär der gesamten Gruppe, seine international tätigen Gesellschaften.

Auch das Stammhaus, die Marc Rich & Co. AG, ist in Zug untergebracht.

Nebst den ursprünglichen Handelsgeschäften mit Rohstoffen aller Art (man rechnet mit Umsätzen von jährlich um 30 Milliarden Dollar) sind mittlerweile auch Industrie- und andere Beteiligungen hinzugekommen, die unter dem Dach der Holding integriert sind.

Aufgrund der Aussenstehenden zugänglichen Informationen (die Marc Rich & Co. Holding AG ist nicht an der Börse kotiert) dürfte die Holding sowohl die Gruppenfinanztransaktionen koordinieren als auch Managementaufgaben wahrnehmen; weitere Gründe, die vielleicht eher im persönlichen Bereich des Mehrheitsaktionärs liegen, mögen ebenfalls zur Errichtung einer Holding beigetragen haben.

6. Mehr Effizienz dank Holding-Struktur

Am Beispiel von Georg Fischer, einem multinationalen Schweizer Konzern, kann gezeigt werden, wie dank der Holding-Struktur das Ziel erhöhter Flexibilität mit kleineren Betriebseinheiten errreicht werden kann.

Georg Fischer hat sich in den vergangenen Jahren und Jahrzehnten zu einem breit diversifizierten Technologiekonzern entwickelt, was sowohl internem Wachstum als auch verschiedenen Akquisitionen zu verdanken war.

Neue, der raschen weltwirtschaftlichen Veränderung angepasste Führungs- und Organisationsstrukturen sollten das langfristige Gedeihen im Umfeld zunehmender globaler Konkurrenz sicherstellen.

Drei Zielschwerpunkte lagen den Massnahmen zur Umstrukturierung zugrunde:

1. Die Führungsverantwortung sollte den einzelnen Führungsebenen stufengerecht überantwortet werden.
2. Die Reaktionszeiten auf betrieblicher und unternehmerischer Ebene auf Veränderungen der relevanten Umwelt im weitesten Sinne sollten andauernd und spürbar verkürzt werden.
3. Der direkte Kontakt zum Markt sollte intensiviert werden können.

Schliesslich sollte die Umstrukturierung die strategische Flexibilität des Konzerns als Ganzes verbessern und einen optimalen Einsatz der personellen, finanziellen und technischen Kapazitäten gewährleisten.

Georg Fischer setzte zur Durchsetzung der zielerreichenden Strategien auf die grösstmögliche Dezentralisierung des Konzerns in überschaubare organisatorische Einheiten.

Eine adäquate Folge der Entflechtung war dann die Schaffung dezentraler juristischer Einheiten: Holding-Gesellschaften.

Während die Konzern-Holding bzw. ihre zugeordneten Management-Gesellschaften künftig die unternehmerischen Ziele und Strategien formulieren und führungsorientierte Richtlinien erlassen sowie die dem Gesamtunternehmen dienenden Ressourcen organisieren, koordinieren und verteilen will, tragen die einzelnen Bereichsverantwortlichen direkte operative Verantwortung in marktbezogenen Produktebereichen. Sie werden insbesondere an der von ihnen wahrgenommenen Bilanz- und Ergebnisverantwortung gemessen.

Georg Fischer ist ein gutes Beispiel für eine umsichtig konzipierte Holding-Strukturierung, die Elemente der Finanz-Holding (zum Beispiel das Halten von Beteiligungen, Beschaffen von Geldmitteln usw.) mit Wesensmerkmalen einer Management-Holding (etwa führungsmässige Grundsätze erstellen, zur Verfügung halten von zentralen Diensten usw.) verbindet.

Georg Fischer befindet sich auf dem Weg zu überschaubaren, also kleineren und mittelgrossen Geschäftseinheiten in guter Gesellschaft.

Die Fähigkeit des raschen Reagierens auf Marktveränderungen, erhöhte Motivation aller Beschäftigten, Bewährungsfunktion für Linienverantwortliche usw., übertragen auf die Holding-Struktur, haben bereits Unternehmungen wie MAN, ITT (besser als einst!), Lufthansa und zahlreiche andere als unabdingbare Voraussetzung für ihr langfristiges Überleben auf den international hart umkämpften Märkten erkannt.

Damit die gesteckten Ziele auch erreicht werden, müssen die Holding-Gesellschaften «schlank» sein, dürfen also nur einige wenige zentrale Funktionen für den Gesamtkonzern wahrnehmen.

Erfolgreich sind beispielsweise die amerikanische General Electric, wo die Holding mit lediglich etwa 70 Spezialisten den gesamten Konzern (rund 140 einzelne Gesellschaften mit insgesamt über 250 000 Mitarbeitern) führt.

Der leitende Stab von General Electric beschränkt sich auf drei als zentral definierte Aufgaben:
1. Vorgabe von Rahmenrichtlinien, die für den ganzen Konzern verbindlich sind;
2. Abwicklung von Mergers & Acquisitions;
3. Prüfen strategischer Allianzen.

Jack Welchs, oberster Boss von General Electric, fasst sein erfolgreiches Konzept mit den Worten zusammen: «Wenn ich einem Manager eine Aufgabe übertrage, ist er König in seinem Bereich.»

Genau in diese Richtung zielen auch Überlegungen der VW-Konzernspitze, denn seit dem Amtsantritt von Carl H. Hahn im Jahre 1982 hat sich der Umsatz auf annähernd 70 Milliarden Mark verdoppelt, wurden SEAT erworben und Gesellschaften in Brasilien und Argentinien eingebracht. Weitere Werke sind auf dem Gebiet der ehemaligen DDR geplant, und auch der Einstieg in die tschechischen ŠKODA-Werke ist vollzogen.

Gebieterisch drängt sich nun eine Umstrukturierung auf, die den einzelnen Geschäftseinheiten vermehrt Eigenverantwortung und entsprechende Kompetenzen gewährt.

Bislang oblag es dem lediglich achtköpfigen VW-Vorstand alleine, den gesamten Konzern im wesentlichen zu leiten, was verständlicherweise auch die physischen Grenzen eines Menschen tangieren musste.

Will VW weiterhin auf dem Erfolgspfad voranschreiten, ist die Umwandlung in kleinere, schlagfertigere Betriebseinheiten in Form eigenverantwortlicher Profit-Center unabdingbar. Wie man hört, laufen Studien in diese Richtung.

7. Standortnachteile der Schweiz

Die Schweiz zählt – wie früher dargestellt – zu den Staaten mit vergleichsweise tiefer durchschnittlicher Fiskalbelastung, wenngleich der in den letzten Jahren beobachtete Anstieg dieser Quote zum Nachdenken animieren muss. Denn das Steuerklima gehört mit zu den zentralen Standortfaktoren, die vor allem ein ausländischer Unternehmer vor dem Umzug in die Schweiz reiflich abwägen muss.

Eines der immer wieder beklagten Hemmnisse und zugleich eine der schreienden Ungerechtigkeiten ist die wirtschaftliche Doppelbesteuerung von Aktionär und Aktiengesellschaft; dieser Umstand passt nicht in ein Steuersystem, das die Versorgung der privaten Wirtschaft mit ausreichendem Risikokapital unterstützen soll, selbst wenn diesem Nachteil mit dem Institut der Holding zumindest auf Zeit entronnen werden kann.

Ferner ist es nicht mit Vernunft und wirtschaftlichem Sachverstand vereinbar, wenn die Gewinnsteuern letztlich im Durchschnitt tiefer ausfallen, solange die Gewinne der Aktiengesellschaft einbehalten werden. Der Aktionär stellt der Firma Risikokapital zur Verfügung, und zwar mit der Absicht, damit Geld zu verdienen, wozu auch ausgeschüttete Gewinnanteile gehören.

Einige schweizerische Kantone sind im übrigen dazu übergegangen, die Dividendenausschüttungen von kantonsansässigen Gesellschaften nicht mehr zu besteuern; dazu gehört beispielsweise der Kanton Nidwalden.

Die früher schon besprochene Verrechnungssteuer von 35% ist verglichen mit anderen Ländern rekordhoch. Zwar kann diese Quellensteuer mit der folgenden Steuerdeklaration zurückverlangt werden, wodurch für den Steuerinländer die reguläre Besteuerung einsetzt.

Ausländische Berechtigte müssen für die Rückerstattung das entsprechende Doppelbesteuerungsabkommen anrufen, um ihre definitive Steuerbelastung zu veranlassen; dies wird indessen nicht immer gewünscht, so dass die Verrechnungssteuer von

35% beim Fiskus bleibt. Der ausländische Steuerzahler mag sich damit trösten, dass seine individuelle Steuerquote vielleicht bedeutend mehr als 35% ausmacht.

Die Stempelsteuer sowie die Emissionsabgabe sind weitere Nachteile, deren Aufhebung insbesondere Vertreter des Finanzplatzes Schweiz laufend und nachdrücklich fordern. Für den mittelständischen Unternehmer scheinen sie jedoch kaum gross ins Gewicht zu fallen, zumal deren potentiell verteuernde Wirkung durch eine erfreulich liberale Praxis etwa in bezug auf die steuerlichen Abschreibungen von Bilanzpositionen möglicherweise mehr als aufgehoben wird.

Sodann ist das rigide arbeitsmarktpolitische Regime zu kritisieren, das den Zuzug qualifizierter ausländischer Arbeitnehmer nur beschränkt zulässt. Besonders für den wirtschaftlich bedeutungsvollen Dienstleistungssektor ist dies ein grosses Handikap, das nicht zuletzt im Bankensektor zu Verlagerungen personeller Dienste ins Ausland geführt hat.

Auch das faktische Verbot des Grundstückverkaufs an Ausländer kann prohibitiv wirken. Allerdings lassen gerade die wirtschaftlich weniger privilegierten Regionen noch eher Ausnahmebewilligungen zu (gesamthaft erhielten im Jahr 1990 über 1100 Gesuchsteller eine Bewilligung).

Laut EWR-Vertrag müsste die Schweiz die beiden erwähnten Hindernisse für Personen aus dem EG/EWR-Gebiet bis spätestens 1. Januar 1998 beseitigen.

Sollte der EWR-Vertrag hingegen nicht zustandekommen, werden die Liberalisierungsmassnahmen für ausländische Arbeitnehmer aus dem EG-Raum greifen.

8. Steuernachteile für Holding-Gesellschaften

Im folgenden werden drei zentrale Nachteile für schweizerische Holdinggesellschaften beleuchtet, die mit rechtzeitiger Planung allerdings in ihrer negativen Wirkung im Zaun gehalten werden können.

1. Grenzüberschreitender Verkehr mit Beteiligungsgesellschaften
   Wie bereits erwähnt, sind die Beteiligungserträge der Holding direkt oder indirekt steuerbefreit.
   Dies gilt indessen nicht auf Bundesebene für Kapitalgewinne aus Unternehmens- oder Beteiligungsverkäufen sowie für Aufwertungsgewinne.
   Demgegenüber setzt auch das neue Harmonisierungsgesetz auf Kantons- und Gemeindeebene Kapital- und Aufwertungsgewinne aus Beteiligungen ausdrücklich als steuerbefreite Tatbestände dar.
   Besondere Problematik kommt dann ins Spiel, wenn Umstrukturierungen innerhalb eines internationalen Konzerns dazu führen, dass Gesellschaften aus dem Beteiligungsportefeuille der Holding auf eine im Ausland gelegene Unternehmung derselben Gruppe übertragen werden.
   Der Fiskus greift hier ein und besteuert die Holding; im Umfang der stillen Reserven des ausgegliederten Betriebs muss sie Einkommen versteuern.

Nachdem ausländische Staaten wie beispielsweise die USA oder Deutschland Umstrukturierungen nicht nur steuerlich neutral behandeln, sondern darüber hinaus sogar fördern, nimmt der Druck auch in der Schweiz zu, gesellschaftsbezogene Umstrukturierungen wie Fusionen, Spaltungen oder Einbringungen fiskalisch nicht zu ahnden.

Nach bestehendem Recht sehen lediglich einige Kantone in dieser Hinsicht vernünftige Regelungen vor.

Das Steuerharmonisierungsgesetz lässt echte Fusionen und Umstrukturierungen steuerneutral nur dann zu, wenn sie innerhalb der Landesgrenzen stattfinden (für Holdinggesellschaften gelten die erwähnten besonderen Regelungen); und auch das auf den 1. Januar 1995 in Kraft tretende Bundesgesetz über die direkten Bundessteuern beschränkt die steuerneutrale Behandlung auf jene Fälle, wo die Steuerpflicht in der Schweiz weiter bestehen bleibt und keine buchmässigen Aufwertungen stattfinden.

Auch die mit verschiedenen Ländern abgeschlossenen Doppelbesteuerungsabkommen schweigen sich aus.

Steueraufschub oder gar Steuererleichterung im Zug von Umstrukturierungen gelten vorläufig nur in jenen Fällen, wo die vorhandenen stillen Reserven auf einen anderen Rechtsträger übertragen werden, der weiterhin in der Schweiz sein Domizil hat.

Von Interesse im Falle eines schweizerischen EWR-Beitritts ist in diesem Zusammenhang zweifellos die sogenannte «Fusions-Richtlinie» der EG, mit der ausdrücklich die Besteuerung von stillen Reserven im Falle grenzüberschreitender Verschmelzungen abgeschafft wird.

2. Konzerninterne Dienstleistungen

Innerhalb eines Konzerns erbrachte Dienstleistungen der Holding für im Ausland domizilierte Beteiligungsgesellschaften sind den Begünstigten zumindest mit Ansätzen in Rechnung zu stellen, wie sie von unabhängigen Dritten in gleicher oder ähnlicher Situation ebenfalls verlangt würden (Prinzip des «at arm's length»).

Dies kann konkret bedeuten, dass die von der Holding erbrachten Dienstleistungen nicht nur kostendeckend, sondern darüber hinaus auch gewinnbringend sein müssen, was jedoch in vielen Fällen auch vom Unternehmer gewünscht wird.

Allerdings könnten diese Verrechnungspreise Anlass für Auseinandersetzungen mit den Steuerbehörden jenes Staates geben, in welchem die zahlende Gesellschaft ihr Domizil hat. Denn verständlicherweise nimmt der Fiskus die Transaktionen mit ausländischen Unternehmen besonders streng unter die Lupe, vor allem dann, wenn die ausländische Begünstigte sich als Muttergesellschaft herausstellt.

3. Internationale Finanzierungen

Eine in der Schweiz domizilierte Holding mag auch für den Konzern dazu ausersehen sein, Finanzierungen mittels Kapitalmarkttransaktionen zu organisieren.

Weil Holdinggesellschaften in der Regel als Effektenhändler qualifiziert werden, unterliegen Wertpapiertransaktionen möglicherweise einer Umsatzabgabe. Da inländische Zinsen der Verrechnungssteuer unterworfen sind, schalten etliche Schweizer Unternehmungen reine Finanzierungsgesellschaften ein, die in ausländischen Steueroasen liegen. Damit kann die schweizerische Quellensteuer völlig legal vermieden werden.

9. Doppelbesteuerungsabkommen der Schweiz

Die Schweiz hat mit rund 30 wichtigen ausländischen Staaten Doppelbesteuerungsabkommen geschlossen, die sich stets auf die Einkommenssteuern und meist auch auf die Vermögens- und Erbschaftssteuern erstrecken. Daneben existiert eine Reihe von separaten Vereinbarungen mit beschränkter Zielsetzung.

Die meisten Doppelbesteuerungsabkommen der Schweiz, welche in jüngerer Vergangenheit abgeschlossen oder revidiert worden sind, lehnen sich an die Musterabkommen der OECD (Organization for Economic Cooperation and Development) an.

Als Folge solcher Doppelbesteuerungsabkommen verzichten die Vertragspartner teilweise auf ihre hoheitlichen Steueransprüche und weisen dem anderen Staat bestimmte Objekte zur Besteuerung zu.

Doppelbesteuerungsabkommen sollten von Zeit zu Zeit den veränderten wirtschaftlichen Rahmenbedingungen und Entwicklungen angepasst werden, damit sie ihre Aufgabe sinnvoll erfüllen können.

Diese völkerrechtlich verbindlichen internationalen Abmachungen bezwecken nämlich die Vermeidung ungerechtfertigter steuerlicher Doppelbelastungen als Folge grenzüberschreitender wirtschaftlicher Aktivitäten.

In jenen Fällen, wo die Schweiz kein Doppelbesteuerungsabkommen mit dem ausländischen Sitzstaat abgeschlossen hat, gewährt der schweizerische Fiskus einseitig eine steuerliche Entlastung.

Dies natürlich nur unter der Voraussetzung, dass der so Begünstigte in der Schweiz steuerpflichtig ist.

Die erwähnte steuerliche Entlastung kann so geschehen, dass ausländisches Einkommen lediglich zur Festsetzung des individuellen schweizerischen Steuersatzes herangezogen, jedoch nicht selber als zu versteuerndes zusätzliches Einkommen betrachtet wird.

Eine andere Vorgehensweise sieht vor, die im Ausland entrichtete Steuer vom hier steuerpflichtigen Einkommen abzuziehen; ein Verfahren, das namentlich für Dividenden, Zinsen und Royalties gilt.

Bestehende Doppelbesteuerungsabkommen werden von EWR-Bestimmungen nicht tangiert.

Missbrauch des Doppelbesteuerungsabkommens

Weil in den fünziger Jahren zahlreiche ausländische Unternehmungen von den Vorteilen der relativ moderaten schweizerischen Besteuerung profitieren wollten, richteten sie hier ihr (Steuer-)Domizil ein.

Diese Entwicklung rief nicht unerwartet den Unmut der ausländischen Steuerbehörden hervor, die sich um erkleckliche Steuereinnahmen betrogen fühlten.

Der aus diesem Grunde zusehends stärker artikulierte ausländische Druck veranlasste die Schweizer Behörden deshalb, eine Regelung in bezug auf die sogenannte missbräuchliche Verwendung des Doppelbesteuerungsabkommens zu treffen.

Anfang der sechziger Jahre trat eine Reihe neuer Bestimmungen in Kraft, die der definitionsgemäss missbräuchlichen Inanspruchnahme des Doppelbesteuerungsabkommens einen Riegel schieben sollten. Sie sind bis auf den heutigen Tag gültig.

Im wesentlichen gelten nach den erlassenen Einschränkungen als missbräuchliche Inanspruchnahme die folgenden Tatbestände:

1. Der Anspruchsberechtigte ist wegen Domizilmängeln nicht legitimiert, das schweizerische Doppelbesteuerungsabkommen in Anspruch zu nehmen.
   Er deklariert also beispielsweise ein schweizerisches Domizil, ohne dass er tatsächlich seinen Lebensmittelpunkt hier hat.
2. Die schweizerische Gesellschaft schuldet nicht in der Schweiz domizilierten Gläubigern zinspflichtiges Kapital, das mehr als das Sechsfache des Grundkapitals (Aktienkapitals) ausmacht.
3. Der von der schweizerischen Gesellschaft an Gläubiger zu zahlende Zins überschreitet ein durchschnittliches und landesübliches Niveau.
   Die zulässigen Zinssätze sind auf Anfrage zum Beispiel von den Steuerämtern erhältlich.
4. Schweizerische Gesellschaften, die ausländisch beherrscht sind, müssen mindestens 25% des vom Doppelbesteuerungsabkommen profitierenden Einkommens als Dividende auszahlen.
5. Schweizerische Gesellschaften dürfen nicht mehr als 50% des vom Doppelbesteuerungsabkommen betroffenen Einkommens in Form von Royalties, Zinsen udgl. auszahlen.

In konkreten Einzelfällen können die fiskalischen Untersuchungen, wozu nach neuem Bundesgesetz über die Harmonisierung der direkten Steuern der Kantone und Gemeinden die gegenseitige Amtshilfe der Behörden ausdrücklich eine Hilfestellung bieten soll, auch zusätzliche Aspekte beinhalten.

Die Schweizer Behörden können wegen der Feststellung einer missbräuchlichen Inanspruchnahme des Doppelbesteuerungsabkommens Anträge auf steuerliche Erleichterung zurückweisen, bereits gewährte Entlastungen widerrufen und nötigenfalls vom säumigen Steuerpflichtigen einziehen sowie – als letzte Massnahme – gar die ausländischen Instanzen vom Sachverhalt informieren.

In neueren Doppelbesteuerungsabkommen – beispielsweise mit Deutschland,

Frankreich und Italien – sind gar noch weit restriktivere Bestimmungen zur missbräuchlichen Inanspruchnahme des Doppelbesteuerungsabkommens aufgenommen worden.

Etliche Staaten wie etwa die USA sind ferner dazu übergegangen, eigene Missbrauchstatbestände zu formulieren, was grundsätzlich auch auf bestehende Abkommen übergeht und deren Auslegung möglicherweise erschwert.

Es muss deshalb dringend empfohlen werden, eine beabsichtigte Neustrukturierung der unternehmerischen Aktivitäten rechtzeitig und zusammen mit einem Fachmann zu planen.

In diesem Zusammenhang sind auch Hinweise auf wahrscheinliche Kollisionen der ab 1. Januar 1995 geltenden Bestimmungen im Zusammenhang mit dem revidierten Bundesgesetz über die direkten Bundessteuern mit bestehenden Doppelbesteuerungsabkommen angebracht, die Anpassungen der zwischenstaatlichen Vereinbarungen verlangen.

Die Zusammenstellung im Anhang zeigt das Ausmass der steuerlichen Entlastung, wie sie aufgrund der aktuellen Doppelbesteuerungsabkommen im Zeitpunkt der Drucklegung dieses Buches gültig war.

III. Kapitel

1. Gründung einer Schweizer Aktiengesellschaft

Die Gründung einer schweizerischen Aktiengesellschaft setzt ein Mindestkapital von Fr. 100 000.– voraus.

Von diesem Aktienkapital müssen zumindest 20%, auf jeden Fall jedoch Fr. 50 000.–, voll eingezahlt bzw. eingebracht werden.

Diese sogenannte Teilliberierung verlangt dann zwingend die Ausgabe von Namenaktien, weil die Gesellschaft später jederzeit von den Aktionären die Restzahlung verlangen kann; deshalb muss sie die Gesellschafter persönlich kennen.

Der Nominal- oder Nennwert einer Aktie darf nicht weniger als Fr. 10.– betragen; nach oben setzen höchstens praktische Erwägungen eine Grenze.

Für den eigentlichen Gründungsakt verlangt das Gesetz mindestens drei Personen; später werden jedoch auch sogenannte Einmann-Aktiengesellschaften geduldet, falls dagegen keine Einwände erhoben werden.

Stehen sowohl das Gründungskapital als auch die gründenden Personen fest, ist die Firma – also der Namen der Aktiengesellschaft – zu bestimmen.

Dabei herrscht weitgehende Freiheit, die grundsätzlich nur dadurch eingeschränkt wird, dass die ausgewählte Firma nicht mit einer bereits bestehenden kollidiert.

Selbstverständlich ist es nicht erlaubt, Bezeichnungen zu wählen, die beispielsweise sittenwidrig sind oder den eigentlichen Unternehmenszweck verfälscht wiedergeben.

Bestimmte Namen und Zusätze wie «Bank» oder «Versicherung», aber auch schweizerische Nationalitäts- bzw. Ortsbezeichnungen dürfen prinzipiell nicht, allenfalls mit einer entsprechenden staatlichen Bewilligung, verwendet werden.

Haben sich die Gründer auf eine Firma geeinigt, ist es empfehlenswert, das Eidgenössische Handelsregisteramt in Bern anzufragen, ob eine gleich- oder ähnlich lautende schon besteht. Ist dies nicht der Fall, kann mit grosser Wahrscheinlichkeit angenommen werden, dass später auch niemand gegen die Verwendung der Firma Klage führt.

Gründungsakt

Während früher zwischen der Simultan- und der Sukzessivgründung zu unterscheiden war, beschränkt sich das revidierte Aktienrecht auf den Fall der Simultangründung, in dem die Gründer identisch mit den Aktienzeichnern (Aktienkäufern) sind.

Das Gesetz zwingt zur genauen Einhaltung der Gründungsformalitäten, die im wesentlichen wie folgt lauten:

1. Anlässlich einer Gründerversammlung, an der eine Urkundsperson (Notar) anwesend sein muss, erklären die Gründer ihre Absicht, eine Aktiengesellschaft zu gründen.
2. Der von der Urkundsperson zu verfassende Gründungsbericht bestätigt diese Absicht, gibt die Aktienzeichnung der Gründer wieder und nennt alle den Gründern vorgelegten Belege, das heisst

- die Statuten
- die Kapitaleinzahlungsbestätigung der Bank
- die Annahmeerklärung der Revisionsstelle

sowie allenfalls weitere.

Danach kann die Anmeldung zur Eintragung im kantonalen Handelsregister durch den von der Gründerversammlung erstmals gewählten Verwaltungsrat der neuen Aktiengesellschaft schriftlich erfolgen, wobei auch der Gründungsbericht samt Beilagen mitzuliefern ist.

Nach Ablauf von zwei bis vier Wochen (einige Handelsregisterämter arbeiten schneller als die andern) erlangt die neu gegründete Aktiengesellschaft mit der Publikation im Schweizerischen Handelsamtsblatt (SHAB) auch gegenüber Dritten ihre Rechtspersönlichkeit.

Beispiele für die erforderlichen Dokumente finden Sie im Anhang.

Qualifizierte Gründung

Das schweizerische Recht nennt die Gründung einer Aktiengesellschaft dann «qualifiziert», wenn der Gründungsablauf aufgrund bestimmter vorliegender Tatbestände, die unten skizziert werden, besonderen Ansprüchen genügen muss.

Dabei geht es um

a) Gründervorteile
b) Sacheinlagen
c) Sachübernahmegründung

Gründervorteile

Wenn den Gründern einer Aktiengesellschaft herausragende Vorteile eingeräumt werden sollen, vielleicht weil sie sich in hohem Mass um das Zustandekommen der Aktiengesellschaftsgründung verdient gemacht haben oder weil im Falle einer Familien-Aktiengesellschaft bestimmten Familienmitgliedern besondere Vorzüge gewährt werden sollen, findet eine ansonsten nicht tolerierte Abkehr vom Gleichbehandlungsgrundsatz der (nachmaligen) Aktionäre statt.

Eine solche Vorzugsbehandlung kann etwa darin bestehen, dass die Begünstigten einen erhöhten Gewinn- und Liquidationsanteil zugesprochen erhalten, man ihnen eine Anstellungsgarantie zusagt, besondere Nutzungsrechte abtritt usw.

Ist eine derartige Vorzugsbehandlung einzelner (nachmaliger) Aktionäre ausnahmsweise möglich, setzt das Gesetz dafür aus verständlichen Gründen Schutzbestimmungen dagegen, die zwingend zu beachten sind. Sie entsprechen weitgehend jenen für Sacheinlagen und kommen daher weiter hinten nochmals ausführlicher zur Sprache.

Sacheinlagen

Es kommt vor, dass zumindest ein Teil des Aktienkapitals nicht durch Bareinzahlung, sondern durch Einbringung bestimmter Sachwerte liberiert wird.

Dafür in Frage kommen beispielsweise Patente, Grundstücke, Fahrzeuge usw.

Für eine derartige, auch Apportgründung genannte Vorgehensweise verlangt das Gesetz das Erstellen eines Sacheinlagevertrags, mit dem die entsprechenden Gegenstände und ihre Wertanrechnung detailliert aufzulisten sind.

Da die Gefahr unzulässiger Überbewertung von eingebrachten Sachwerten eine potentielle Benachteiligung anderer Gründer in sich birgt, ist der Gründungsbericht, dem der Sacheinlagevertrag beizulegen ist, einem Revisor zur Prüfung vorzulegen.

Weiter bestimmt das Gesetz, dass die Statuten der zu gründenden Aktiengesellschaft sowohl die Vermögenswerte als auch deren Bewertung und Anrechnung wiedergeben und sodann auch über die Person des Sacheinlegers und der ihm dafür zukommenden Aktien Aufschluss geben.

Das Publikum wird schliesslich durch die Veröffentlichung im Schweizerischen Handelsamtsblatt (SHAB) und die Eintragung im Handelsregister ebenfalls darauf aufmerksam gemacht.

Die Handelsregisterämter sind überdies gehalten, den Apportgründungen besonderes Augenmerk zu schenken; sie sind insbesondere befugt, Eintragungen zurückzuweisen, falls sie eklatante Missverhältnisse in der wertmässigen Anrechnung der eingebrachten Vermögenswerte zu erkennen glauben. Allerdings dürften solche Weigerungen künftig dank der gesetzlich verankerten Prüfungspflicht durch einen Revisor kaum mehr vorkommen.

Im Anhang finden Sie das Beispiel eines Sacheinlagevertrags.

Sachübernahmegründung

Diese Form der Gründung liegt dann vor, wenn bereits vor der effektiven Konstituierung der Gesellschaft beabsichtigt ist, mit dem eingezahlten Aktienkapital bestimmte Vermögenswerte zu erwerben, zum Beispiel Anteile an einer anderen Firma.

Die vom Gesetz verlangten Schutzbestimmungen lauten wie diejenigen für die Sacheinlagegründung.

Zusätzlich müssen der Name des Veräusserers der Vermögenswerte sowie deren wertmässige Berechnung in den Statuten aufgeführt werden.

Die Normen des revidierten Aktienrechts erfüllen die meisten Anforderungen, wie sie im EG-Raum gelten; zum Teil sind sie gar strenger. Eventuelle Anpassungen des schweizerischen Rechts wären schnell und einfach möglich. Beachten Sie dazu auch das entsprechende Kapitel.

2. Präventive Abwehrmassnahmen zur Verhinderung unerwünschter Übernahmen

Der Trend internationalen Zusammenwachsens macht vor mittelständischer Betriebsgrösse nicht halt, und nicht immer halten sich etwa die Aktien besitzenden Familienmitglieder an vereinbarte Stillhalteabkommen. Damit unerwünschte Gesellschaftsübernahmen weniger wahrscheinlich werden, unter Umständen gar verunmöglicht werden können, bietet auch das Aktienrecht eine ganze Reihe zum Teil sehr effizienter Abwehrinstrumente, auf die im folgenden skizzenhaft das Auge geworfen werden soll.

Die vorgestellten Massnahmen können unbesehen der Grösse einer Aktiengesellschaft ergriffen werden; sie sind folglich auch für mittelständische, nicht an einer Börse kotierte Gesellschaften möglicherweise zweckdienlich.

In jenen Fällen, wo die Aktien sich in Händen des einen Unternehmers konzentrieren, scheinen die Abwehrinstrumente auf Anhieb nutzlos zu sein. Allerdings mag der langfristig operierende Unternehmer für die Zeit der Nachfolge rechtzeitig die formellen Voraussetzungen schaffen wollen, damit später notfalls und ohne Verzug darauf zurückgegriffen werden kann.

Die hier vorgestellten Abwehrmassnahmen sind selbstverständlich alle absolut legal; zum Teil werden Sie auch eher unübliche und weniger bekannte Möglichkeiten kennenlernen.

Einmal mehr sei an dieser Stelle darauf hingewiesen, dass der Leser für seine individuelle Problemlösung den Rat eines versierten Fachmanns einholt, bevor er Änderungen in die Wege leitet.

Zur Einstimmung auf die verschiedenen möglichen Abwehrstrategien lesen Sie vorab einige Beispiele spektakulärer unfreundlicher Übernahmen. Die Schilderungen stammen aus öffentlich zugänglichen Quellen.

Übernahme Bally AG

Gegen Ende 1975 liessen erste Pressestimmen verlauten, dass die Kurse der Bally Aktien ohne für Dritte erkennbaren Grund erheblich gestiegen waren. Aus Börsenkreisen vernahm man Gerüchte über eine vorgesehene Übernahme durch Unbekannte.

Nachdem im darauf folgenden Jahr eine Aktionärsgruppe öffentlich Kritik am Verwaltungsrat dieser 1851 gegründeten Unternehmung übte und insbesondere die Aufhebung der bislang restriktiven Vinkulierungspraxis forderte, schienen sich die Vermutungen, dass irgend jemand eine Übernahme plante, zu verdichten.

Kaum hatte im selben Jahr eine Mehrheit an der Generalversammlung ein Begehren um Aufhebung des Vinkulierungsregimes abgelehnt, trat eine sich Syndikats AG nennende Aktionärsgruppe auf den Plan und eröffnete, sie verfüge über die Kapitalmehrheit an der Bally AG.

Die um den später internationale Berühmtheit erlangenden Financier Werner K. Rey formierte Investorengruppe hatte heimlich Aktienpakete aufgekauft und konnte danach ihre Exponenten in den Verwaltungsrat der Firma berufen.

Warum gelang es, die Aktienmehrheit zu erwerben?

Das Aktienkapital der Bally AG bestand zu jener Zeit aus 18 000 Inhaber- und 90 000 vinkulierten Namenaktien. Gegenüber unerwünschten Übernahmen schien die Firma somit gut gewappnet.

Deshalb wählte die erwähnte Syndikats AG auch nicht den umständlichen Weg über einen Börsenkauf, sondern erwarb Aktienpakete direkt von den jeweiligen Eigentümern.

Diese mussten mit dem Geschäftsgang der Bally AG offensichtlich sehr unzufrieden gewesen sein, zumal der offizielle Aktienwert die erheblichen stillen Reserven auf dem umfangreichen Immobilienbesitz nicht ausreichend reflektierte. Und weil sich die unzufriedene Aktionärsgruppe gegenüber der Verwaltung nicht durchsetzen konnte, veräusserte sie ihre Aktienpakete eben heimlich an die Finanzgruppe um Werner K. Rey.

Damit fiel der mit der Vinkulierung der Namenaktien beabsichtigte präventive Schutz vor unerwünschten Übernahmen weg, weil die Gesellschaft angesichts der Vielzahl verweigerter Aktieneintragungen und suspendierter Stimmrechte mit den restlichen Beteiligungspapieren ihre Handlungsfähigkeit verloren hatte.

Übernahme Sulzer AG

Im Zug einer breit angelegten Empfehlungskampagne erwarb der Tessiner Financier Tito Tettamanti im Jahre 1986 Namenaktien der Sulzer AG.

Banken wie andere Investmentexperten vertraten damals die Auffassung, der Kurs der Sulzer-Aktien widerspiegle den tatsächlichen Wert in keiner Weise.

Der Verwaltungsrat der Sulzer AG reagierte anfänglich ziemlich panikartig und beschränkte die Eintragung der Namenaktien auf schliesslich 1000 Stück je Aktionär.

Tito Tettamanti und die um ihn formierte Investorengruppe setzten ihre Käufe im Bestreben fort, mittels einer späteren Kapitalmehrheit eine Änderung der von ihnen kritisierten unwirtschaftlichen Kapitalstrukturen herbeiführen zu können.

Sie mussten aber schliesslich das Handtuch werfen; der Verwaltungsrat der Sulzer AG blieb mit ausserordentlich hartnäckiger Beharrlichkeit auf seinem Standpunkt und wies jegliches Entgegenkommen von sich. Das führte schliesslich zur Resignation der attackierenden Gruppe.

Wie gelang es, die Aktien zu erwerben?

Das Abwehrdispositiv von Sulzer war grundsätzlich gut. Es bestand aus stimmrechtslosen Partizipationsscheinen und vinkulierten Namenaktien; die Aktionäre waren scheinbar mehrheitlich mit der Geschäftsführung zufrieden.

Trotzdem zeigte es sich, dass selbst ein weitgehend intaktes Abwehrsystem nicht in jedem Fall griffig bleibt, zumal wenn über Mittelsleute die Eintragungsbestimmungen für Namenaktien unterlaufen werden.

Übernahme Georg Fischer AG

In den Jahren 1986 und 1987 erwarb eine vorerst unbekannte Investorengruppe grössere Pakete Inhaber- und Namenaktien der Georg Fischer AG.

Dieser Umstand veranlasste den Verwaltungsrat von Sulzer, ihre Vinkulierungsbestimmungen zu verschärfen und eine Kapitalerhöhung unter Ausschluss des Bezugsrechts zu beschliessen.

Unter dem Eindruck dieser Abwehrmassnahmen eröffnete die sich Incentive AG nennende Käuferin der grösseren Aktienpakete, dass sie lediglich eine attraktive Investition und keineswegs eine Beeinflussung der Verwaltung bzw. der Unternehmenspolitik im Sinne habe.

Man einigte sich schliesslich soweit einvernehmlich auf eine zehnprozentige Beteiligung der Incentive AG an Sulzer; die restlichen Namenaktien hätten keine Chance auf Eintragung ins Aktienregister gehabt.

Wie gelang es, die Aktien zu erwerben?

Während es ohne weiteres Aufsehen möglich ist, grössere Mengen Inhaberaktien zu kaufen, fallen grössere Transaktionen mit Namenaktien in der Regel bald auf.

Ist eine Gesellschaft vorwiegend durch vinkulierte Namenaktien kapitalisiert, deren Eintragung einem strengen Regime durch die Verwaltung unterworfen ist, sind die eine überraschende Übernahmeattacke reitenden Investoren meist im Nachteil, wie es gerade das obige Beispiel veranschaulicht.

Immerhin stellen selbst klar in einer Minderheitsposition stehende Aktionärsgruppen unter Umständen ein erhebliches Störpotential für den Verwaltungsrat dar, weil sie beispielsweise mit einer lähmenden Zermürbungstaktik (etwa Generalversammlungen durch Anträge in die Länge ziehen oder Beschlüsse der Generalversammlung gerichtlich anfechten usw.) andere Aktionäre zur Aufgabe verleiten können.

Kauf der Aktienmehrheit

Der Erwerb grösserer Aktienpakete kann im wesentlichen wie folgt erfolgen:
♦ Kauf kotierter Inhaberaktien an der Börse oder direkt von den Eigentümern
♦ Kauf kotierter Namenaktien an der Börse oder direkt von den Eigentümern
♦ Verdeckter Kauf von Namenaktien durch Strohmänner oder Finanzgesellschaften an der Börse oder direkt von den Eigentümern
♦ Offener oder verdeckter Kauf von Aktienpaketen von unzufriedenen Aktionären bzw. Aktionärsgruppen

Aktienrechtliche Abwehrstrategien

1. Vinkulierte Namenaktien

Sie zählen ungebrochen zu den effizientesten Mitteln gegen unerwünschte Übernahmen.

Damit das Instrument seine Wirkung zweckmässig entfachen kann, müssen einige Voraussetzungen erfüllt sein.

So sollte der Verwaltungsrat als zuständiges Organ der Aktiengesellschaft für die Eintragung der Namenaktien ins Aktienregister einen möglichst breiten Ermessensspielraum für die Annahme bzw. Ablehnung neuer Aktionäre besitzen. Die statutarischen Bedingungen, die für die rechtlich einwandfreie Ablehnung missliebiger neuer Aktionäre erforderlich sind, sollen ein maximal breites Spektrum abdecken und auch reine Verdachtsmomente einer Übernahme beinhalten. Dies gilt natürlich nicht mehr für die an einer Börse kotierten Aktien, wo lediglich noch eine prozentmässige Beschränkung der Namenaktien zulässig ist.

Spannen einzelne Aktionäre zusammen, verliert die Vinkulierung an Biss; denn nun können zum Beispiel mittels Beschlüssen an der Generalversammlung die Vinkulierungsbestimmungen entschärft und der Zutritt neuer Aktionäre erleichtert werden.

2. Stimmrechtsaktien

Wie bereits erwähnt, kann durch die Ausgabe von Stimmrechtsaktien eine Kapitalminderheit rein stimmenmässig über eine Kapitalmehrheit beschliessen.

Dieses Instrument eignet sich jedoch nur in jenen Fällen, wo ein bestimmtes finanzielles Engagement durch die Stimmrechtsaktionäre möglich ist. Und zudem setzen die neuen aktienrechtlichen Bestimmungen der vollen Entfaltung der Vorteile von Stimmrechtsaktien Grenzen.

3. Vorkaufsrechte

Hierbei handelt es sich um eine vertragliche Verpflichtung zwischen Aktionären, die beispielsweise auch eine Anbietungspflicht an andere Aktionäre oder an die Gesellschaft umschliessen kann.

Solange die Verhältnisse in einer Aktiengesellschaft freundlich und überblickbar sind, und das gegenseitig eingeräumte Vorkaufsrecht gar mit der Deponierung der Aktien zum Beispiel bei einem Rechtsanwalt verbunden ist, ist dieses Instrument zweifellos sinnvoll. Allerdings stellt es an die Liquidität der Betroffenen unter Umständen hohe Ansprüche, soll es nicht im Notfall wirkungslos bleiben.

4. Stimmrechtsbeschränkungen

Sie mögen die Macht einzelner Aktionäre beschränken, schützen hingegen nicht vor einem Zusammenschluss verschiedener Aktionärsgruppen und der damit verbundenen Machtballung. Als flankierendes Instrument sind sie allerdings durchaus zweckmässig.

5. Aktionärbindungsverträge

Gerade in überschaubaren Verhältnissen ist der Aktionärbindungsvertrag eine heute übliche Schutzvereinbarung.

Allerdings verpflichten diese Verträge nur die beteiligten Aktionäre, zeigen also für die Gesellschaft selber keine direkt verpflichtenden Auswirkungen.

Ferner vermögen Aktionärbindungsverträge unerwünschte Aktienverkäufe höchstens dann wirkungsvoll zu verhindern, wenn die entsprechenden Aktien an einem neutralen Ort der Verfügungsgewalt der Vertragspartner entzogen sind.

6. Mitarbeiterbeteiligung

Die Beteiligung von Mitarbeitern am Aktienkapital setzt natürlich eine gehörige Portion Loyalität der Betroffenen voraus, damit eine Wirkung im Sinne der Abwehr unerwünschter Aktienkäufer erzielt wird. Auch die beschränkten Geldmittel der Mitarbeiter mögen einen Engpass darstellen.

Die Mitarbeiterbeteiligung ist nur dann auf missliebige Aufkäufer abschreckend, wenn sie einen verhältnismässig hohen Anteil am gesamten Aktienkapital ausmacht. Der Verwaltungsrat tut wohl im übrigen auch gut daran, wenn er eine Verbindung zwischen Arbeitsplatz und Mitarbeiterbeteiligung herstellt.

7. Partizipationsscheinkapital

Diese ohne Stimmrecht versehenen Beteiligungspapiere bieten natürlich ebenfalls einen ausgezeichneten Schutz, denn mit ihnen haben Aufkäufer keine Chance, massgeblichen Einfluss auf die Geschäftsführung zu gewinnen.

Allenfalls können die Partizipanten dank neuer rechtlicher Bestimmungen ein gewisses Störpotential ausüben, so zum Beispiel durch Delegation eines aggressiven Vertreters in den Verwaltungsrat.

Der Verwendung von Partizipationsscheinkapital wird schliesslich durch die aktienrechtliche Vorschrift Schranken gesetzt, dass es höchstens das Doppelte des Aktienkapitals ausmachen darf.

8. Andere Abwehrmassnahmen

Darunter fallen etwa das Parkieren grösserer Aktienpakete bei befreundeten Unternehmungen oder Banken, die das ihnen zukommende Stimmrecht freundlich und nach Vereinbarung ausüben; ein auch für börsenkotierte Gesellschaften übliches Instrument.

Auch die alternative Kapitalbeschaffung durch Ausgabe von Obligationen mag im einen oder anderen Fall letztlich der Zielsetzung dienen.

Für den angestrebten Erfolg der lancierten Massnahmen wesentlich ist auch der Zeitpunkt, ab welchem die Instrumente zur Verfügung stehen.

Während im Fall der Gründung einer Aktiengesellschaft ein Maximum an verschiedenen Abwehrmechanismen installiert werden kann, ist es später bereits einiges schwieriger, die Aktionäre vom Nutzen solcher oft ziemlich einschneidender Massnahmen zu überzeugen; ganz zu schweigen von der vielleicht fatalen Situation, erst nach erfolgten Übernahmeattacken ein Abwehrdispositiv erstellen zu müssen.

Ist die Übernahmeschlacht schon im vollen Gang, versagen die aus dem schweizerischen Aktienrecht abgeleiteten Instrumente; die Gesellschaftsverantwortlichen müssen sich nolens volens auf irgendeine Weise mit den unbeliebten Eindringlingen arrangieren, wenn lange andauernde Grabenkriege vermieden werden sollen.

Das Beispiel Bally AG zeigt, dass der Zeitpunkt einer unwiderruflich verlorenen Schlacht manchmal unübersehbar an der Wand geschrieben steht. Im Falle von Sulzer AG anderseits hätte eine möglicherweise weniger starke Mannschaft im Verwaltungsrat zu früh die Waffen gestreckt.

Kombination verschiedener Abwehrmassnahmen

Um eine grösstmögliche Abhaltewirkung gegen unerwünschte Übernahmen zu erzielen, ist es empfehlenswert, verschiedene Instrumente zu kombinieren.

Dabei kann es durchaus zweckmässig sein, die getroffenen Vorkehrungen zur Abschreckung zu publizieren.

Ein mögliches Beispiel für die Kombination unterschiedlicher Abwehrmassnahmen könnte lauten.

- ◆ Einführung vinkulierter Namenaktien
- ◆ Maximal mögliche restriktive Eintragungspraxis
- ◆ Einführung von Stimmrechtsaktien
- ◆ Verbot der Stimmrechtsvertretung an Generalversammlungen
- ◆ Vorkaufsrecht und Anbietungspflicht vereinbaren
- ◆ Aktionärbindungsvertrag unter befreundeten Aktionären abschliessen

Zur zielorientierten Klärung des zu Ende gehenden Abschnitts sei erwähnt, dass es selbstverständlich zahlreiche Fälle gibt, wo eine Öffnung für neue Aktionäre schliesslich zum Wohl aller Beteiligten beiträgt.

Man kann sich mit viel Verständnis für zahlreiche Aktionäre ob der Arroganz etlicher schweizerischer Verwaltungsräte börsenkotierter Gesellschaften ärgern, die ohne nennenswerte Beteiligung an der Unternehmung geradezu selbstherrlich auf der Klaviatur der verschiedenen Abwehrinstrumente spielen.

Im Mittelpunkt des unternehmerischen Wirkens steht die Mehrung des Aktionärnutzens. Denn nur die konsequente Befolgung dieses an sich selbstverständlichen Grundsatzes sichert langfristig auch die legitimen Interessen anderer Anspruchsberechtigter.

IV. Kapitel

Anpassungen an das neue Aktienrecht

Anpassungen an das neue Aktienrecht

Gesellschaften, die vor dem 1. Januar 1985 gegründet wurden, sind von der Pflicht zur Anpassung ihrer Statuten hinsichtlich des Mindestkapitals befreit; das gilt für das maximal zulässige PS-Kapital mit Stand am 1. Januar 1985.

Ansonsten gilt für alle bestehenden Gesellschaften eine Übergangsfrist von 5 Jahren ab Inkrafttreten des revidierten Aktienrechts, innert welcher die erforderlichen Statutenanpassungen vorzunehmen sind.

Um möglichen Anfechtungsklagen als Folge der Ausnutzung des alten Statutenrechts auszuweichen, ist es ratsam, dass die Verantwortlichen die notwendigen Anpassungen nach Möglichkeit früher in die Wege leiten. Dazu mag insbesondere auch die Möglichkeit der vereinfachten Beschlussfassung im ersten Jahr nach Inkrafttreten des neuen Aktienrechts einladen. Falls die alten Statuten keine strengeren Voraussetzungen als das bisherige Recht kennen, lassen sich Beschlüsse mit dem einfachen Mehr der anwesenden Aktienstimmen durchführen.

Handlungsbedarf in zentralen Bereichen

Stichwortartig seien die wesentlichen Bereiche erwähnt, in denen aufgrund der neuen aktienrechtlichen Vorschriften Anpassungen vorgenommen werden müssen. Im konkreten Einzelfall soll der Unternehmer bzw. sein Beauftragter sämtliche relevanten Unternehmensdokumente (wie Reglemente, Behelfe, Drehbücher udgl.) auf ihre Vereinbarkeit mit dem veränderten Recht durchforsten; auch allenfalls vorhandene Aktionärbindungsverträge gehören dazu, wenn sie ergänzend auf altes Recht verweisen sollten.

1. Statuten

♦ Mindestkapital
♦ Mindesteinlagen
♦ Partizipationskapital bzw. Partizipationsscheine
♦ Genussscheinkapital bzw. Genussscheine
♦ Erschwerung von Beschlüssen der Generalversammlung
♦ Geschäftsführung bzw. Geschäftsführungsreglemente
♦ Organisationsreglemente
♦ Vinkulierung von Namenaktien

2. Generalversammlung

♦ Einberufungsfrist
♦ Einberufungsformalitäten
♦ Teilnahme der Revisionsstelle
♦ Legitimation der Aktionäre
♦ Vertretung von Aktienstimmen
♦ Gesellschaftseigene Aktienstimmen

- ◆ Einladung an Inhaber von Partizipationsscheinen
- ◆ Beachten der damit zusammenhängenden formellen Anforderungen
- ◆ Protokollführung

3. Revisionsstelle

- ◆ Befähigung zur Amtsausübung
- ◆ Wahldauer

4. Geschäftsbericht und Rechnungslegung

Die neuen Vorschriften gelten bereits für das erste volle Geschäftsjahr unter dem revidierten Aktienrecht!

- ◆ Umfang des Geschäftsberichts
- ◆ Gliederung von Bilanz und Erfolgsrechnung (Gewinn- und Verlustrechnung)
- ◆ Anpassung der Kontenpläne an die neuen Gliederungsvorschriften.

V. Kapitel

1. Gesellschaftsrecht in der Europäischen Gemeinschaft

Von den am 1. Januar 1993 in Kraft tretenden Grundfreiheiten für Personen, Waren und Dienstleistungen sowie Kapital sollen nicht nur natürliche Personen profitieren, sondern auch die einen wirtschaftlichen Zweck verfolgenden Gesellschaften.

Ein funktionierender einheitlicher Wirtschaftsraum setzt ein harmonisiertes Wirtschaftsrecht in wesentlichen Belangen voraus; dazu zählt insbesondere das Gesellschaftsrecht, das im übrigen durch den EWR-Vertrag übernommen wird (mit einer Übergangsfrist von drei Jahren).

Verschiedene Richtlinien und eine Verordnung zu einer neuen Gesellschaftsform haben die Aufgabe, die Schaffung des einheitlichen Wirtschaftsraums zu unterstützen.

Werfen wir einen Blick darauf:

♦ Publizitätsvorschriften
Die entsprechende Richtlinie enthält Vorschriften für Kapitalgesellschaften.
Die Mitgliedsstaaten sind verpflichtet, ein jederman zugängliches Register (Handelsregister in der Schweiz) einzurichten, aus welchem wichtige Informationen über die Gesellschaften zu entnehmen sind (unter anderem die geprüfte Jahresrechnung).

♦ Eine weitere Richtlinie befasst sich mit dem Kapital von Aktiengesellschaften und dessen Aufbringung.
So müssen beispielsweise mindestens ECU 25 000.– (entsprechend ungefähr SFr 45 000.–) eingezahlt sein, und allfällige Sacheinlagen sind von einem unabhängigen Sachverständigen zu überprüfen.

♦ Sodann behandelt eine Richtlinie die Fusion von Gesellschaften und ihre Auswirkungen auf die verschiedenen Anspruchsberechtigten. Für grenzüberschreitende Verschmelzungen wurden insbesondere steuerliche Erleichterungen geschaffen.
Damit solche Zusammenschlüsse nicht wegen einer möglicherweise damit erreichten marktbeherrschenden Stellung zu Wettbewerbseinschränkungen führen, können sie von einer Bewilligungspflicht abhängig gemacht werden.

♦ Rechnungslegung
Mehrere Richtlinien haben die Aufgabe, sowohl den Einzelabschluss als auch die Konzernrechnung auf einheitlicher Basis zu regeln.
Für kleinere Gesellschaften gelten dabei Erleichterungen.
Mit den Bestimmungen zur Rechnungslegung werden vornehmlich Ziele wie Vergleichbarkeit, Transparenz, Schutz für Aktionäre und Gläubiger etc. verfolgt.
Ferner werden die Mindestqualifikationen von Abschlussprüfern festgelegt.

♦ Eine Verordnung schliesslich regelt den Zusammenschluss von Gesellschaften aus verschiedenen EG-Ländern in Gemeinschaftsunternehmen (Joint Ventures) in der Form der Europäischen Wirtschaftlichen Interessengemeinschaft (EWIV).
Diese besondere Form erlaubt gerade mittelständischen Unternehmungen das Eingehen von Kooperationen, ohne dass damit komplizierte formelle Bedingungen verbunden wären.

Interessenten finden im Buch der internationalen Unternehmensberatungsgesellschaft Ernst & Young Europe ein vollständiges Einführungswerk zu diesem Thema.

Nebst den skizzierten Richtlinien existieren natürlich noch zahlreiche andere, die das EG-Wirtschaftsrecht beeinflussen. Zu nennen wären etwa
– Steuerrecht
– Sozialrecht
– Handels- und Zivilrecht

Für eine intensive Auseinandersetzung mit dieser Thematik wende man sich am besten an einen sachverständigen Berater oder profitiere von den Veröffentlichungen etlicher Organisationen, die sich vornehmlich mit der Rechtsentwicklung im EG-Raum befassen. Im Anhang stehen die Anschriften einiger in der Schweiz domizilierter Informationsanbieter.

Vorläufig noch Zukunftsmusik ist die Europäische Aktiengesellschaft (Societas Europea), mit der eine fakultative Rechtsform zur Verfügung gestellt werden soll, die auf einem einheitlichen Recht basierend über den einzelstaatlichen Rechtsordnungen, soweit sie noch nicht harmonisiert sind, stehen wird.

2. Anpassungen an Europa

Unbesehen einer schweizerischen EWR- oder EG-Mitgliedschaft werden sich die schweizerischen Unternehmungen weiter den im EG-Raum geltenden Bestimmungen anpassen, was namentlich für auslandsorientierte Gesellschaften ohnehin eine Selbstverständlichkeit darstellt.

Dem Trend zur fortschreitenden Integration mögen einige verschrobene Politiker und ihre eher harmlosen Anhänger mehr oder minder an den Haaren herbeigezogene (Schein-)Argumente entgegenschleudern und so die politische Komponente des europäischen Zusammenwachsens für eine beschränkte Zeit aufhalten. Das praktische Wirtschaftsleben hingegen setzt seinen pragmatischen Weg der Angleichung fort.

Diesen Geist atmet auch das revidierte Aktienrecht der Schweiz, wenngleich es nicht in sämtlichen Aspekten mit entsprechenden EG-Vorschriften konform ist. Die gesetzlichen Anpassungsmassnahmen müssten mit einer Anschlussreform des Aktienrechts durchgesetzt werden, wofür eine ausreichend lange Frist eingeräumt würde.

Ein Anpassungsbedarf wird sich vornehmlich in den folgenden wichtigen Bereichen äussern:

1. Publizität

Die geprüften Jahresrechnungen mit Bilanz und Erfolgsrechnung müssen jährlich dem Handelsregister zur Einsicht für interessierte Dritte eingereicht werden.

Kleine und mittelgrosse Unternehmungen profitieren dabei von einer Ausnahmeregelung, die eine Veröffentlichung der Jahresrechnung samt Anhang in verkürzter

Form erlaubt. Zusätzliche Erleichterungen im Bereich der Offenlegungspflichten reduzieren gerade für schweizerische Gesellschaften, deren Anteil hauptsächlich der Kategorie der kleineren und mittelgrossen Unternehmungen zufällt, das Anforderungsprofil.

Nebenbei: als kleine und mittlere Gesellschaften gelten in der EG Unternehmungen, die zwei der folgenden Kriterien nicht überschreiten dürfen:
- Bilanzsumme rund   14 Mio. Franken
- Nettoumsatz rund   28 Mio. Franken
- Mitarbeiter: 250

2. Bilanzrecht

Während im EG-Raum das Verbot gewillkürter stiller Reserven besteht, lässt auch das revidierte Aktienrecht grundsätzlich weiterhin eine ziemlich extensive Nutzung zu. Damit überlässt es das Gesetz nach wie vor weitgehend den Gesellschaften selber, ob sie mit ihrer Jahresrechnung ein wirtschaftliches Bild nach dem Grundsatz des «true and fair view» zeigen wollen oder eben nicht.

Sodann orientieren sich die EG-Bestimmungen zur Erstellung von Bilanz und Erfolgsrechnung (Gewinn- und Verlustrechnung) an detaillierten Gliederungskriterien, während das schweizerische Recht lediglich minimale Gliederungsvorschriften kennt. In diesem Zusammenhang beachten Sie bitte auch die den EG-Normen weitgehend entsprechenden Empfehlungen der FER (Fachkommission für Empfehlungen zur Rechnungslegung), die bereits in die Praxis zahlreicher schweizerischer Gesellschaften Eingang gefunden haben.

Weiter stehen die Konsolidierungsvorschriften zwischen der EG und der Schweiz ziemlich weit auseinander. Während hierzulande eine Wahlfreiheit für die auszuwählende Konsolidierungsmethode herrscht, sind im EG-Raum detaillierte Vorgaben obligatorisch zu befolgen. Deshalb lassen sich die Jahresrechnungen von Gesellschaften im EG-Raum auch eher miteinander vergleichen, was zweifellos in verschiedener Hinsicht vorteilhaft ist.

Schliesslich existieren in der Schweiz keine Publizitätsvorschriften hinsichtlich den Organbezügen und zur Umsatzaufteilung; innerhalb der EG dagegen sind diesbezügliche Aussagen und Aufgliederungen zwingend vorgeschrieben, was ebenfalls die Transparenz für Aussenstehende massiv verbessert. Gerade auch mit Blick auf die Bezüge von Mitgliedern der Verwaltung oder der Revisionsstelle wären erläuternde Informationen manchmal höchst interessant!

3. Vinkulierung

Die Beschränkung der Übertragung von Aktien ist auch in der EG möglich. Allerdings dürfen damit keine Kriterien verbunden sein, die alleine auf die Staatsangehörigkeit abstellen.

Für börsenkotierte Schweizer Gesellschaften gilt nach neuem Aktienrecht ohnehin nur noch eine prozentuale Beschränkung; und die einschränkende Klausel, dass ein ausländischer Käufer wegen bundesgesetzlicher Vorschriften (zum Beispiel im Zusammenhang mit dem Erwerb von Grundstücken) ebenfalls abgelehnt werden kann, wird – zumindest nach einer Übergangsfrist – auch fallen.

So bleiben denn noch die im Falle nicht börsenkotierter Gesellschaften eher extensiv auslegbaren Ablehnungsgründe, wobei eine Erwerbsverweigerung auch mit anderen Argumenten als der ausländischen Staatsangehörigkeit immer möglich sein wird.

Schlusswort

Zu den Zielsetzungen dieses Buches gehört die Wissensvermittlung über zentrale Wesenszüge und Funktionsweisen der schweizerischen Aktiengesellschaft. Dabei sind auch die revidierten aktienrechtlichen Vorschriften gewürdigt worden, und ein spezielles Kapitel widmete sich den erforderlichen Anpassungen, was den Verantwortlichen einer schon bestehenden Gesellschaft Richtschnur und Hilfe sein soll.

Neu ins unternehmerische Dasein eintretende Leser sowie ausländische Unternehmer mögen diese Passagen nicht sonderlich interessiert haben, wogegen die Vergleiche der unterschiedlichen Steuerbelastungen innerhalb der Schweiz zwischen den einzelnen Kantonen einerseits sowie zu anderen Ländern wahrscheinlich zu Denkanstössen verhalfen.

Gerade die Holding, der gesonderte Kapitel gewidmet waren, besticht nach wie vor durch mannigfache Vorteile, wie sie am Beispiel einiger bekannter Namen aufgezeigt wurden. Aus Gründen der Fairness kamen jedoch die Finger auch auf einige wunde Punkte zu liegen, die zu den negativen Standortfaktoren der Schweiz zählen.

Dank einer verhältnismässig liberalen Steuerpolitik und einem gut ausgebauten Netz von Doppelbesteuerungsabkommen zählt die Schweiz mit anderen Staaten zu den privilegierten Standorten für wirtschaftliche Zwecke verfolgende Unternehmungen.

Mit Blick auf das immer näher zusammenwachsende Europa sind einige Diskrepanzen zum EG-Gesellschaftsrecht zur Sprache gekommen, ebenso jedoch die nun mit dem revidierten Aktienrecht erfreulich weit gehenden Übereinstimmungen.

Zuweilen ist zu vernehmen, das neue Aktienrecht sei bei seiner Inkraftsetzung bereits überholt, hauptsächlich unter Bezugnahme auf den EWR-Vertrag; das stimmt nicht.

Bereits jetzt zeigt nämlich das Aktienrecht in vielen entscheidenden Bereichen grosse Übereinstimmung mit EG-Recht; fundamentale Unterschiede sind selten bzw. werden im praktischen Wirtschaftsleben dank pragmatischer Anpassung von den Unternehmungen selber wettgemacht.

Sodann nimmt die Eigenständigkeit der einzelnen EG-Mitgliedsstaaten ständig zu (Stichwort: Subsidiarität) und erlaubt individuelle Lösungsansätze, wie beispielsweise unlängst wieder im Zusammenhang mit Entwürfen zu Richtlinien für die Organisation der Aktiengesellschaft geschehen.

Ferner bestehen auf EG-Ebene für viele Bereiche des Aktienrechts noch überhaupt keine Regelungen, was die eigenständige Entwicklung nationaler Bestimmungen fördert.

Und schliesslich: Man soll die Anpassungsfähigkeit und Beweglichkeit des schweizerischen Rechtssystems nicht unterschätzen oder seine Integrationsfähigkeit letztlich gar anzweifeln.

Selbst wenn hiesige Stimmen manchmal in schrillen Tönen vom «Sonderfall Schweiz» ertönen und in geradezu biedermeierischer Nostalgie ein wunderbares Inseldasein anpreisen, bleibt die vernunftsgemässe Einsicht bestehen, dass die Schweiz aktiv an der Weiterentwicklung des europäischen Wirtschaftslebens teilnehmen soll; praktisch denkende Unternehmer haben diese fundamentale Einsicht längst umgesetzt.

Anhang

Gründungsunterlagen

Für den Gründungsakt sind die folgenden Dokumente erforderlich:

♦ Statuten der Aktiengesellschaft;
♦ beglaubigte Vollmachten jener Gründer, die anlässlich des Gründungsakts nicht anwesend sind;
♦ schriftliche Annahmeerklärung jener Verwaltungsratsmitglieder, die bei der Gründung nicht anwesend sind; eventuell ebenfalls mit Unterschriftenbeglaubigung;
♦ schriftliche Annahmeerklärung der Revisionsstelle;
♦ Kapitaleinzahlungsbestätigung der Depositenstelle (anerkannte Schweizer Bank);
♦ Handelsregisterauszüge von jenen Gründern, die Gesellschaften sind;
♦ schriftliche Domizilbestätigung, wenn die zu gründende Gesellschaft ihren Sitz im Büro eines Dritten haben wird.

Diese Unterlagen sind von der mit der öffentlichen Beurkundung beauftragten Amtsperson (Notar) zu prüfen.

Gegebenenfalls sind zusätzliche Dokumente erforderlich, beispielsweise für Sacheinlagen ein Revisionsbericht.

Statuten

(Das folgende Statutenbeispiel ist einfach gehalten. Der Text muss je nach Ausgangslage individuell angepasst werden und insbesondere die gesetzlichen Inhaltsvorschriften beachten, die zum Beispiel für Sacheinlagen gelten. Ferner müssen grundsätzlich alle gewünschten Abweichungen von den gesetzlichen [Mindest-]Bestimmungen – etwa erschwerte Beschlussfassung an der Generalversammlung oder Vinkulierungsregeln – in die Statuten aufgenommen werden.)

1. Firma, Sitz, Dauer und Zweck der Gesellschaft

Unter der Firma Muster AG mit Sitz in Zürich besteht auf unbestimmte Zeit eine Aktiengesellschaft gemäss den vorliegenden Statuten und den Vorschriften des Schweizerischen Obligationenrechts (OR).

Die Gesellschaft bezweckt den Betrieb einer Handelsunternehmung mit technischen Geräten. Sie kann sämtliche Geschäfte im In- und Ausland tätigen, die mit dem Gesellschaftszweck direkt oder indirekt zusammenhängen. Die Gesellschaft kann sich auch an Unternehmungen beteiligen, Liegenschaften erwerben, belasten oder verkaufen.

2. Aktienkapital, Aktien und Aktionäre

Das Grundkapital der Gesellschaft beträgt Fr. 250 000.–. Es ist eingeteilt in 250 voll eingezahlte Namenaktien zu nominal je Fr. 1000.–.

Von der Ausgabe gedruckter Aktientitel kann abgesehen werden, insbesondere können Aktien in beliebiger Anzahl zu Zertifikaten zusammengefasst werden.

Durch Beschluss der Generalversammlung kann diese Statutenbestimmung jederzeit abgeändert werden, und es können die Namenaktien in Inhaberaktien umgewandelt werden.

Jede Aktie berechtigt zu einer Stimme.

Als Aktionäre der Gesellschaft gelten nur jene, die im Aktienregister der Gesellschaft gültig als Aktieneigentümer eingetragen sind.

Die Übertragung der Aktien bedarf unabhängig von ihrem Rechtsgrund der Genehmigung durch den Verwaltungsrat der Gesellschaft.

Der Verwaltungsrat kann die Eintragung aus wichtigen Gründen verweigern; als solche gelten namentlich:

– Wenn ein Aktionär durch die Eintragung gesamthaft mehr als 5% des gesamten Stimmpotentials auf sich vereinigen würde.
– Wenn berechtigte Zweifel daran bestehen, dass der die Eintragung Anbegehrende in eigenem Namen und auf eigene Rechnung handelt.
– Wenn mit der Eintragung die Unabhängigkeit der Gesellschaft bedroht wäre oder andere gesetzlich geschützte Rechtsgüter verletzt würden.

3. Gesellschaftsorgane

Die Organe der Gesellschaft sind:
a) Generalversammlung
b) Verwaltungsrat
c) Revisionsstelle

a) Generalversammlung

Die ordentliche Generalversammlung findet jährlich innerhalb von sechs Monaten nach Abschluss des Geschäftsjahres statt, welches mit dem Kalenderjahr identisch ist.

Die Einladungen zu den Generalversammlungen erfolgen durch den Verwaltungsrat, gegebenenfalls durch die Revisionsstelle, und zwar mindestens 20 Tage im voraus.

Sind die Adressen sämtlicher Aktionäre bekannt, genügt die Einladung mit eingeschriebenem Brief. Ansonsten muss die Einladung durch Publikation im Schweizerischen Handelsamtsblatt (SHAB) erfolgen.

Als Universalversammlung kann die Generalversammlung jederzeit und ohne die Einhaltung formeller Erfordernisse abgehalten werden, sofern alle Aktionäre anwesend oder vertreten sind und dagegen kein Widerspruch erhoben wird.

b) Verwaltungsrat

Der Verwaltungsrat der Gesellschaft setzt sich aus drei bis fünf Mitgliedern zusammen.

Die Amtsdauer der Verwaltungsräte beträgt ein Jahr; Wiederwahl ist ohne Einschränkung möglich.

Die Generalversammlung wählt den Präsidenten des Verwaltungsrats, der sich ansonsten selber konstituiert.

Er wählt einen Sekretär, der nicht Mitglied des Verwaltungsrats sein muss.

Der Verwaltungsrat ist ermächtigt, die Geschäftsführung an Dritte, die nicht Mitglieder des Verwaltungsrats sein müssen, zu delegieren. Das dazu notwendige Organisationsreglement erstellt der Verwaltungsrat.

Der Verwaltungsrat bezeichnet jene Personen, welche die Gesellschaft nach aussen vertreten, und bestimmt die Form der rechtsverbindlichen Unterschrift.

Der Verwaltungsrat gilt als beschlussfähig, solange die Mehrheit der Mitglieder anwesend ist.

Der Verwaltungsrat fasst seine Beschlüsse mit der absoluten Mehrheit der Stimmen der anwesenden Mitglieder; dabei hat der Präsident bei Stimmengleichheit den Stichentscheid.

Beschlüsse können auch auf dem Zirkularweg gefasst werden, sofern kein Mitglied eine mündliche Beratung verlangt.

Über die Detailorganisation des Verwaltungsrats kann ein entsprechendes Reglement durch den Verwaltungsrat selber verfasst werden.

c) Revisionsstelle

Die Generalversammlung wählt jedes Jahr eine oder mehrere natürliche oder juristische Personen als Revisionsstelle mit vom Gesetz vorgeschriebener Befähigung, den aktienrechtlichen Rechten und Pflichten für eine Amtsdauer von jeweils einem Jahr; Wiederwahl ist zulässig.

4. Rechnungsabschluss, Bilanz und Verwendung des Ergebnisses

Die Jahresrechnung der Gesellschaft schliesst jeweils auf den 31. Dezember eines Kalenderjahres ab, erstmals auf den 31. Dezember 19..

Die Jahresrechnung, bestehend aus Bilanz, Erfolgsrechnung und Anhang, ist nach den Vorschriften der Art. 662 bis 670 OR zu erstellen.

Der Geschäftsbericht, bestehend aus Jahresrechnung und Jahresbericht, sowie der Revisionsbericht sind spätestens 20 Tage vor der ordentlichen Generalversammlung zusammen mit den Anträgen des Verwaltungsrats über die Verwendung des Reingewinns am Sitz der Gesellschaft zur Einsicht der Aktionäre aufzulegen bzw. auf Verlangen den Aktionären zuzustellen.

Vorbehältlich der zwingenden gesetzlichen Vorschriften steht die Gewinnverteilung in der Kompetenz der Generalversammlung.

5. Bekanntmachungen

Einziges Publikationsorgan der Gesellschaft ist das Schweizerische Handelsamtsblatt (SHAB).

Mitteilungen an die Namenaktionäre erfolgen rechtsgültig durch eingeschriebenen Brief an die letzte im Aktienbuch eingetragene Adresse.

6. Auflösung und Liquidation

Die Generalversammlung kann jederzeit die Auflösung und Liquidation beschliessen.

Sofern die Generalversammlung keine andere Personen dazu bestimmt, wird die Liquidation durch den Verwaltungsrat durchgeführt.

Eine Liquidation erfolgt nach Massgabe der Art. 742 bis 747 OR. Die Liquidatoren sind dabei auch befugt, Aktiven inklusive Liegenschaften freihändig zu veräussern.

Nach erfolgter Tilgung der Gesellschaftsschulden wird das übrigbleibende Vermögen entsprechend den einbezahlten Anteilen am Aktienkapital auf die Aktionäre verteilt.

7. Schiedsklausel

Streitigkeiten zwischen der Gesellschaft, Mitgliedern des Verwaltungsrats, der Revisionsstelle, der Geschäftsleitung und den Aktionären, die Angelegenheiten der Gesellschaft betreffen, werden endgültig durch ein Schiedsgericht mit Sitz am Domizil der Gesellschaft entschieden.

Das Schiedsgericht wird wie folgt bestellt:

Jede Partei ernennt einen Schiedsrichter. Diese benennen dann einen Obmann.

Unterlässt es eine Partei, binnen 20 Tagen nach Aufforderung ihren Schiedsrichter zu benennen, wird ersatzweise durch den Präsidenten des Zürcher Handelsgerichts ein solcher bestimmt. Der Präsident des Zürcher Handelsgerichts benennt sodann auch den Obmann, falls sich die bestellten Schiedsrichter nicht darüber einigen können.

Ort und Datum: _____

Unterschriften der Gründer: _____

_____

Statuten

(**mit** Sacheinlage)

Der Wortlaut der vorangegangenen Statuten bleibt mit Ausnahme von Punkt 2 gleich.

Aktienkapital, Aktien, Aktionäre

Das Aktienkapital der Gesellschaft beträgt Fr. 250 000.–. Es ist eingeteilt in 250 voll eingezahlte Namenaktien zu nominal je Fr. 1000.–.

Der Mitgründer Klaus Muster, in Meilen, bringt gemäss beigefügtem Sacheinlagevertrag Aktiven und Passiven seiner Einzelfirma, Klaus Muster, Internationaler Handel, in Meilen, ein. Dafür werden ihm insgesamt Fr. 130 000.– am Aktienkapital der zu gründenden Firma angerechnet.

Von der Ausgabe gedruckter Aktientitel …

Gesetzlicher Mindestinhalt der Statuten

Das Obligationenrecht (OR) umschreibt präzise den Mindestinhalt der Statuten einer Aktiengesellschaft:

1. Firma und Sitz der Gesellschaft
2. Zweck der Gesellschaft
3. Höhe des Aktienkapitals und Betrag der darauf geleisteten Einlagen
4. Anzahl, Nennwert und Art der Aktien
5. Einberufung der Generalversammlung und Stimmrecht der Aktionäre
6. Organe für die Verwaltung und für die Revision
7. Form der von der Gesellschaft ausgehenden Bekanntmachungen

Sodann listet das Gesetz jene Bestimmungen auf, deren Rechtmässigkeit nur durch Statuteneintrag gewährleistet ist:

1. Änderung der Statuten, soweit sie von den gesetzlichen Bestimmungen abweichen
2. Ausrichtung von Tantiemen (Gewinnanteile an die Mitglieder des Verwaltungsrats)
3. Zusicherung von Bauzinsen
4. Begrenzung der Dauer der Gesellschaft
5. Konventionalstrafen bei nicht rechtzeitiger Leistung der Einlage durch Aktionäre
6. Genehmigte und bedingte Kapitalerhöhung
7. Zulassung der Umwandlung von Namenaktien in Inhaberaktien und umgekehrt
8. Beschränkung der Übertragbarkeit von Namenaktien
9. Vorrechte einzelner Kategorien von Aktien, über Partizipationsscheine, Genussscheine und über die Gewährung besonderer Vorteile
10. Beschränkung des Stimmrechts und des Rechts der Aktionäre, sich vertreten zu lassen

11. Im Gesetz nicht vorgesehene Fälle, in denen die Generalversammlung nur mit qualifizierter Mehrheit Beschluss fassen kann
12. Ermächtigung zur Übertragung der Geschäftsführung auf einzelne Mitglieder des Verwaltungsrats oder Dritte
13. Organisation und Aufgabe der Revisionsstelle, sofern dabei über die gesetzlichen Vorschriften hinausgegangen wird

Reglement des Verwaltungsrats

der Muster AG, Zürich

Art. 1
Die Mitglieder des Verwaltungsrats wählen den Sekretär und Protokollführer des Verwaltungsrats sowie bei Bedarf auch einen Vize-Präsidenten und einen Delegierten.
Falls erforderlich, ernennt der Verwaltungsrat eine Geschäftsführung, die nicht dem Verwaltungsrat angehören muss. Der Verwaltungsrat erstellt vorgängig das gesetzlich vorgeschriebene Organisationsreglement, das die Geschäftsführung regelt.

Art. 2
Der Verwaltungsrat versammelt sich in der Regel auf Anordnung seines Präsidenten. Auf schriftlich begründetes Begehren eines einzelnen Mitglieds ist der Verwaltungsrat zur Behandlung der im Begehren genannten Traktanden einzuberufen.

Art. 3
Die Verwaltungsratssitzungen werden von seinem Präsidenten, im Falle von dessen Verhinderung von seinem Vize-Präsidenten bzw. von einem von allen anwesenden Verwaltungsräten gewählten Tagespräsidenten geleitet.

Art. 4
Die Einladung zu einer Sitzung des Verwaltungsrats hat eine Traktandenliste zu beinhalten und muss den Mitgliedern spätestens 10 Tage vor Sitzungsbeginn vorliegen. Soweit möglich, sind der Einladung gleichzeitig allfällige Anträge der Geschäftsführung beizulegen.

Art. 5
Der Verwaltungsrat kann Ausschüsse oder Projektgruppen bilden. Diese bestehen aus mindestens zwei Mitgliedern des Verwaltungsrats. In besonderen Fällen können auswärtige Experten beigezogen werden. Die Berichte der Verwaltungsräte aus den Ausschüssen bzw. Projektgruppen werden an allen ordentlichen Verwaltungsratssitzungen traktandiert.

Art. 6

Zur Beschlussfähigkeit des Verwaltungsrats ist die Anwesenheit der Mehrheit der Mitglieder erforderlich. Der Verwaltungsrat fasst seine Beschlüsse mit dem einfachen Mehr der anwesenden Mitglieder; der Präsident, in dessen Verhinderungsfall der Vize-Präsident, hat im Bedarfsfall den Stichentscheid.

Art. 7

Der Präsident kann besonders dringende Geschäfte im Einvernehmen mit der Geschäftsführung durch Präsidialentscheid zum Abschluss bringen. Er unterbreitet diesen dem Verwaltungsrat zur Genehmigung, notfalls auf dem Zirkularweg.

Art. 8

Der Verwaltungsrat beschliesst jährlich die Vertretung für die Geschäftsführung sowie die Zeichnungsberechtigten und die Art der Zeichnung. Es müssen nicht alle Mitglieder des Verwaltungsrats zeichnungsberechtigt sein.

Art. 9

Die Stimmabgaben auf dem Zirkularweg haben innert zehn Tagen zu erfolgen. Mitglieder, die während dieser Frist keine Stimme abgeben, lehnen den unterbreiteten Antrag ab.

Art. 10

Über jede Verwaltungsratssitzung wird ein schriftliches Protokoll geführt. Dieses muss in der nächstfolgenden Sitzung den Mitgliedern zur Genehmigung vorgelegt werden.

Der Protokollführer wird zu Beginn der Sitzung mit Mehrheitsbeschluss gewählt, falls der Sekretär verhindert sein sollte. Der Protokollführer ist für die Aufbewahrung der Originalprotokolle (Tonträger oder handschriftlich) am Sitz der Gesellschaft verantwortlich.

Art. 11

Die Mitglieder der Geschäftsführung können zu den einzelnen Sitzungen des Verwaltungsrats eingeladen werden. Sie haben beratende Funktion, sofern sie nicht selber auch Mitglieder dieses Organs sind.

Der Verwaltungsrat lässt seine Geschäfte in der Regel durch den Sekretär vorbereiten, kann statt dessen jedoch auch die Geschäftsführung damit beauftragen.

Art. 12

Den Mitgliedern des Verwaltungsrats ist es untersagt, Tatsachen und Informationen, von denen sie als Verwaltungsrat der Muster AG Kenntnis erlangt haben, für sich zu verwerten oder anderen mitzuteilen. Diese Verpflichtung gilt auch nach dem Ausscheiden aus dem Verwaltungsrat der Muster AG.

Art. 13
Der Verwaltungsrat setzt die Entschädigung der einzelnen Mitglieder nach Vorliegen des Geschäftsergebnisses fest.

Er kann für einzelne Mitglieder unterschiedliche Entschädigungen festlegen.

Diese Vergütungen werden vor der Gewinnfestsetzung dem Geschäftsergebnis entnommen und netto ausgezahlt. Sämtliche AHV-Beiträge und andere Sozialleistungen gehen zulasten der Gesellschaft.

Allfällige Spesen einzelner Mitglieder werden gemäss Spesenreglement der Gesellschaft abgegolten, wobei in jedem Fall eine vorherige Genehmigung durch den Verwaltungsrat erfolgen muss.

So beschlossen an der Sitzung des Verwaltungsrats
der Muster AG vom _____

Der Präsident: _____

Der Protokollführer: _____

Organisationsreglement

1

Der Verwaltungsrat der Muster AG will die operative Geschäftsführung einem neu anzustellenden vollamtlichen Geschäftsführer anvertrauen. Davon unberührt bleiben die gesetzlich unentziehbaren Aufgaben gemäss Art. 716a OR.

2

Aufgaben, Pflichten und Kompetenzen des Stelleninhabers sind in einer Stellenbeschreibung erfasst.

3

Direkter Vorgesetzter und Verbindungsglied zum Verwaltungsrat ist der Delegierte des Verwaltungsrats, dessen Funktionen sowie Rechte und Pflichten in einem gesonderten Reglement umschrieben sind.

4

Damit der Verwaltungsrat seinen obligationenrechtlichen und statutarischen Pflichten nachkommen kann, lässt er sich an seinen monatlichen Sitzungen ausführlich vom Delegierten des Verwaltungsrats, allenfalls unter Beizug des Geschäftsführers, über den Geschäftsgang informieren und fasst die gegebenenfalls notwendigen Beschlüsse. Die Sitzungsteilnahme ist für den Delegierten obligatorisch.

Beschlossen an der Sitzung des Verwaltungsrats vom _____

Der Präsident: _____   Der Protokollführer: _____

Grundzüge einer Stellenbeschreibung

1. Unternehmen _____

2. Beschäftigungsort: _____

I. **Instanzenbild**
Stellenkennzeichnung _____
   3. Stellenbezeichnung:
   4. Stellennummer: _____
   5. Abteilung: _____
   6. Stelleninhaber: _____
   7. Dienstrang: _____
   8. Gehaltsbereich: _____

Instanzielle Einordnung
   9. Der Stelleninhaber erhält
      fachliche Weisungen von: Stellennummer:

      _____   _____

      _____   _____

      _____   _____

   10. Der Stelleninhaber gibt
       fachliche Weisungen an: Stellennummer:
       1. _____   _____
       2. _____   _____
       3. _____   _____

   11. Stellvertreter des Stelleninhabers: _____

   12. Anzahl der disziplinarisch unterstellten Mitarbeiter:
       (z.B. Abteilungsleiter, Gruppenleiter, Sachbearbeiter,
       Meister, Vorarbeiter)
       1. _____
       2. _____
       3. _____

   13. Kompetenzen: _____

       (z.B. Prokura, Handlungsvollmacht)

Kommunikationsbeziehungen

14. Der Stelleninhaber liefert folgende Berichte ab:
    1. _____
    2. _____
    3. _____

15. Der Stelleninhaber erhält folgende Berichte:
    1. _____
    2. _____
    3. _____

16. Konferenzen
    1. _____
    2. _____
    3. _____

17. Die Zusammenarbeit mit folgenden Stellen ist sachlich erforderlich:
    intern   extern
    1 _____   1 _____
    2 _____   2 _____
    3 _____   3 _____

II. Aufgabenbild

18. Beschreibung der Tätigkeit
    1. sich wiederholende Sachaufgaben: _____
    _____
    _____
    _____
    _____

    2. unregelmäßig anfallende Sachaufgaben: _____
    _____
    _____
    _____

19. Arbeitsmittel: _____

20. Richtlinien, Vorschriften: _____
    _____
    _____

III. Leistungsbild

Leistungsanforderungen

21. Kenntnisse, Fertigkeiten, Erfahrungen:

_____

_____

22. Arbeitscharakterliche Züge (z.B. Genauigkeit und Sorgfalt, Kontaktfähigkeit):

_____

_____

_____

23. Verhalten (z.B. Führungsqualitäten, Durchsetzungsvermögen):

_____

Leistungsstandards

24. quantitative Leistungsstandards (z.B. Umsatz):

_____

25. qualitative Leistungsstandards (z.B. Betriebsklima):

_____

_____

Unterschriften mit Datum:

Personalleiter   Stelleninhaber   Vorgesetzter   Betriebsrat

Quelle: Personalwirtschaftslehre 1, 3. Auflage, UTB, Verlag Haupt Bern und Stuttgart, 1986

Sacheinlagenvertrag

zwischen	Muster AG (in Gründung) Bahnhofstrasse 1, 8001 Zürich (nachstehende Käuferin genannt) ♦ vertreten durch ihre Gründer: – Klaus Muster, Meilen – Heidi Klauser, Rapperswil – Yolanda Braun, Zürich
und	Klaus Muster, von Meilen, Seestrasse 150, 8700 Meilen (nachstehend Sacheinleger genannt)

1
Die Käuferin übernimmt vom Sacheinleger die Aktien und Passiven der bisherigen Einzelfirma Klaus Muster, Internationaler Handel, in Meilen, zu den folgenden Bedingungen:

2
Übernahmestichtag ist ...

3
Der Sacheinleger bringt sämtliche Aktiven seiner Einzelfirma gemäss der hier beiliegenden Übernahmebilanz per ... zu insgesamt Fr. 250 000.– in die zu gründende Aktiengesellschaft ein.

4
Die Käuferin übernimmt alle per Übernahmestichtag ausgewiesenen Verbindlichkeiten zulasten des einzubringenden Geschäfts, die gemäss der Übernahmebilanz total Fr. 120 000.– ausmachen.
Die Käuferin tritt ferner in alle im Zusammenhang mit der Geschäftsübernahme entstehenden Verträge ein, die als Beilage ebenfalls aufgeführt sind.

5
Der Übernahmepreis beläuft sich auf Fr. 130 000.–; er wird durch Übergabe von insgesamt 130 voll liberierten Namenaktien zu je Fr. 1000.– nom. der Käuferin an den Sacheinleger getilgt.

6
Der Sacheinleger gewährleistet:
6.1. Die Sachwerte sind frei von jedwelchen Ansprüchen Dritter
6.2. Die Bewertung der Sachgüter erfolgte in der Übernahmebilanz per ... gemäss den obligationenrechtlichen Vorschriften

6.3. Die Verbindlichkeiten in der Übernahmebilanz per ... sind vollständig; ferner sind keine latenten Schulden bekannt, für die keine Rückstellungen gemacht wurden.
6.4. Es sind keine schwebenden Prozesse und auch keine Verwaltungsverfahren vorhanden.
6.5. Für allfällige, später fällig werdende Steuernachforderungen für die Zeit vor der Geschäftseinbringung übernimmt der Sacheinleger die uneingeschränkte persönliche Haftung.

7
Sollte die Gründung der Muster AG aus irgendwelchen Gründen nicht zustandekommen, fällt dieser Vertrag unter Ausschluss jeglicher Haftung der Gründer dahin.

Zürich, _____

Für die Muster AG (in Gründung): _____
(Unterschriften der Gründer)

Der Sacheinleger: _____

Beilage: – Übernahmebilanz per ...
– Revisionsbericht
– Aufstellung über die bestehenden Verträge

Zeichnungsschein

Der/die Unterzeichnende,

_____

zeichnet hiermit, in Kenntnis des Statutenentwurfs für die zu gründende

M U S T E R   A G

… Namenaktien zum Nennwert und Ausgabekurs von je Fr. 1000.– (eintausend Franken), total Fr._____ Aktienkapital und verpflichtet sich, den Betrag von Fr._____ (_____Franken) für Rechnung und zur freien Verfügung der Gesellschaft bei der XY Bank in Zürich einzuzahlen.

Diese Verpflichtung ist gültig bis …

Zürich, _____

_____
(Unterschrift)

Öffentliche Urkunde

über die Gründung der Muster AG

Als Urkundsperson des Kantons Zürich beurkunde ich, Notar …, Bahnhofstrasse, 8001 Zürich, öffentlich:

1

Es sind heute Donnerstag, …19…, in meinem Büro an der Bahnhofstrasse in Zürich die folgenden Personen erschienen:

1) Herr Klaus Muster, geb. 1950, von Bern, wohnhaft …
2) Frau Heidi Klauser, geb. 1960, von Luzern, wohnhaft …
3) Frau Yolanda Braun, geb. 1965, von St. Gallen, wohnhaft …

Sie erklären übereinstimmend, heute unter der Firma

M u s t e r   A G

eine Aktiengesellschaft im Sinne von Art. 621ff. OR mit Sitz in Zürich gründen zu wollen.

Die Gründer der Muster AG berufen sich auf folgende Belege:
a) Statuten der Muster AG, die im Entwurf vorliegen
b) Sacheinlagenvertrag vom …
c) Bescheinigung der XY Bank, Zürich, vom … über die erfolgte Einzahlung von Fr. 120 000.– zur Aktienzeichnung
d) Erklärung von Herrn Max Sample, Bücherexperte, Bahnhofstrasse, 8001 Zürich, vom … betreffend Übernahme des Mandats als Revisionsstelle
e) Drei Zeichnungsscheine

2

Aufgrund der unter Ziffer 1 aufgeführten Belege bestätigen sämtliche Gründer, dass
a) sie alle 250 Namenaktien der Muster AG wie folgt gekennzeichnet haben:

– Klaus Muster	130 Namenaktien		
	zu je Fr. 1000.–	=	Fr. 130 000.–
– Heidi Klauser	100 Namenaktien		
	zu je Fr. 1000.–	=	Fr. 100 000.–
– Yolanda Braun	20 Namenaktien		
	zu je Fr. 1000.–	=	Fr. 20 000.–
Total	250 Namenaktien		
	zu je Fr. 1000.–	=	Fr. 250 000.–

b) der Betrag von Fr. 120 000.– für die volle Liberierung von 120 Namenaktien zu je Fr. 1000.– durch Bareinzahlung bei der XY Bank in Zürich zur freien Verfügung der Muster AG steht;

c) gemäss dem Sacheinlagenvertrag zwischen der Muster AG (in Gründung) und Klaus Muster die Aktiven und Passiven der vormaligen Einzelfirma Klaus Muster, Internationaler Handel, Meilen, zum Wert von Fr. 130 000.– und unter voller Anrechnung für die Liberierung von 130 Namenaktien zu nominal je Fr. 1000.– übernommen werden;

d) die Aktien nicht öffentlich zur Zeichnung angeboten worden sind.

3

Die Statuten der Muster AG werden von den Gründern mit dem Wortlaut, wie er in dem vorliegenden, von den Gründern gelesenen und von ihnen hierauf unterzeichneten Entwurf enthalten ist, einstimmig genehmigt und als die gültigen Statuten der Muster AG anerkannt. Die genehmigten Statuten werden als integraler Bestandteil dieser Urkunde beigefügt.

4

Im Sinne von Art. 3 der Gesellschaftsstatuten werden für die erste Amtsdauer von einem Jahr als Verwaltungsräte gewählt:

♦ Klaus Muster, geb. 1950, von Bern, zugleich als Präsident

♦ Heidi Klauser, geb. 1960, von Luzern

♦ Yolanda Braun, geb. 1965, von St. Gallen

Die gewählten Verwaltungsratsmitglieder erklären alle Annahme der Wahl.

5

Als Revisionsstelle im Sinne von Art. 3 der Gesellschaftsstatuten wird für das erste Geschäftsjahr Herr Max Sample, Bücherexperte, Bahnhofstrasse, 8001 Zürich, gewählt; er hat die Annahme der Wahl schriftlich erklärt.

6

Die Gründung der Muster AG ist beim Handelsregisteramt des Kantons Zürich zur gesetzlich vorgeschriebenen Eintragung anzumelden.

Das Domizil der Gesellschaft befindet sich an der Bahnhofstrasse in 8001 Zürich.

7

Diese Urkunde ist sechsfach ausgefertigt und unterzeichnet worden, für das Handelsregisteramt Zürich, die Urkundsperson, die Eidgenössische Steuerverwaltung und die Muster AG.

Zürich, _____   Die Gründer:

_____
(Klaus Muster)

_____
(Heidi Klauser)

_____
(Yolanda Braun)

Die vorliegende Urkunde stimmt mit den von mir persönlich gemachten Wahrnehmungen überein und enthält den mir mitgeteilten Willen sämtlicher eingangs erwähnten Gründer der Muster AG.

Sie ist den anwesenden Gründern im vollen Wortlaut zur Kenntnis gebracht, von ihnen als richtig und vollständig anerkannt und hierauf eigenhändig, in meiner Anwesenheit, unterzeichnet worden.

Ich erkläre, dass sämtliche in dieser Urkunde genannten Belege mir und den Gründern vorgelegen haben und eingesehen wurden.

Zürich, _____

Die Urkundsperson:

_____

Anmeldung beim Handelsregisteramt (Zürich)

zur Eintragung in das Handelsregister des Kantons Zürich

MUSTER AG, Neueintragung

Gemäss öffentlicher Urkunde und Statuten vom … besteht unter der Firma Muster AG eine Aktiengesellschaft mit Sitz in Zürich. Zweck: Betrieb eines Handelsunternehmens mit technischen Geräten. Sie kann sämtliche Geschäfte tätigen, die mit dem Gesellschaftszweck direkt oder indirekt zusammenhängen. Die Gesellschaft kann sich auch an anderen Unternehmungen beteiligen, Liegenschaften erwerben, belasten oder verkaufen. Das Aktienkapital der Gesellschaft beträgt Fr. 250 000.– und ist eingeteilt in 250 Namenaktien (voll liberiert) zu nominal je Fr. 1000.–. Gemäss Sacheinlagenvertrag vom … hat die Gesellschaft die Einzelfirma Klaus Muster, Internationaler Handel, Meilen, mit allen Aktiven und Passiven zu Fr. 130 000.– übernommen. Dafür wurden dem Sacheinleger, Klaus Muster, von Bern, wohnhaft …, insgesamt 130 Namenaktien zu nominal je Fr. 1000.– angerechnet. Gemäss Statuten der Gesellschaft ist die Übertragung der Namenaktien einschränkenden Bedingungen unterworfen, die in den Statuten aufgeführt sind. Publikationsorgan der Gesellschaft ist das SHAB. Mitteilungen und Bekanntmachungen der Gesellschaft an ihre Aktionäre erfolgen durch eingeschriebenen Brief. Der Verwaltungsrat besteht aus drei bis fünf Mitgliedern. Es sind dies derzeit: Klaus Muster, geb. 1950, von Bern, in Wallisellen; Heidi Klauser, geb. 1960, von Luzern, in Zürich; Yolanda Braun, geb. 1965, von St. Gallen, in Wallisellen. Klaus Muster amtiert gleichzeitig als Präsident des Verwaltungsrats. Die Verwaltungsräte zeichnen je einzeln für die Gesellschaft. Als gesetzlich vorgeschriebene Revisionsstelle für das erste Geschäftsjahr wurde gewählt: Max Sample, Bücherexperte, von Bern, Bahnhofstrasse, 8001 Zürich. Domizil: Bahnhofstrasse, 8001 Zürich (eigene Büros).

Belege: – öffentliche Urkunde vom … mit Statuten, Kapitaleinzahlungsbestätigung der XY Bank, Zürich, Sacheinlagenvertrag vom …, Annahmeerklärungen

– Prüfungsbericht der Revisionsstelle

Zürich, _____   _____

(Der Verwaltungsratspräsident)

_____

(Mitglied des Verwaltungsrats)

Gesetzlicher Mindestinhalt des Handelsregistereintrags

Das Obligationenrecht (OR) beschreibt die eintragungspflichtigen Tatsachen wie folgt:

1. Datum der Statuten

2. Firma und Sitz der Gesellschaft

3. Zweck und – wenn die Statuten hierüber eine Bestimmung enthalten – Dauer der Gesellschaft

4. Höhe des Aktienkapitals und der darauf geleisteten Einlagen

5. Anzahl, Nennwert und Art der Aktien, Beschränkungen der Übertragbarkeit sowie Vorrechte einzelner Kategorien

6. Gegenstand der Sacheinlage und die dafür ausgegebenen Aktien, der Gegenstand Sachübernahme und die Gegenleistung der Gesellschaft sowie Inhalt und Wert der besonderen Vorteile

7. Anzahl der Genussscheine mit Angabe des Inhalts der damit verbundenen Rechte

8. Art der Ausübung der Vertretung

9. Namen der Mitglieder des Verwaltungsrats und der zur Vertretung befugten Personen unter Angabe von Wohnsitz und Staatsangehörigkeit

10. Name oder Firma der Revisoren, unter Angabe des Wohnsitzes, des Sitzes oder einer im Handelsregister eingetragenen Zweigniederlassung

11. Art und Weise, wie die von der Gesellschaft ausgehenden Bekanntmachungen erfolgen und – wenn die Statuten hierüber eine Bestimmung enthalten – wie der Verwaltungsrat den Aktionären seine Erklärungen kundgibt

Einladung zur ordentlichen Generalversammlung

MUSTER AG; Zürich

Einladung zur 1. ordentlichen Generalversammlung

Wir laden die Aktionäre unserer Gesellschaft zur 1. ordentlichen Generalversammlung ein.

Datum: Freitag, 7. Mai 1993

Ort: Restaurant «Zur guten Hoffnung», im «Fischerstübli», Zürich

Zeit: 14.00 Uhr

Traktanden

1. Vorlage des Geschäftsberichts und der Jahresrechnung 1992

2. Entgegennahme des Berichts der Revisionsstelle

3. Abnahme von Geschäftsbericht und Jahresrechnung 1992

4. Beschlussfassung über die Verwendung des Jahresgewinns

5. Entlastung des Verwaltungsrats

6. Statutarische Wahlen

7. Verschiedenes

Der Geschäftsbericht und die Jahresrechnung 1992 samt Bericht der Revisionsstelle sowie die Anträge des Verwaltungsrats liegen ab sofort am Gesellschaftssitz zur Einsichtnahme durch die Aktionäre auf. Auf Verlangen werden diese Unterlagen auch verschickt.

Die am 15. April 1993 im Aktienbuch eingetragenen Namensaktionäre erhalten mit dieser Einladung auch eine Eintrittskarte, die zum Besuch der Generalversammlung legitimiert.

Zürich, 18. April 1993   im Namen des Verwaltungsrats

Der Präsident:

Protokoll der ordentlichen Generalversammlung

MUSTER AG; Zürich

Protokoll der 1. ordentlichen Generalversammlung vom Freitag, 7. Mai 1993, 14.00 Uhr, im Restaurant «Zur guten Hoffnung», Zürich

Klaus Muster eröffnet als Präsident des Verwaltungsrats um 14 Uhr die Versammlung und übernimmt den Vorsitz. Als Protokollführerin und Stimmenzählerin stellt sich Heidi Klauser zur Verfügung.

Der Versammlungsleiter stellt folgende Aktionäre fest:

- Klaus Muster
  Sonnenrain 1, 8700 Küsnacht   130 Aktien

- Heidi Klauser
  Jubelsteg 69, 8050 Zürich   100 Aktien

- Yolanda Braun
  Finsterblatt 15, 8712 Stäfa   20 Aktien

Damit ist das gesamte Aktienkapital der Gesellschaft von nominal Fr. 250 000.– vertreten.

Ferner ist die Revisionsstelle der Gesellschaft, vertreten durch Max Sample, Bücherexperte, Bahnhofstrasse, 8001 Zürich, anwesend.

Die allen Versammlungsteilnehmern vorliegende Traktandenliste wird einstimmig gutgeheissen.

Der Vorsitzende schreitet sodann zur Vorlage der einzelnen Traktanden.

1. **Vorlage des Geschäftsberichts und der Jahresrechnung 1992**
   Die Versammlung nimmt ohne Gegenstimme davon Kenntnis; keiner der anwesenden Aktionäre hat dazu irgendwelche Fragen.

2. **Entgegennahme des Berichts der Revisionsstelle**
   Die Versammlung verabschiedet den Revisionsstellenbericht zustimmend und ohne Gegenstimme.

3. **Abnahme von Geschäftsbericht und Jahresrechnung 1992**
   Ohne Diskussion akzeptiert die Versammlung die Vorlage einstimmig.

4. **Beschlussfassung über die Verwendung des Jahresgewinns**
   Nach eingehender Diskussion übernehmen die anwesenden Aktionäre die Vor-

schläge des Verwaltungsrats, wonach keine Dividende ausgeschüttet werden soll, sondern im Rahmen des frei verfügbaren Jahresgewinns eine freie Reserve zu bilden sei.

Die Abstimmung zugunsten der zusätzlichen Reservenbildung erfolgt einstimmig.

Der Gewinnverteilungsplan liegt diesem Protokoll bei.

5. Entlastung des Verwaltungsrats

Den einzelnen Vertretern des Verwaltungsrats wird unter Namensaufruf von den übrigen Aktionären einstimmig Décharge erteilt.

6. Statutarische Wahlen

Für eine weitere einjährige Periode stellen sich für das Amt eines Mitglieds des Verwaltungsrats zur Verfügung:

> Klaus Muster, geb. 1950, von Bern

> Heidi Klauser, geb. 1960, von Luzern

Sie werden von der Versammlung einstimmig wiedergewählt.

Yolanda Braun, bisheriges Mitglied des Verwaltungsrats, stellt sich nicht mehr zur Verfügung. Für ihre tatkräftige Mitarbeit während des vergangenen Geschäftsjahrs spricht ihr die Versammlung Dank aus.

Zur Wahl als Revisionsstelle erklärt sich Max Sample, Bücherexperte, Bahnhofstrasse, 8001 Zürich, wiederum bereit.

Ohne Gegenstimme wird er von der Versammlung bestätigt.

7. Verschiedenes

Niemand verlangt dazu das Wort.

Der Vorsitzende schliesst um 15.10 Uhr die Sitzung.

Der Präsident: Die Protokollführerin:

_____   _____

(Klaus Muster)   (Heidi Klauser)

Beilagen: Gewinnverteilungsplan
                 Einladung zur 1. ordentlichen Generalversammlung
                 Traktandenliste

Änderung von Eintragungen im Handelsregister

Das Obligationenrecht (OR) verlangt, dass Änderungen von eintragungspflichtigen Tatsachen ebenfalls einen Eintrag nach sich ziehen, nötigenfalls zwangsweise und unter Strafandrohung durch den Registerführer.

In vielen Fällen – so zum Beispiel für eine Sitzverlegung, eine Erweiterung oder Verengung des Gesellschaftszweckes, eine Erhöhung oder Herabsetzung des Aktienkapitals – sind vorgängig entsprechende Statutenänderungen erforderlich, die nach den gesetzlichen bzw. statutarischen Bestimmungen qualifizierte Mehrheitsbeschlüsse einer Generalversammlung bedingen.

Ferner bedarf es für das Zustandekommen eines rechtmässigen Kapitalerhöhungsbeschlusses nebst eines besonderen Berichts des Verwaltungsrats zuhanden der Generalversammlung einer Prüfungsbestätigung der Revisionsstelle, falls beispielsweise Sachübernahmen beabsichtigt sind oder Bezugsrechte der Aktionäre eingeschränkt werden.

Sodann muss die Änderung der Statuten öffentlich von einem Notar beurkundet werden.

In Fällen wie etwa der Wahl neuer Mitglieder des Verwaltungsrats oder einer neuen Revisionsstelle ist keine möglicherweise zeitlich und organisatorisch anspruchsvolle Statutenänderung notwendig, sondern lediglich eine entsprechende Beschlussfassung durch die Generalversammlung.

Wenn das Vorhaben nicht vom Verwaltungsrat an der ordentlichen, einmal jährlich stattfindenden Generalversammlung traktandiert wird, ist die Einberufung einer ausserordentlichen Generalversammlung notwendig, wozu die peinlich genaue Einhaltung der gesetzlich vorgeschriebenen Einberufungsformalitäten in Erinnerung zu rufen ist.

Es obliegt schliesslich dem Verwaltungsrat, dafür besorgt zu sein, dass die Anmeldung der veränderten Tatsachen beim zuständigen Handelsregisteramt erfolgt.

Besonderes Augenmerk muss der Vollständigkeit der einzureichenden Belege gewidmet werden.

Je nach vollzogener Änderung sind dies

◆ öffentliche Urkunde über die Statutenänderung
◆ beglaubigte geänderte Fassung der Statuten
◆ Prüfungsbericht der Revisionsstelle
◆ Annahmeerklärung neuer Mitglieder des Verwaltungsrats, deren Unterschriften zu beglaubigen sind
◆ Domizilbestätigung seitens des neu zuständigen Handelsregisteramts
◆ beglaubigte Protokolle

Falls die die Anmeldung unterzeichnenden Verwaltungsräte erstmals für die Gesellschaft zeichnen, sind auch deren Unterschriften beglaubigen zu lassen.

Aktionärbindungsvertrag

zwischen

1. Klaus Muster, Bahnhofstrasse, 8304 Wallisellen

2. Heidi Klauser, Vordere Gasse, 8001 Zürich

3. Yolanda Braun, Bahnhofstrasse, 8304 Wallisellen

Die oben genannten Aktionäre der Muster AG, Bahnhofstrasse, 8001 Zürich, einigen sich im Bestreben, die Beziehungen zwischen den Aktionären der Gesellschaften über die Statuten hinaus zu regeln und eine gedeihliche Zusammenarbeit zu gewährleisten, wie folgt:

1. Vorkaufsrecht

Will ein Aktionär seine Aktien einem Dritten verkaufen, der nicht selber Aktionär der Muster AG ist, steht den Mitaktionären ein Vorkaufsrecht zu, das mit Ablauf von 90 Tagen seit dem Zeitpunkt, in dem die Berechtigten Kenntnis von den Verkaufsabsichten erhalten haben, ausgeübt werden muss. Dasselbe gilt für den Fall des beabsichtigten Aktienverkaufs an einen Mitaktionär der Gesellschaft, diesfalls für die übrigen in diesem Aktionärbindungsvertrag eingebundenen Aktionäre.

Der Verkäufer muss den Entwurf zu einem Kaufvertrag mit dem Dritten allen Vertragspartnern dieser Vereinbarung schriftlich und mit eingeschriebener Post zustellen.

Wollen mehrere Mitaktionäre ihr Vorkaufsrecht ausüben, werden die Aktien im Verhältnis ihres bisherigen Aktieneigentums an sie veräussert.

Zur Sicherung dieses Vorkaufsrechts werden alle Aktien der Gesellschaft beim Rechtsanwalt Dr. T. Kauer, Bahnhofstrasse, 8001 Zürich, hinterlegt.

2. Verwaltungsrat

Jeder der Erstunterzeichner dieses Aktionärbindungsvertrags, nicht aber ihre Rechtsnachfolger oder Dritte, die zu einem späteren Zeitpunkt Aktien der Muster AG erwerben und dieser Vereinbarung beitreten, hat Anspruch auf einen persönlichen, nicht delegierbaren Sitz im Verwaltungsrat der Muster AG.

3. Grundsätze über die Verwendung des Reingewinns

Die Parteien sind sich darüber einig, dass die erwirtschafteten Gewinne auch zur Bildung von freien Reserven sowie zur Verstärkung der Eigenkapitalbasis verwendet werden sollen.

Grundsätzlich sollen jeweils 10% des ausgewiesenen Reingewinns den freien Reserven zugewiesen werden; davon unberührt bleiben die Reservenspeisungen gemäss Gesetz.

Über die Verwendung des restlichen Reingewinns entscheidet die Generalversammlung, wobei jeder Aktionär, so er Partei dieses Aktionärbindungsvertrags ist, das Recht besitzt zu verlangen, dass mindestens 20% des im vorangegangenen Geschäftsjahres erwirtschafteten Reingewinns ausgeschüttet wird.

4. Beschlussfassung in der Generalversammlung

Die Generalversammlung der Muster AG fasst ihre Beschlüsse und vollzieht ihre Wahlen grundsätzlich ohne Rücksicht auf die Anzahl der anwesenden Aktionäre und der vertretenen Aktienstimmen, es sei denn, Gesetz, Statuten oder diese Vereinbarung sähen etwas anderes vor.

Handelt es sich um
a) eine Änderung der Statuten
b) die Erhöhung oder Herabsetzung des Aktienkapitals
c) die Erweiterung oder Verengung des Geschäftsbereichs
d) die Auflösung der Gesellschaft oder deren Fusion mit einer anderen Gesellschaft

ist zur rechtskräftigen Beschlussfassung die Zustimmung von mindestens 75% sämtlicher Aktien der Gesellschaft erforderlich.

Wenn an einer Generalversammlung die zur Beschlussfassung gemäss vorstehender Bestimmungen erforderliche Anzahl Aktien nicht vertreten sein sollte, kann auf einen spätestens 30 Tagen darauf folgenden Termin eine zweite Generalversammlung einberufen werden, die unter Vorbehalt von Art. 704 OR ohne Rücksicht auf die Zahl der vertretenen Aktien mit einfacher Mehrheit beschliesst.

5. Unkündbarkeit dieser Vereinbarung

Die vorliegende Vereinbarung ist mit dem Eigentum an den Aktien der Muster AG verknüpft und deshalb unkündbar.

Verkauft ein Aktionär seine Aktien an einen Dritten, hat er das Zustandekommen des entsprechenden Vertrags vom formellen Beitritt des neuen Aktionärs zu diesem Aktionärbindungsvertrag abhängig zu machen.

Verletzt eine diesen Aktionärbindungsvertrag unterzeichnende Partei eine vertragliche Vereinbarung, hat sie eine Konventionalstrafe in Höhe des zwanzigfachen Nominalwertes der von ihr gemäss dem vorliegenden Vertrag gehaltenen Aktien an die Gesellschaft zu zahlen. Davon unberührt bleiben mögliche Schadenersatzforderungen der anderen Vertragspartner.

6. Anwendbares Recht

Die vorliegende Vereinbarung unterliegt schweizerischem Recht.

7. Gerichtsstand

Gerichtsstand für Streitigkeiten aus diesem Vertrag ist Zürich.

Zürich, _____

_____
(Klaus Muster)

_____
(Heidi Klauser)

_____
(Yolanda Braun)

Gründungskosten

Will man die Gründung einer Aktiengesellschaft einem Gründungsexperten übertragen, beträgt das dafür zu zahlende Gründungshonorar für einfache Fälle mindestens Fr. 1500.–.

Dazu kommen Spesen und staatliche Abgaben wie 3% Eidgenössischer Stempel auf dem nominellen Aktienkapital bzw. einem allfälligen höheren Aktienpreis.

Unterhaltskosten

Soll die gegründete Aktiengesellschaft als reine Domizilgesellschaft ausgestaltet sein, wird der Domizilgeber (beispielsweise eine Treuhandunternehmung) dafür jährliche Gebühren verlangen, die in der Regel mindestens Fr. 1500.– pro Jahr ausmachen.

Weitere Dienstleistungen wie Umleiten der Post, Fakturierungen usw. schlagen zusätzlich zu Buch.

Verwaltungsratshonorar

Die Honorierung der Mitglieder des Verwaltungsrats einer Aktiengesellschaft schwankt beträchtlich und hängt nicht zuletzt von der Grösse der Gesellschaft, dem Arbeitsaufwand und schliesslich ganz entscheidend von der Persönlichkeit des Verwaltungsratsmitglieds ab.

Mögen in einfachen Verhältnissen Ansätze von Fr. 3000.– pro Jahr zur Anwendung kommen (wobei die zeitliche Beanspruchung des Verwaltungsrats nur minimale Ausmasse annehmen darf), führen anspruchsvollere Mandate bald einmal zu Honorarsätzen weit über Fr. 10 000.– im Jahr.

Es ist empfehlenswert, die Auswahl von Verwaltungsratsmitgliedern umsichtig vorzunehmen, insbesondere auf die Übereinstimmung zwischen den Fähigkeiten der Persönlichkeit und den Ansprüchen der Gesellschaft zu achten.

Kauf einer Aktiengesellschaft

Gegenstand des Kaufs einer Aktiengesellschaft sind streng genommen lediglich die Aktien. Wenngleich neuere Rechtssprechung im Falle des Erwerbs sämtlicher Aktien einer Gesellschaft den Bogen weiter spannt, als es für den Kauf von Wertpapieren eigentlich angebracht wäre, ist es dringend zu empfehlen, im entsprechenden Kaufvertrag nicht nur die Bedingungen für den rechtlichen Übergang von Wertpapieren zu formulieren. Vielmehr muss klargemacht werden, dass es sich um den Erwerb einer kompletten Unternehmung bzw. eines Teils davon handelt. Damit verbunden sind Vereinbarungen über die Gewährleistungspflichten des Verkäufers, dessen Haftung usw.

Jenen Lesern, die darüber vertiefende Literatur suchen, sei unter anderem das Buch «Kauf und Verkauf von kleinen und mittelgrossen Unternehmungen» empfohlen, das im selben Verlag vom Autor dieses Buches erschienen ist.

Anstatt eine Aktiengesellschaft neu zu gründen, mag der Erwerb einer bereits bestehenden verlockende Vorteile bieten, so zum Beispiel wegen der mit der Lebensdauer der Gesellschaft verbundenen Kreditwürdigkeit.

Allerdings muss der Kaufpreis in Relation zu den Gründungskosten gesetzt werden, und dann sind zumindest finanzielle Vorteile nicht mehr erkennbar, denn auch der Erwerb einer inaktiven Gesellschaft (Mantel) verursacht Stempelsteuerfolgen.

Weiter kann sich später die Vergangenheit der erworbenen Gesellschaft gegen den Käufer auswirken, so dass die Alternative Kauf nur nach sorgfältiger vorheriger Abklärung empfehlenswert ist.

Informationsanbieter zum Thema «Europäische Gemeinschaft»

Für kleinere und mittelgrosse Betriebe ist es schier unmöglich, die Flut von Richtlinien und Verordnungen laufend zu sichten und auszuwerten, die jährlich von der immensen Heerschar der EG-Beamten produziert wird.

Allein das Amtsblatt der EG veröffentlicht jährlich an die 50 000 Seiten neuer Bestimmungen aus den Federn der an die 20 000 Köpfe zählenden EG-Beamtenschaft.

So sind die von einigen Dienstleistungsanbietern zur Verfügung gestellten Informationen eine wirksame Hilfe, wenn es darum geht, spezifische Themen dem Dickicht vorhandener EG-Regeln zu entreissen.

Die Adressen bekannter schweizerischer Informationsanbieter sollen den Interessenten dazu dienen, im Bedarfsfall eine Anlaufstelle für vertiefende Auskünfte zu speziellen Fragen im Zusammenhang mit der Europäischen Gemeinschaft bzw. dem EWR-Vertragswerk zu kennen.

Eidgenössisches Volkswirtschaftsdepartement
Integrationsbüro
Bundeshaus Ost
Postfach

3003 **Bern**

Telefon: 031/61 26 38

Schweizerische Zentrale für Handelsförderung Osec
Euro-Dienst
Dr. Georg Dobrovolny
Stampfenbachstrasse 85

8035 **Zürich**

Telefon: 01/365 51 51

Euro Info Centre
Dr. Bettina S. Hurni
98, rue de St-Jean

1211 **Genève** 11

Telefon: 022/715 32 54

Basler Handelskammer
Euro-Guichet
Hans-Ruedy Grünfelder
Postfach

4001 **Basel**

Telefon: 061/272 18 88

Der Anhang als Bestandteil der Jahresrechnung

Das revidierte Aktienrecht schreibt nunmehr zwingend vor, dass neben der Bilanz und der Erfolgsrechnung (Gewinn- und Verlustrechnung) auch ein Anhang zu erstellen ist.

Gleichzeitig zitiert das Gesetz präzis den Inhalt dieses Anhangs, der hier wiedergegeben wird:

1. Gesamtbetrag der Bürgschaften, Garantieverpflichtungen und Pfandbestellungen zugunsten Dritter
2. Gesamtbetrag der zur Sicherung eigener Verpflichtungen verpfändeter oder abgetretener Aktiven sowie der Aktiven unter Eigentumsvorbehalt
3. Gesamtbetrag der nicht bilanzierten Leasingverbindlichkeiten
4. Brandversicherungswerte der Sachanlagen
5. Verbindlichkeiten gegenüber Vorsorgeeinrichtungen
6. Beträge, Zinssätze und Fälligkeiten der von der Gesellschaft ausgegebenen Anleihensobligationen
7. Beteiligungen, die für die Beurteilung der Vermögens- und Ertragslage der Gesellschaft wesentlich sind
8. Gesamtbetrag der aufgelösten Wiederbeschaffungsreserven und der darüber hinausgehenden stillen Reserven, soweit dieser Gesamtbetrag die neugebildeten derartigen Reserven übersteigt, wenn dadurch das erwirtschaftete Ergebnis wesentlich günstiger dargestellt wird
9. Angaben über Gegenstand und Betrag von Aufwertungen
10. Angaben über Erwerb, Veräusserung und Anzahl der von der Gesellschaft gehaltenen eigenen Aktien, einschliesslich ihrer Aktien, die eine andere Gesellschaft hält, an der sie mehrheitlich beteiligt ist; anzugeben sind auch die Bedingungen, zu denen die Gesellschaft die eigenen Aktien erworben oder veräussert hat
11. Betrag der genehmigten und der bedingten Kapitalerhöhung
12. Zusätzliche vom Gesetz vorgeschriebene Angaben

◆ Zum Beispiel:
Gesellschaften, deren Aktien an der Börse kotiert sind, müssen im Anhang bedeutende Aktionäre und deren Beteiligung bekanntgeben.

Grundsätze ordnungsgemässer Rechnungslegung

Das neue Aktienrecht beschreibt erstmals international anerkannte Grundsätze der Rechnungslegung, wie sie für kleinere und mittelgrosse Gesellschaften zur Anwendung kommen müssen. Für Aktiengesellschaften, deren Titel an einer Börse kotiert sind, wird das dereinst aus der Taufe gehobene Börsengesetz wesentlich strengere Kriterien formulieren, was aufgrund der besonderen wirtschaftlichen Bedeutung verständlich scheint.

Der entsprechende Artikel 662a OR beschreibt in Form einer Generalklausel die Grundsätze der ordnungsgemässen Rechnungslegung, die interpretiert werden müssen.

1. Vollständigkeit der Jahresrechnung

Sämtliche als wesentlich qualifizierten Sachverhalte müssen in der Jahresrechnung (die bekanntlich nebst Bilanz und Erfolgsrechnung auch den Anhang umfasst) zum Ausdruck kommen.

Dazu zählen insbesondere auch:
– zeitliche und sachliche Abgrenzungen von Aufwand und Ertrag
– Auflistung aller Eventualverbindlichkeiten der Gesellschaft
– Beachtung des Grundsatzes der wirtschaftlichen Betrachtungsweise

2. Klarheit

Diese Vorschrift lehnt sich an eine andere Bestimmung des Obligationenrechts an. Für die buchführungspflichtigen Gesellschaften schreibt das Gesetz die Beachtung von Bilanzwahrheit und -klarheit zwingend als einer der zentralen Bilanzgrundsätze vor.

Wenngleich damit ein gewisser Interpretationsspielraum bestehen bleibt, hat die Praxis Empfehlungen zur Bilanzwahrheit und -klarheit formuliert.

Die Bilanz soll für einen aussenstehenden durchschnittlichen Bilanzleser weder irreführend noch täuschend sein.

Sie soll einem verständlichen Gliederungsschema folgen.

3. Wesentlichkeit der Angaben

Wesentlich sind sämtliche Angaben, die das Urteil des Bilanzlesers entscheidend beeinflussen.

Sowohl quantitative Kriterien als auch (und in besonderem Ausmass) qualitative Kriterien vermögen im konkreten Einzelfall eine Hilfestellung bei der Qualifizierung eines Sachverhalts als wesentlich oder eben unwesentlich leisten; gewisse Spielräume als Folge unterschiedlicher Beurteilung bleiben jedoch wohl immer bestehen.

Quantitative Kriterien

- Umlaufvermögen
- Anlagevermögen
- Fremdkapital
- Eigenkapital
- Bilanzsumme
- Umsatz
- Aufwand
- Jahreserfolg vor/nach Steuern
  usw.

Qualitative Kriterien

Dabei geht es vor allem um die Beeinflussung des künftigen Unternehmenserfolgs durch Sachverhalte, die von der Gesellschaft im Zeitpunkt der Erstellung der Jahresrechnung erkannt worden sind.

Als Beispiele mögen Rückstellungen für zukünftige Garantieverpflichtungen oder für Währungsverluste dienen, ebenso absehbare oder mögliche Veränderungen des relevanten gesetzlichen Umfelds (beispielsweise Verschärfung der Produktehaftpflicht) oder forschungsbedingte Entwertungen bestehender Patente.

Es wird in Zukunft auch für kleinere und mittelgrosse Unternehmungen bedeutsam sein, zur Minimierung der Gefahr von Verantwortlichkeitsklagen solche qualitativen Überlegungen sorgfältig einfliessen zu lassen.

4. Vorsicht

Jeder Anfänger im Buchhaltungsunterricht lernt bald, was unter dem Prinzip der vorsichtigen Bilanzierung zu verstehen ist: die Aktiven dürfen keinesfalls zu hoch, die Verbindlichkeiten nicht zu tief ausgewiesen werden; zur Not sollen überdies der Aufwand eher zu hoch und die Erträge eher zu tief dargestellt werden.

Tiefstapeln heisst die Devise, was namentlich das zumindest in der Handelsbilanz gültige Prinzip der Bildung unbeschränkter stiller Reserven unterstützt.

Diesem Grundsatz, welcher der internationalen Norm des «true and fair view» krass widerspricht, setzt das revidierte Aktienrecht wenig entgegen. Lediglich der Saldo der aufgelösten stillen Reserven muss im Anhang erwähnt werden, und dies auch nur dann, wenn dadurch das Unternehmensergebnis wesentlich günstiger dargestellt werden konnte.

5. Fortführung der Unternehmenstätigkeit

Meistens zeigen Bilanz und Erfolgsrechnung Werte, die als sogenannte Fortführungswerte gelten. Die Gesellschaft beabsichtigt, ihre wirtschaftliche Tätigkeit auch in Zukunft fortzusetzen.

In einigen Fällen allerdings kommen auch sogenannte Liquidations- oder Auflösungswerte zum Ausdruck. Wenn eine Gesellschaft beispielsweise wegen Illiquidität oder Überschuldung vor ihrer Auflösung steht, sind diese in die Jahresrechnung aufzunehmen.

Liquidations- oder Auflösungswerte sind in aller Regel bedeutend tiefer angesetzt als sogenannte «going concern»-Werte.

6. Stetigkeit in Darstellung und Bewertung

Der Sinn dieser Vorschrift liegt darin, dass der Gesetzgeber die Vergleichbarkeit im Zeitablauf verbessern wollte.

Willkürlichen Änderungen etwa des Bilanzgliederungsschemas soll damit ein Riegel geschoben werden.

Im materiellen Bereich setzt das neue Recht hinsichtlich der Kontinuität der Bewertungsregeln – Stichwort: Abschreibungen und Wertberichtigungen – ein Signal. Hier gilt indessen der gleiche Vorbehalt in bezug auf die Bildung und Auflösung von stillen Reserven, wie er vorhin bereits angebracht worden ist.

An dieser Stelle sei insbesondere auf die ebenfalls im Anhang aufgeführten Empfehlungen der FER verwiesen.

7. Unzulässigkeit der Verrechnung von Aktiven und Passiven sowie von Aufwand und Ertrag

Diese auch im Dienste von Bilanzwahrheit und -klarheit stehende Vorschrift verlangt den Bruttoausweis der einzelnen Positionen.

Eine Verrechnung ist jedoch nicht unter allen Umständen verboten; Saldierung ist so lange erlaubt, als damit keine Verletzung des Prinzips der Wesentlichkeit eintritt.

Das Gesetz lässt im übrigen Abweichungen von der Stetigkeit der Darstellung und Bewertung sowie vom Verrechnungsverbot zu, wenn sie im Anhang begründet werden; Ausnahmen vom Grundsatz der Fortführung der Unternehmenstätigkeit schafft die Praxis automatisch selber!

Gliederungsvorschriften nach neuem Aktienrecht

Das revidierte Recht verlangt minimale Gliederungsstrukturen für die Bilanz und die Erfolgsrechnung sowie die Gegenüberstellung mit den Vorjahreszahlen.

Ferner wurde eine Veränderung in der Terminologie realisiert, indem das Ergebnis in der Erfolgsrechnung künftig Jahresgewinn bzw. Jahresverlust heisst; in der Bilanz auf der anderen Seite lautet das Resultat dann Bilanzgewinn bzw. Bilanzverlust.

Mindestgliederung der Erfolgsrechnung

- **Betriebsaufwand**
  - Material- und Warenaufwand
  - Personalaufwand
  - Finanzaufwand
  - Abschreibungen
  - Übriger Betriebsaufwand
- **Betriebsfremder Aufwand**
- **Ausserordentlicher Aufwand**
- **Jahresgewinn**

- **Betriebsertrag**
  - Erlös aus Lieferungen und Leistungen
  - Finanzertrag
  - Übriger Betriebsertrag

- **Betriebsfremder Ertrag**
- **Ausserordentlicher Ertrag**
- **Jahresverlust**

Mindestgliederung der Bilanz

Aktiven

- **Umlaufvermögen**
  - Liquide Mittel
  - Forderungen aus Lieferungen und Leistungen
  - Andere Forderungen
  - Vorräte
  - Forderungen gegenüber nahestehenden Gesellschaften und Aktionären
  - Übriges Umlaufvermögen
  - Aktive Rechnungsabgrenzungsposten

Passiven

- **Anlagevermögen**
  - Verbindlichkeiten aus Lieferungen und Leistungen
  - Andere kurzfristige Verbindlichkeiten
  - Passive Rechnungsabgrenzungsposten
  - Verbindlichkeiten gegenüber nahestehenden Gesellschaften und Aktionären
  - Langfristige Verbindlichkeiten
  - Rückstellungen

♦ **Anlagevermögen**

- Sachanlagen
- Finanzanlagen
  - Beteiligungen
  - Lanfristige Guthaben gegenüber nahestehenden Gesellschaften und Aktionären
  - andere Finanzanlagen
- Immaterielle Anlagen
  - Gründungs-, Kapitalerhöhungs- und Organisationskosten
  - andere immaterielle Anlagen
- Nicht eingezahltes Aktienkapital
- Bilanzverlust

♦ **Eigenkapital**

- Aktienkapital
- PS-Kapital
- Gesetzliche Reserven
- Reserven für eigene Aktien
- Aufwertungsreserven
- Andere Reserven
- Bilanzgewinn

Gliederung der Jahresrechnung nach dem deutschen Bilanzrichtlinien-Gesetz

Mit dem Bilanzrichtlinien-Gesetz hat Deutschland EG-Richtlinien zur Rechnungslegung praktisch unverändert ins eigene Gesetz übergeführt. Deshalb sind die deutschen Bestimmungen gut geeignet, die EG-Richtlinien zu diesem Thema verkürzt zu veranschaulichen.

Der Grundgedanke der Rechnungslegung basiert auf dem Konzept des «true and fair view», was insbesondere eine willkürliche Bildung oder Auflösung von stillen Reserven verbietet.

Die Bilanzierung muss zu Anschaffungs- oder Herstellkosten erfolgen, und das Anlagevermögen hat brutto aufgeführt zu sein. Im Anhang sind unter anderem die Bewegungen der Anschaffungskosten, die kumulierten Abschreibungen sowie die Nettowerte der Anlagen zu zeigen, was eine detaillierte Anlagebuchhaltung voraussetzt.

Ebenfalls in den Anhang gehören bedeutsame Informationen zu vorhandenen Beteiligungen, Bezügen der Verwaltungs-, Geschäftsführungs- und Aufsichtsorgane sowie die entsprechenden Pensionsverpflichtungen.

Für die Gliederung von Bilanz und Erfolgsrechnung gelten im Falle grosser Gesellschaften detailliertere Vorschriften.

Die Jahresrechnung muss offengelegt werden, das heisst dem zuständigen Handelsregisteramt zuhanden interessierter Dritter zugestellt und – wenn es sich um grosse Gesellschaften handelt – zusätzlich im Handelsamtsblatt publiziert werden.

Auf den folgenden Seiten sind die Gliederungskriterien der Bilanz und der Erfolgsrechnung dargestellt.

Bilanz

Aktiven	Passiven

Aktiven

ANLAGEVERMÖGEN

Immaterielle Vermögensgegenstände
Konzessionen, gewerbliche Schutzrechte und
 ähnliche Rechte und Werte sowie Lizenzen
 an solchen Rechten und Werten
Geschäfts- und Firmenwert
Geleistete Anzahlungen
Sachanlagen
Grundstücke, grundstücksgleiche Rechte und
 Bauten einschliesslich der Bauten auf frem-
 den Grundstücken
Technische Anlagen und Maschinen
Andere Anlagen, Betriebs- und Geschäftsaus-
 stattung
Geleistete Anzahlungen und Anlagen im Bau
Finanzlagen
Anteile an verbundenen Unternehmen
Ausleihungen an verbundenen Unternehmen
Beteiligungen
Ausleihungen an Unternehmen, mit denen ein
 Beteiligungsverhältnis besteht
Wertpapiere des Anlagevermögens
Sonstige Ausleihungen

Umlaufvermögen

Vorräte
Roh-, Hilfs- und Betriebsstoffe
Unfertige Erzeugnisse und Leistungen
Fertige Erzeugnisse und Waren
Geleistete Anzahlungen
Forderungen und sonstige Vermögensgegen-
 stände
Forderungen aus Lieferungen und Leistungen
Forderungen gegen verbundene Unternehmen
Forderungen gegen Unternehmen, mit denen

Passiven

EIGENKAPITAL

Gezeichnetes Kapital
Kapitalrücklage
Gewinnrücklagen
Gesetzliche Rücklage
Rücklage für eigene Anteile
Satzungsmässige Rücklagen
Andere Gewinnrücklagen
Gewinn/Verlust-Vortrag
Jahresüberschuss/Jahresfehlbe-
 trag

Rückstellungen
Rückstellungen für Pensionen
 und ähnliche Verpflichtungen
Steuerrückstellungen
Sonstige Rückstellungen

Verbindlichkeiten
Anleihen, davon konvertibel
Verbindlichkeiten gegenüber
 Kreditinstituten
Erhaltene Anzahlungen auf Be-
 stellungen
Verbindlichkeiten aus Lieferun-
 gen und Leistungen
Verbindlichkeiten aus der Annah-
 me gezogener Wechsel und
 der Ausstellung eigener
 Wechsel

ein Beteiligungsverhältnis besteht
Sonstige Vermögensgegenstände
Wertpapiere
Anteile an verbundenen Unternehmen
Eigene Anteile
Sonstige Wertpapiere
Schecks, Kassenbestand, Bundesbank- und
    Postgiroguthaben, Guthaben bei Kredit-
    instituten
Rechnungs-Abgrenzungsposten

Verbindlichkeiten gegenüber ver-
    bundenen Unternehmen
Verbindlichkeiten gegenüber Un-
    ternehmen, mit denen ein Be-
    teiligungsverhältnis besteht
Sonstige Verbindlichkeiten,
– davon aus Steuern
– davon im Rahmen der sozialen
    Sicherheit
Rechnungs-Abgrenzungsposten

Gewinn- und Verlustrechnung

Gesamtkostenverfahren

Umsatzerlöse*
Erhöhung oder Verminderung des Bestandes an fertigen und unfertigen Erzeugnissen*
Andere aktivierte Eigenleistungen*
Sonstige betriebliche Erträge*
Materialaufwand*
Aufwendungen für Roh-, Hilfs- und Betriebsstoffe und für bezogene Waren*
Personalaufwand
Löhne und Gehälter
Soziale Abgaben und Aufwendungen für Altersversorgung und für Unterstützung, davon für Altersversorgung
Abschreibungen
– auf immateriellen Vermögensgegenständen des Anlagevermögens und Sachanlagen sowie auf aktivierten Aufwendungen für die Ingangsetzung und Erweiterung des Geschäftsbetriebs
– auf Vermögensgegenständen des Umlaufvermögens, soweit diese in der Kapitalgesellschaft übliche Abschreibungen überschreiten
Sonstige betriebliche Aufwendungen
Erträge aus Beteiligungen, davon aus verbundenen Unternehmen
Erträge aus anderen Wertpapieren und Ausleihungen des Finanzanlagevermögens, davon aus verbundenen Unternehmen
Sonstige Zinsen und ähnliche Erträge, davon aus verbundenen Unternehmen
Abschreibungen auf Finanzanlagen und auf Wertpapieren des Umlaufvermögens
Zinsen und ähnliche Aufwendungen, davon aus verbundenen Unternehmen
Ergebnis der gewöhnlichen Geschäftstätigkeit
Ausserordentliche Erträge
Ausserordentliche Aufwendungen
Ausserordentliches Ergebnis
Steuern vom Einkommen und vom Ertrag
Sonstige Steuern
Jahresüberschuss/Jahresfehlbetrag

Umsatzkostenverfahren

Umsatzerlöse*
Herstellungskosten der zur Erzielung der Umsatzerlöse erbrachten Leistungen*
Bruttoergebnis vom Umsatz*
Vertriebskosten
Allgemeine Verwaltungskosten
Sonstige betriebliche Erträge*
Sonstige betriebliche Aufwendungen
Erträge aus Beteiligungen, davon aus verbundenen Unternehmen
Sonstige Zinsen und ähnliche Erträge, davon aus verbundenen Unternehmen
Abschreibungen auf Finanzanlagen und auf Wertpapieren des Umlaufvermögens
Zinsen und ähnliche Aufwendungen, davon aus verbundenen Unternehmen
Ergebnis der gewöhnlichen Geschäftstätigkeit
Ausserordentliche Erträge
Ausserordentliche Aufwendungen
Ausserordentliches Ergebnis
Steuern vom Einkommen und vom Ertrag
Sonstige Steuern
Jahresüberschuss/Jahresfehlbetrag

Die Gliederungstiefe der Gewinn- und Verlustrechnung gilt für alle Grössenklassen. Einzig kleine und mittlere Kapitalgesellschaften dürfen die mit einem Stern (*) bezeichneten Positionen zum «Rohergebnis» zusammenfassen.

Fachempfehlungen zur Rechnungslegung (FER) in der Schweiz

Auf Initiative der Schweizerischen Treuhandkammer wurde 1984 eine Stiftung gegründet, die laufend Empfehlungen zur Rechnungslegung abgibt.

In der Fachkommission sitzen namhafte Persönlichkeiten aus Wirtschaft, Lehre, Politik und aus der Revisionsbranche, die ausgewählte Empfehlungen nach einem ausführlichen Vernehmlassungsverfahren publizieren.

Diese freiwilligen Richtlinien suchen eine gewisse Vereinheitlichung der Rechnungslegung in der Schweiz zu erreichen; auch eine pragmatische Annäherung an die entsprechenden EG-Vorschriften wird damit bezweckt.

Die FER beschränkt sich in ihrer Arbeit auf das Erstellen von Richtlinien für die Darstellung der Jahresrechnung sowie für die Konzernrechnung.

Bis heute sind die unten beschriebenen Empfehlungen der FER entstanden, welche den Rahmen der gesetzlichen Minimalvorschriften überschreiten.

Bestandteile der Jahresrechnung

♦ Bilanz
♦ Erfolgsrechnung
♦ Angaben zum Mittelfluss
♦ Vorjahresvergleiche
♦ Anhang mit Angabe der Bewertungsgrundsätze und weiteren, vom Gesetz verlangten Kommentaren

Konzernrechnung

Die Fachempfehlungen zur Rechnungslegung im Konzern werden als Meilenstein beschrieben, gaben sie doch – noch bevor das neue Aktienrecht die Pflicht zur Erstellung einer Konzernrechnung bestimmte – ziemlich präzise Anweisungen zu den Grundsätzen einer als ordnungsgemäss definierten Darstellung.

So sollen etwa die lokalen Abschlüsse der Tochtergesellschaften, die vornehmlich von den entsprechenden gesetzlichen und steuerlichen Überlegungen geprägt sind, nicht einfach zusammengezählt und umgerechnet werden, sondern nach Umformung in einem konzerneinheitlichen Bewertungs- und Gliederungsverfahren in die Konzernrechnung einfliessen.

In einem Anhang zur Konzernrechnung sollen die Grundsätze der Konsolidierung dargestellt werden, namentlich

– Umschreibung des Konsolidierungskreises
– Angabe der Bewertungsgrundsätze
– Angaben zur Fremdwährungsumrechnung
– Behandlung von Zwischengewinnen
– Nachweis der Veränderung des Eigenkapitals des Konzerns
usw.

142

Minimale Gliederung einer schweizerischen Bilanz und Erfolgsrechnung

BILANZ am 31. Dezember 19...

Aktiven

Immaterielle Anlagen
Sachanlagen
Finanzanlagen
Total Anlagevermögen
Vorräte
Forderungen
Wertpapiere
Flüssige Mittel
Total Umlaufvermögen
Rechnungsabgrenzungsposten

Passiven
Aktienkapital
Kapitalrücklage (Agio)
Gewinnreserven
Gewinn des Geschäftsjahres
Total Eigenkapital
Total Rückstellungen
Total Verbindlichkeiten
– davon mit Restlaufzeit bis 1 Jahr
Rechnungsabgrenzungsposten

ERFOLGSRECHNUNG für 19...

Umsatzerlöse
Betriebliche Aufwendungen
Betriebsergebnis
Erträge aus Finanzanlagen
Aufwendungen aus Finanzanlagen
Steuern aus normaler Geschäftstätigkeit
Ergebnis der normalen Geschäftstätigkeit
Ausserordentliche Erträge
Ausserordentliche Aufwendungen
Ausserordentliches Ergebnis
Steuern auf dem ausserordentlichen Ergebnis
Gewinn des Geschäftsjahres

Die Sonderprüfung

Eine der zentralen Neuerungen im revidierten Aktienrecht ist die als Verstärkung der Aktionärsrechte gedachte Sonderprüfung.

Bereits im alten Gesetz standen den Aktionären mit der Möglichkeit der Verantwortlichkeitsklage Wege zum Schutz ihrer berechtigten Interessen offen. Allerdings setzte dies Wissen über begangene Fehler der Organe voraus, woran es eben gerade vielfach mangelte.

Mit dem Instrument der Sonderprüfung sollen die Aktionäre in die Lage versetzt werden, die erforderlichen Informationen auch gegen den Widerstand des Verwaltungsrats zu erhalten, wodurch sie im Ernstfall zu einer ernstzunehmenden Kraft werden können.

Die Einleitung einer Sonderprüfung ist jederzeit möglich und unterliegt keiner sachlichen Beschränkung.

Während bereits früher Generalversammlungsbeschlüsse eine Prüfung der Geschäftsleitungstätigkeit veranlassen konnten, stellt die Sonderprüfung eine merkliche Erweiterung des bisherigen Rechts dar, zumal sie unter richterlicher Mitwirkung stattfindet.

Allerdings sind mit dem Institut der Sonderprüfung auch Probleme verbunden. Bekanntlich unterliegt der Aktionär keiner Treuepflicht gegenüber «seiner» Gesellschaft; die Weitergabe sensibler Informationen an Konkurrenten als Folge einer durchgeführten Sonderprüfung wäre nicht zu verhindern.

Aus diesem Grunde schreibt das Gesetz den mit der Sonderprüfung beauftragten Personen eine Schweigepflicht vor. Der Prüfer darf in seinem Bericht zuhanden der Generalversammlung keine elementaren Geschäftsgeheimnisse preisgeben.

Ablauf einer Sonderprüfung

a) Antrag auf Sonderprüfung

Der Antrag auf Sonderprüfung muss der Wahrung von Aktionärsrechten dienen und kann erst gestellt werden, nachdem der zur Information angehaltene Verwaltungsrat nicht oder nur unzureichend dem Begehren nachgekommen ist.

b) Anrufung des Richters

Voraussetzung dazu ist entweder ein Beschluss der Generalversammlung oder die Tatsache, dass die Antragssteller mindestens 10% des Aktienkapitals auf sich vereinigen oder Aktien im Nominalwert von wenigstens 2 Millionen Franken besitzen.

c) Entscheid des Richters

Der Richter entscheidet aufgrund ihm vorliegender Informationen. Er muss eine Schädigung von Gesellschafts- oder Aktionärsrechten zweifelsfrei erkennen, also einen Verstoss gegen Gesetz oder Statuten klar feststellen.

d) Einsetzung des Sonderprüfers

Der Richter beauftragt eine geeignete Person bzw. Gesellschaft (zum Beispiel Rechtsanwalt, Bücherexperten, anerkannte Treuhandgesellschaft usw.), die in jeder Hinsicht von der zu prüfenden Unternehmung unabhängig sein muss.

e) Durchführung der Sonderprüfung

Der mit der Prüfung Betraute darf nur den kritisierten Sachverhalt abklären, also keine Generaluntersuchung einleiten. Er ist sodann lediglich legitimiert, bestimmte Sachverhalte herauszufinden und darzustellen, was in einem später möglichen Rechtsstreit durch die Justiz zu würdigen ist. Eine Würdigung ist ihm ausdrücklich nicht erlaubt.

f) Bericht des Sonderprüfers

Der Richter entscheidet aufgrund des ihm vom Sonderprüfer vorgelegten Berichts, ob allenfalls gewisse Interna aus berechtigten Schutzgründen weggelassen werden müssen. Er hat die im Einzelfall gewiss nicht leichte Aufgabe, zwischen den legitimen Interessen der Aktionäre auf Auskunftserteilung und jenen ebenso gesetzlich geschützten Geheimhaltungsinteressen der Gesellschaft zu entscheiden. Die praktischen Auswirkungen dieser Interessensabwägung werden sich in den kommenden Jahren zeigen.

g) Kosten der Sonderprüfung

Die direkten Kosten der Sonderprüfung werden der geprüften Gesellschaft aufgebürdet, wogegen die in einem eventuell später stattfindenden Prozess anfallenden Gerichtskosten der unterliegenden Partei zufallen.

Nur für den Fall einer rechtsmissbräuchlich veranlassten Sonderprüfung kann der Richter die Kosten der Sonderprüfung den Antragstellern zuweisen.

Es ist unbestreitbar, dass die Sonderprüfung im Dienste eines effizienten Minderheitenschutzes den Aktionären ein unter Umständen äusserst kraftvolles Instrument in die Hände gibt.

Vielleicht reicht diese potentielle Kraft bereits aus, in einigen Fällen den Verwaltungsrat zu einer kooperativeren Haltung gegenüber den Aktionären «seiner» Gesellschaft zu veranlassen, wodurch Sinn und Zweck der Sonderprüfung bereits zu grossen Stücken erfüllt wären.

Die Gewinn- und Kapitalsteuern in den einzelnen Kantonen
Direkte Bundessteuer, Kantons- und Gemeindesteuern

Kapital und versteuerte Reserven Fr. 1 000 000.–
Reingewinn vor Steuerabzug   Fr.   100 000.–

Rang	Kanton	Stadt	Gewinn- und Kapital- steuer	In % des Reingewinnes	
				vor Steuer- abzug	nach Steuer- abzug
1	Zug*	Zug	14 559.–	14,6	17,0
2	Appenzell I.-Rh.*	Appenzell**	18 757.–	18,8	23,1
3	Bern*	Bern	19 700.–	19,7	24,5
4	Nidwalden*	Stans	20 102.–	20,1	25,2
5	Freiburg*	Freiburg	20 551.–	20,6	25,9
6	Zürich	Zürich	20 604.–	20,6	25,9
7	Genf*	Genf	20 654.–	20,7	26,0
8	Schaffhausen*	Schaffhausen	20 755.–	20,8	26,2
9	Luzern*	Luzern	21 264.–	21,3	27,0
10	Thurgau*	Frauenfeld	21 274.–	21,3	27,0
11	Waadt*	Lausanne	21 706.–	21,7	27,7
12	St. Gallen*	St. Gallen**	21 799.–	21,8	27,9
13	Obwalden	Sarnen	21 956.–	22,0	28,1
14	Schwyz*	Schwyz	22 099.–	22,1	28,3
15	Wallis	Sitten**	22 747.–	22,7	29,4
16	Baselland*	Liestal	23 121.–	23,1	30,1
17	Glarus*	Glarus	23 238.–	23,2	30,3
18	Appenzell A.-Rh.	Herisau	24 039.–	24,0	31,7
19	Jura*	Delsberg	24 230.–	24,2	32,0
20	Solothurn*	Solothurn	24 253.–	24,3	32,0
21	Basel-Stadt*	Basel	24 380.–	24,4	32,2
22	Aargau*	Aarau**	25 141.–	25,1	33,6
23	Uri	Altdorf	25 439.–	25,4	34,1
24	Tessin	Bellinzona	26 020.–	26,0	35,2
25	Graubünden	Chur**	27 560.–	27,6	38,1
26	Neuenburg*	Neuenburg	28 655.–	28,7	40,1

*   Diese Kantone lassen den Abzug bezahlter Steuern zu.
** Die Gemeindesteuern sind in allen Gemeinden gleich hoch.

Quelle: Die Besteuerung der AG in der Schweiz, Cosmos Verlag AG, Bern, 4. Auflage 1990

Direkte Bundessteuer, Kantons- und Gemeindesteuern

Kapital und versteuerte Reserven   Fr. 50 000.–
Reingewinn vor Steuerabzug   Fr. 40 000.–

Rang	Kanton	Stadt	Gewinn- und Kapital- steuer	In % des Reingewinnes	
				vor Steuer- abzug	nach Steuer- abzug
1	Nidwalden*	Stans	7 138.–	17,8	21,7
2	Zug*	Zug	7 241.–	18,1	22,1
3	Schaffhausen*	Schaffhausen	7 552.–	18,9	23,3
4	Appenzell A.-Rh.	Herisau	7 957.–	19,9	24,9
5	Graubünden	Chur**	7 988.–	20,0	25,0
6	Bern*	Bern	8 281.–	20,7	26,1
7	St. Gallen*	St. Gallen**	9 037.–	22,6	29,2
8	Neuenburg*	Neuenburg	9 191.–	23,0	29,8
9	Jura*	Delsberg	9 213.–	23,0	29,9
10	Schwyz*	Schwyz	9 539.–	23,8	31,3
11	Appenzell I.-Rh*	Appenzell**	9 943.–	24,9	33,0
12	Obwalden	Sarnen	9 997.–	25,0	33,3
13	Waadt*	Lausanne	10 062.–	25,2	33,7
14	Uri	Altdorf	10 076.–	25,2	33,7
15	Aargau*	Aarau**	10 332.–	25,8	34,9
16	Glarus*	Glarus	10 522.–	26,3	35,7
17	Freiburg*	Freiburg	10 607.–	26,5	36,1
18	Thurgau*	Frauenfeld	10 717.–	26,8	36,6
19	Basel-Stadt*	Basel	11 139.–	27,8	38,7
20	Luzern*	Luzern	11 145.–	27,9	38,7
21	Solothurn*	Solothurn	11 530.–	28,8	40,6
22	Baselland*	Liestal	11 595.–	29,0	40,8
23	Tessin	Bellinzona	11 953.–	29,9	42,5
24	Zürich	Zürich	12 443.–	31,1	45,1
25	Genf*	Genf	12 562.–	31,4	45,8
26	Wallis	Sitten**	13 102.–	32,8	48,7

*   Diese Kantone lassen den Abzug bezahlter Steuern zu.
** Die Gemeindesteuern sind in allen Gemeinden gleich hoch.

Übersichtstabellen für Holding, Verwaltungs-, Domizil- und Hilfsgesellschaften

Tabelle 1
Anforderungen für die Gewährung des kantonalen Holdingprivileges (Stand 1.1.1991)

Die kantonalen Steuerrechtsregelungen verlangen, dass der Zweck der reinen Holding hauptsächlich, ausschliesslich oder vorwiegend in der Beteiligung an anderen Gesellschaften bestehe.

Kanton	Kantonale Anforderungen an die Holding: Mindestverhältnis von Beteiligungen bzw. Beteiligungserträgen zu den gesamten Aktiven bzw. Erträgen
Aargau	70% Beteiligungen *oder* 70% Beteiligungserträge
Appenzell Ausserrhoden	70% Beteiligungen *und* 70% Beteiligungserträge
Appenzell Innerrhoden	80% Beteiligungen *oder* 80% Beteiligungserträge
Baselland	60% Beteiligungen *oder* 60% Beteiligungserträge
Basel-Stadt	$^2/_3$ Beteiligungen *oder* $^2/_3$ Beteiligungserträge
Bern	50% Beteiligungen *und* 50% Beteiligungserträge, wobei mindestens 1 Mehrheitsbeteiligung *oder* 2 Beteiligungen zu 20% (Praxis)
Freiburg	66% Beteiligungen *oder* 66% Beteiligungserträge (Praxis)
Genf	● Direkte oder indirekte Beteiligung an Unternehmen ausserhalb des Kantons oder ● Gewinne stammen ausschliesslich von Tochtergesellschaften oder ● mit Sitz im Kanton, aber ohne Geschäftstätigkeit
Glarus	70% Beteiligungen *und* 70% Beteiligungserträge (Praxis)
Graubünden	70% Beteiligungen *oder* 70% Beteiligungserträge
Jura	75% Beteiligungen *und* 75% Beteiligungserträge
Luzern	70% Beteiligungen *oder* 70% Beteiligungserträge
Neuenburg	50% Beteiligungen

Quelle: SKA Schweizerische Kreditanstalt, Zürich

Kanton	Kantonale Anforderungen an die Holding: Mindestverhältnis von Beteiligungen bzw. Beteiligungserträgen zu den gesamten Aktiven bzw. Erträgen
Nidwalden	51% Beteiligungen *oder* 51% Beteiligungserträge
Obwalden	60% Beteiligungen *oder* 60% Beteiligungserträge (Praxis)
St. Gallen	70% Beteiligungen *oder* 70% Beteiligungserträge, wobei die einzelne Beteiligung mindestens 20% oder einen Nominalwert von mindestens 1 Mio Fr. aufweisen muss.
Schaffhausen	70% Beteiligungen *oder* 70% Beteiligungserträge
Schwyz	60% Beteiligungen *und* 60% Beteiligungserträge (Praxis)
Solothurn	60% Beteiligungen *oder* 60% Beteiligungserträge (Praxis)
Tessin	70% Beteiligungen, wobei die einzelne Beteiligung mindestens 20% betragen oder einen Nominalwert von 2 Mio Fr. aufweisen muss.
Thurgau	70% Beteiligungen *oder* 70% Beteiligungserträge
Uri	51% Beteiligungen (Praxis)
Waadt	Die reine Holding darf keinen anderen Zweck haben als die Verwaltung von Beteiligungen. Sie darf keine kommerzielle oder industrielle Tätigkeit ausüben oder Immobilien besitzen. Die Beteiligungen müssen einen dauernden Charakter haben. Ein bestimmtes Verhältnis von Beteiligungen bzw. Beteiligungserträgen ist nicht festgelegt.
Wallis	80% Beteiligungen *oder* 80% Beteiligungserträge
Zug	51% Beteiligungen *oder* 51% Beteiligungserträge
Zürich	Die Beteiligungen müssen quantitativ erheblich überwiegen und in der Regel auch die bei weitem wichtigste Ertragsquelle darstellen. Den Erträgen aus anderen Quellen darf nur untergeordnete Bedeutung zukommen. (In der Regel 75% Beteiligungen *und* 75% Beteiligungserträge.)

Tabelle 2

Belastung von Holdinggesellschaften in den schweizerischen Kantonen (Stand 1.1.1991)

Kanton	Jährliches Vielfaches[1]	Effektive Belastung (jährliches Vielfaches sowie allfällige Gemeindesteuer berücksichtigt)[2]	Minimum in Franken (jährliches Vielfaches berücksichtigt)
Aargau	nein	0,6‰ des einbezahlten Kapitals sowie der offenen und der als Ertrag versteuerten stillen Reserven	300.–
Appenzell Ausserrhoden	nein	0,5‰ des einbezahlten Kapitals und der offenen Reserven	300.–
Appenzell Innerrhoden	nein	0,5‰ des einbezahlten Kapitals sowie der offenen Reserven	300.–
Baselland	ja	0,5‰ des einbezahlten Kapitals sowie der offenen Reserven	1000.–
Basel-Stadt	nein	0,75‰ des einbezahlten Kapitals sowie der offenen und der als Ertrag versteuerten stillen Reserven[3]	–
Bern	nein	0,5‰ des einbezahlten Kapitals sowie der offenen und der als Ertrag versteuerten stillen Reserven	300.–
Freiburg	nein	3,5–0,75‰ (degressiv) auf dem Grundkapital	300.–
Genf	ja	ca. 0,6‰ des einbezahlten Kapitals sowie der Reserven	–
Glarus	nein	1‰ des nominellen Eigenkapitals sowie der offenen Reserven	200.–
Graubünden	nein	0,5‰ des einbezahlten Grundkapitals	300.–
Jura	nein	0,42‰ des einbezahlten Kapitals sowie der offenen und der als Ertrag versteuerten stillen Reserven[3]	100.–
Luzern	nein	1‰ des einbezahlten Kapitals	–
Neuenburg	ja	0,9‰ des einbezahlten Grundkapitals sowie der offenen Reserven (eingeschlossen die Sozialabgaben)	–

[1] Die effektive Steuerbelastung ergibt sich aus der Multiplikation der einfachen Steuer gemäss Steuergesetz mit dem regelmässig je nach Finanzbedarf neu festgelegten Steuerfuss

[2] Keine Reinertragssteuer, mit Ausnahme der Kantone, bei welchen eine solche Steuer ausdrücklich vermerkt wird

[3] Als Ertrag versteuerte (stille) Reserven = jene (stillen) Reserven, die ohne Holdingprivileg als Ertrag zu versteuern gewesen wären

Kanton	Jährliches Vielfaches[1]	Effektive Belastung (jährliches Vielfaches sowie allfällige Gemeindesteuer berücksichtigt)[2]	Minimum in Franken (jährliches Vielfaches berücksichtigt)
Nidwalden	nein	0,5‰ des einbezahlten Kapitals sowie der offenen Reserven	500.–
Obwalden	nein	0,5‰ des einbezahlten Kapitals sowie der offenen und der als Ertrag versteuerten stillen Reserven[3]	200.–
St. Gallen	ja	ca. 1‰ des einbezahlten Kapitals sowie der als Ertrag versteuerten Reserven	ca. 1000.–
Schaffhausen	ja	0,47‰ des Grundkapitals	ca. 240.–
Schwyz	nein	0,4 – 1‰ (progressiv) des einbezahlten Kapitals sowie der offenen Reserven	100.–
Solothurn	ja	ca. 0,65‰ des einbezahlten Kapitals sowie der offenen Reserven	ca. 400.–
Tessin	nein	0,75‰ des nominellen Kapitals	1000.–
Thurgau	ja	ca. 0,45 – 0,7‰ des einbezahlten Grundkapitals und der als Ertrag versteuerten Reserven	–
Uri	nein	0,5‰ des einbezahlten Kapitals sowie der offenen Reserven	300.–
Waadt	ja	ca. 2,043‰ des einbezahlten Kapitals sowie der offenen und der als Ertrag versteuerten stillen Reserven[3]	–
Wallis	nein	0,6‰ des einbezahlten Kapitals sowie der offenen und der als Ertrag versteuerten stillen Reserven[3]	–
Zug	nein	0,5 – 1,5‰ des einbezahlten Kapitals nach Verfügung der Steuerverwaltung im Einzelfall	300.–
Zürich	ja	0,725‰ des einbezahlten Kapitals sowie der offenen und der als Ertrag versteuerten stillen Reserven[3]	–

[1] Die effektive Steuerbelastung ergibt sich aus der Multiplikation der einfachen Steuer gemäss Steuergesetz mit dem regelmässig je nach Finanzbedarf neu festgelegten Steuerfuss

[2] Keine Reinertragssteuer, mit Ausnahme der Kantone, bei welchen eine solche Steuer ausdrücklich vermerkt wird

[3] Als Ertrag versteuerte (stille) Reserven = jene (stillen) Reserven, die ohne Holdingprivileg als Ertrag zu versteuern gewesen wären

Tabelle 3

Belastung von Beteiligungsgesellschaften in den schweizerischen Kantonen (Stand 1.1.1991)

Kanton	Erforderliche Mindestbeteiligung	Ertragssteuer	Kapitalsteuer
Aargau	20% oder 2 Mio Fr. Verkehrswert	ermässigt	ermässigt
Appenzell Ausserrhoden	20% oder 1 Mio Fr. Vermögenssteuerwert	ermässigt	ermässigt
Appenzell Innerrhoden	20% oder 1 Mio Fr. am einbezahlten Grundkapital	ermässigt	ermässigt
Baselland	20% oder 2 Mio Fr. Verkehrswert	ermässigt	keine Ermässigung
Basel-Stadt	10% der buchmässigen Aktiven oder buchmässig mind. Fr. 250 000.– Beteiligung	ermässigt	keine Ermässigung
Bern	20%	ermässigt	keine Ermässigung
Freiburg	20% oder 2 Mio Fr. Verkehrswert	ermässigt	keine Ermässigung
Genf	mind. 70% der eigenen Aktiven sind Beteiligungen	ermässigt	ermässigt
Glarus	20% oder 2 Mio Fr. Verkehrswert	ermässigt	keine Ermässigung
Graubünden	20% oder 1 Mio Fr. Vermögenssteuerwert	ermässigt	keine Ermässigung
Jura	20% oder 2 Mio Fr. Verkehrswert	ermässigt	keine Ermässigung
Luzern	20% oder 2 Mio Fr. am Grundkapital	ermässigt	keine Ermässigung
Neuenburg	20% oder 1 Mio Fr. Steuerwert	ermässigt	ermässigt
Nidwalden	20% oder 1 Mio Fr. Verkehrswert	ermässigt	keine Ermässigung
Obwalden	20% oder 2 Mio Fr. Verkehrswert	ermässigt	keine Ermässigung
St. Gallen	20% oder 1 Mio Fr. am einbezahlten Kapital	ermässigt	ermässigt
Schaffhausen	20% oder 2 Mio Fr. Verkehrswert	ermässigt	ermässigt

Kanton	Erforderliche Mindestbeteiligung	Ertragssteuer	Kapitalsteuer
Schwyz	20%	ermässigt	keine Ermässigung
Solothurn	20% oder 2 Mio Fr. Verkehrswert	ermässigt	keine Ermässigung
Tessin	20% oder 2 Mio Fr. am Grundkapital	ermässigt	keine Ermässigung
Thurgau	20% oder 1 Mio Fr. am Grundkapital	ermässigt	keine Ermässigung
Uri[1]	–	–	–
Waadt	20% oder 2 Mio Fr. am Grundkapital	ermässigt	keine Ermässigung
Wallis	20% oder 2 Mio Fr. am Grundkapital	ermässigt	keine Ermässigung
Zug	20% oder 2 Mio Fr. Verkehrswert	ermässigt	ermässigt
Zürich	20% oder 2 Mio Fr. Verkehrswert	ermässigt	keine Ermässigung

[1] Besteuerung wie Aktiengesellschaften (keine Ermässigung)

Tabelle 4

Belastung von Domizilgesellschaften in den schweizerischen Kantonen (Stand 1.1.1991)

Kanton	Jährliches Vielfaches[1]	Effektive Belastung (jährliches Vielfaches sowie allfällige Gemeindesteuer berücksichtigt)[2]	Minimum in Franken (jährliches Vielfaches berücksichtigt)
Aargau	nein	0,6‰ des einbezahlten Kapitals sowie der offenen Reserven	300.–
Appenzell Ausserrhoden	nein	0,5‰ des einbezahlten Kapitals sowie der offenen Reserven	300.–
Appenzell Innerrhoden	ja nein	ermässigte Steuern auf Ertrag; 0,5‰ des einbezahlten Kapitals sowie der offenen Reserven	300.–
Baselland	nein	2‰ des einbezahlten Kapitals sowie der offenen Reserven	1000.–
Basel-Stadt	nein	0,75‰ des einbezahlten Kapitals sowie der offenen und der als Ertrag versteuerten stillen Reserven[3]	–
Bern	ja	Teil des Reinertrages nach Einkommenssteuertarif der natürlichen Personen; reine Domizilgesellschaften, die im Kanton keine Geschäftstätigkeit ausüben, zahlen keine Einkommenssteuer	–
	nein	0,5‰ des einbezahlten Kapitals sowie der offenen und der als Ertrag versteuerten stillen Reserven[3]	–
Freiburg	nein	3,5–0,75‰ (degressiv) auf dem Grundkapital	300.–
Genf	ja	ca. 4‰ des einbezahlten Kapitals sowie der Reserven	–
Glarus	nein	0,5‰ des nominellen Eigenkapitals sowie der offenen Reserven	200.–
Graubünden	nein	0,5‰ des einbezahlten Kapitals	300.–
Jura	ja	Teil des Reinertrages, welcher der Rolle des Sitzes Rechnung trägt (0–10%, im Normalfall 5% des Reinertrages unterliegen der ordentlichen Besteuerung)	–
	nein	0,42‰ des einbezahlten Kapitals sowie der offenen und der als Ertrag versteuerten stillen Reserven[3]	100.–

[1] Begriff siehe Seite 14

[2] Keine Reinertragssteuer, mit Ausnahme der Kantone, bei welchen eine solche Steuer ausdrücklich vermerkt wird

[3] Als Ertrag versteuerte (stille) Reserven = jene (stillen) Reserven, die ohne Holdingprivileg als Ertrag zu versteuern gewesen wären

154

Kanton	Jährliches Vielfaches[1]	Effektive Belastung (jährliches Vielfaches sowie allfällige Gemeindesteuer berücksichtigt)[2]	Minimum in Franken (jährliches Vielfaches berücksichtigt)
Luzern	nein	1‰ des einbezahlten Kapitals, zuzüglich Grundtaxe von Fr. 200.–	–
Neuenburg	ja	ca. 0,9‰ des einbezahlten Kapitals sowie der offenen Reserven	–
Nidwalden	nein	0,5‰ des einbezahlten Kapitals	500.–
Obwalden	nein	0,5‰ des einbezahlten Kapitals sowie der offenen und der als Ertrag versteuerten stillen Reserven[3]	200.–
St. Gallen	ja	ca. 1‰ des einbezahlten Kapitals sowie der als Ertrag versteuerten Reserven	ca. 1000.–
Schaffhausen	ja	0,47‰ des Grundkapitals	ca. 240.–
Schwyz	nein	0,4 – 1‰ (progressiv) des einbezahlten Kapitals sowie der offenen Reserven	100.–
Solothurn	ja	ca. 0,65‰ des einbezahlten Kapitals sowie der offenen Reserven	ca. 400.–
Tessin	nein	0,75‰ des nominellen Kapitals	1000.–
Thurgau	ja	0,45–0,7‰ des einbezahlten Grundkapitals und der als Ertrag versteuerten Reserven	–
Uri	nein	0,5‰ des einbezahlten Kapitals sowie der offenen Reserven	300.–
Waadt	ja	Teil des Reinertrages, welcher der Rolle des Sitzes Rechnung trägt	–
	ja	ca. 2,043‰ des einbezahlten Kapitals sowie der offenen und der als Ertrag versteuerten stillen Reserven[3]	
Wallis	nein	0,6‰ des einbezahlten Kapitals sowie der offenen und der als Ertrag versteuerten stillen Reserven[3]	–
Zug	nein	0,5–1‰ des einbezahlten Kapitals nach Verfügung der Steuerkommission im Einzelfall	300.–
Zürich	ja	Je nach Bedeutung der Verwaltungstätigkeit in der Schweiz mit einem Anteil von mindestens 10% zum ordentlichen Tarif besteuert; normale Kapitalsteuer	–

Tabelle 5

Belastung von Hilfs- oder Verwaltungsgesellschaften in den schweizerischen Kantonen (Stand 1.1.1991)

Anmerkung: Erfasst sind nur solche Kantone, welche diese Gesellschaften im Steuergesetz oder durch Verordnung geregelt haben. Die Gesellschaft darf eigenes Personal beschäftigen und eigene Lokalitäten besitzen.

Kanton	Bezeichnung	Besteuerung				Besonderes
		Einkommen aus Beteiligungen	übrige Einkünfte aus schweiz. Quelle	übrige Einkünfte aus ausl. Quelle	Kapitalsteuer	
Aargau	Verwaltungsgesellschaft	steuerfrei	grundsätzlich unzulässig*	steuerfrei	1‰ des einbezahlten Grundkapitals und der offenen sowie der als Ertrag versteuerten stillen Reserven, mind. aber Fr. 300.–	
Appenzell Ausserrhoden	Gemischte Gesellschaft	ordentliche Besteuerung unter Berücksichtigung des Beteiligungsabzuges	ordentliche Besteuerung	ordentliche Ertragssteuer auf dem Teil, welcher dem Sitz und dessen Bedeutung füe die Geschäftstätigkeit des Gesamtunternehmens entspricht	fest 0,5‰ des einbezahlten Kapitals und der offenen Reserven, mind. Fr. 300.–	Minimum von Fr. 300.–, sofern ordentliche Ertragssteuer und ermässigte Kapitalsteuer zusammen nicht den Betrag von Fr. 300.– erreichen
Appenzell Innerrhoden	Gesellschaft mit ausländischen Einkünften	steuerfrei inkl. Kapital- und Aufwertungsgewinne auf solchen Beteiligungen	ordentliche Besteuerung	besteuert nach der Bedeutung der schweiz. Verwaltungstätigkeit, mind. aber 10% des Gewinnes zum ordentlichen Tarif	fest $\frac{1}{2}$‰ des Aktienkapitals und der offenen Reserven, mind. Fr. 300.–	Minimum von Fr. 300.–, sofern ordentliche Ertragssteuer und ermässigte Kapitalsteuer zusammen nicht den Betrag von Fr. 300.– erreichen
Baselland	Domizilgesellschaft	steuerfrei	grundsätzlich unzulässig*	steuerfrei	2‰ des einbezahlten Grundkapitals und der offenen Reserven, mind. Fr.1000.–	

* solche Einkünfte führen in der Regel zum Verlust des Domizilprivilegs

156

Kanton	Bezeichnung	Besteuerung			Kapitalsteuer	Besonderes
		Einkommen aus Beteiligungen	übrige Einkünfte aus schweiz. Quelle	übrige Einkünfte aus ausl. Quelle		
Basel-Stadt	Hilfsgesellschaft	$^1/_{10}$ der ordentlichen Ertragssteuer, mindestens aber die ordentliche Ertragssteuer auf dem Gewinn für die im Kanton ausgeübte Tätigkeit			ordentliche Kapitalsteuer	Zu mindestens 90% ausländisch beherrschte Gesellschaften, die sich hauptsächlich der Verwaltung des eigenen Vermögens widmen und keinerlei kommerzielle Tätigkeit oder Hilfsfunktionen ausüben, unterliegen nur einer Kapitalsteuer von 0,75‰ (keine Ertragssteuer)
Bern	Verwaltungs- und Hilfsgesellschaft	ordentliche Besteuerung, wenn nicht zugleich die Voraussetzungen für das Holdingprivileg gegeben sind. Gegebenenfalls Beteiligungsabzug	ordentliche Besteuerung	steuerfrei bzw. ordentliche Ertragssteuer auf dem Teil, welcher dem Sitz und dessen Bedeutung für die Geschäftstätigkeit des Gesamtunternehmens entspricht (Praxis)	Staat und Gemeinde je 0.25% des einbezahlten Kapitals sowie der offenen und der als Ertrag versteuerten Reserven	
Freiburg	Dienst- oder Hilfsgesellschaft	steuerfrei	ordentliche Besteuerung	steuerfrei	3,5-0,75‰ (degressiv) auf dem Grundkapital, mind. Fr. 300.–	
Genf	Société auxiliaire	steuerfrei, sofern kant. Holding	ordentliche Besteuerung	fixe Gewinnsteuer von ca. 7%	0,66-4,4‰ des Aktienkapitals und der offenen Reserven	Die Aktivitäten müssen vorwiegend im Ausland erfolgen, und mehr als die Hälfte des Kapitals muss Personen mit Wohnsitz im Ausland gehören

Kanton	Bezeichnung	Besteuerung			Kapitalsteuer	Besonderes
		Einkommen aus Beteiligungen	übrige Einkünfte aus schweiz. Quelle	übrige Einkünfte aus ausl. Quelle		
Glarus	Kapital- und Lizenzverwertungsgesellschaft	fixe Ertragssteuer von 30% auf den gesamten Reinertrag			$^1/_2$‰ des nominellen Eigenkapitals und der offenen Reserven, mind. Fr. 200.–	• an die kant. Ertragssteuer wird die direkte Bundessteuer angerechnet • kein aktives Gewerbe
Graubünden	gemischte Gesellschaft	Ausländisch beherrschte juristische Personen mit den Merkmalen sowohl einer Betriebs- als auch einer Domizilgesellschaft entrichten die Gewinnsteuer für die Betriebsquote			0,5‰ des einbezahlten Kapitals, mind. Fr. 300.–	
Jura	Verwaltungs- und Hilfsgesellschaft	steuerfrei	ordentliche Besteuerung	ordentliche Ertragssteuer auf dem Teil, welcher dem Sitz und dessen Bedeutung für die Geschäftstätigkeit des Gesamtunternehmens entspricht (0–10% des Reingewinns, im Normalfall 5%)	0,42‰ des einbezahlten Kapitals sowie der offenen und der als Ertrag versteuerten stillen Reserven	Die Einkünfte aus schweiz. Quelle dürfen höchstens 15% der Gesamteinkäufe betragen
Luzern	Hilfsgesellschaft	steuerfrei	ordentliche Besteuerung	fixe Gewinnsteuer von 4%	ordentliche Besteuerung	
Neuenburg	Société dite de domicile	stark ermässigt	ordentliche Besteuerung	steuerfrei	0,9‰ des einbezahlten Grundkapitals und der offenen Reserven	Société Neuchâteloise d'investissements Spezialfall: Vermögensverwaltungsgesellschaft in ausländischem Besitz, Einzelbewilligung durch den Conseil d'Etat. Besteuerung: 1,125% Ertragssteuer, 1,125% Kapitalsteuer

Kanton	Bezeichnung	Besteuerung			Kapitalsteuer	Besonderes
		Einkommen aus Beteiligungen	übrige Einkünfte aus schweiz. Quelle	übrige Einkünfte aus ausl. Quelle		
Nidwalden	Hilfsgesellschaft	steuerfrei	ordentliche Besteuerung	fixe Gewinnsteuer von 4%	0,5‰ des einbezahlten Kapitals, mind. Fr. 500.–	Jahressteuer mind. Fr. 500.–
Obwalden	gemischte Domizilgesellschaft	steuerfrei	ordentliche Besteuerung	In der Regel $1/10$ zum ordentlichen Tarif besteuert, $4/10$ steuerfrei. Der besteuerte Anteil kann von der Veranlagungsbehörde bis zu $1/5$ erhöht oder bis zu $1/20$ ermässigt werden.	0,5‰ des steuerbaren Eigenkapitals, mind. Fr. 200.–	An die kant. Ertragssteuer wird die direkte Bundessteuer angerechnet
St. Gallen	Sitzgesellschaft	steuerfrei	steuerfrei (sie dürfen aber nicht aus irgendwelcher Geschäftstätigkeit stammen)	steuerfrei	0,95‰ des Eigenkapitals, mind. Fr. 300.–	
Schaffhausen	Hilfsgesellschaft	Ordentliche Ertragssteuer auf dem Teil des Reingewinns, welcher dem Sitz und seiner Bedeutung für die Geschäftstätigkeit der Gesamtunternehmung entspricht			0,47‰ des Grundkapitals, mind. ca. Fr. 240.–	

		Besteuerung				
Kanton	Bezeichnung	Einkommen aus Beteiligungen	übrige Einkünfte aus schweiz. Quelle	übrige Einkünfte aus ausl. Quelle	Kapitalsteuer	Besonderes
Schwyz	gemischte Domizilgesellschaft (mehrheitlich ausländische Beherrschung vorausgesetzt)	steuerfrei	ordentliche Besteuerung (mind. 80% der Erträge müssen jedoch aus dem Ausland stammen)	$1/10$ besteuert zum ordentlichen Tarif; $9/10$ steuerfrei	einfache Kapitalsteuer 1‰, wobei das einbezahlte Kapital zu 100%, die offenen und die als Ertrag versteuerten Reserven zu 50% besteuert werden, mind. Fr. 100.–	Neben der gemischten gibt es auch die reine Domizilgesellschaft, die im Kanton weder Personal noch Büroräume unterhält und keine geschäftliche Tätigkeit ausübt. Im Gegensatz zur gemischten steht die reine Domizilgesellschaft auch Inländern offen. Keine Ertragssteuer, nur eine Kapitalsteuer von 0,4–1‰ vom steuerbaren Eigenkapital, mind. Fr. 100.–
Solothurn	Domizilgesellschaften mit beschränkter Geschäftstätigkeit (gemischte Domizilgesellschaft)	steuerfrei, soweit ausländische Beteiligungserträge	ordentliche Besteuerung	steuerfrei unter Vorbehalt eines Vorausanteiles für den Sitz	0,65‰ des steuerbaren Eigenkapitals, mind. ca Fr. 400.–	
Tessin	Società ausiliaria	ordentliche Besteuerung auf dem Teil, welcher der Geschäftstätigkeit in der Schweiz entspricht			ordentliche Besteuerung	

Kanton	Bezeichnung	Besteuerung			Kapitalsteuer	Besonderes
		Einkommen aus Beteiligungen	übrige Einkünfte aus schweiz. Quelle	übrige Einkünfte aus ausl. Quelle		
Thurgau	Verwaltungs-gesellschaft	steuerfrei inkl. Kapital- und Aufwertungsgewinne auf Beteiligungen	ordentliche Besteuerung; Ausnahme: steuerfrei sind Erträge aus der ausschliesslichen Verwaltung von eigenem beweglichem Vermögen	Nach der Bedeutung der Verwaltungstätigkeit in der Schweiz mit einem Anteil von mind. 10% zum ordentlichen Tarif besteuert	0,6‰ des einbezahlten Grundkapitals und der als Ertrag versteuerten Reserven	Die Ermässigung ist ausgeschlossen auf ausländischen Einkünften, für die eine Entlastung von ausländischen Quellensteuern beansprucht wird und für die das Abkommen ordentliche Besteuerung in der Schweiz voraussetzt
Uri	Domizilgesellschaft	steuerfrei	grundsätzlich unzulässig	steuerfrei	0,5‰ des einbezahlten Kapitals und der offenen Reserven, mind. Fr. 300.–	Bei der nächsten Steuergesetzrevision 1993 wird wahrscheinlich auch der Status der gemischten Domizilgesellschaft (wie z. B. in SZ oder ZG) eingeführt
Waadt	Société de base	steuerfrei	ordentliche Besteuerung. Die schweiz. Einkünfte dürfen nicht mehr als 25–30% der Gesamteinkünfte betragen	80% steuerfrei, die restlichen 20% werden mit dem Maximalsatz von 30% (Kanton und Gemeinde) besteuert. Der gesamte Gewinn unterliegt sodann der Maximalsteuer von 6%	Kapitalsteuer auf dem Aktienkapital und den offenen Reserven sowie auf den als Ertrag versteuerten stillen Reserven zum festen Satz von 0,9‰	

Kanton	Bezeichnung	Besteuerung				Besonderes
		Einkommen aus Beteiligungen	übrige Einkünfte aus schweiz. Quelle	übrige Einkünfte aus ausl. Quelle	Kapitalsteuer	
Wallis	Domizilgesellschaft	steuerfrei	grundsätzlich unzulässig (Toleranzgrenze 2% der Bruttoerträge)	steuerfrei	0,6% des einbezahlten Grundkapitals und der offenen sowie der als Ertrag versteuerten stillen Reserven	Erträge aus schweizerischem Grundeigentum werden mit 10% besteuert
Zug	gemischte Gesellschaft (mehrheitlich ausländische Beherrschung vorausgesetzt)	ordentliche Besteuerung unter Berücksichtigung des Beteiligungsabzuges	ordentliche Besteuerung (die Einkünfte aus schweiz. Quelle dürfen höchstens 20 bis 25% der Gesamteinkünfte betragen)	in der Regel werden 25% der Besteuerung unterstellt	ordentliche Kapitalsteuer auf dem Grundkapital und den als Ertrag versteuerten Reserven	Neben der gemischten gibt es auch die reine Domizilgesellschaft, die im Kanton weder Personal noch Büroräumlichkeiten unterhält und in der Schweiz keine kommerzielle Tätigkeit ausübt. Im Gegensatz zur gemischten steht die reine Domizilgesellschaft auch Inländern offen. Keine Ertrags-, nur Kapitalsteuer von 0,5–1,5‰ vom einbezahlten Grundkapital, mind. Fr. 300.– p. a.
Zürich	Verwaltungsgesellschaft	steuerfrei inkl. Kapital- und Aufwertungsgewinne auf Beteiligungen	ordentliche Besteuerung	nach der Bedeutung der Verwaltungstätigkeit in der Schweiz mit einem Anteil von mind. 10% zum ordentlichen Tarif besteuert	ordentliche Besteuerung	Ermässigung ausgeschlossen auf inländischen Einkünften, für die eine Entlastung von ausländischen Quellensteuern beansprucht wird.

Ausländische Quellensteuern für Steuerpflichtige mit Domizil in der Schweiz
(Stand 31. Dezember 1991)

Länder	Dividenden			Zinsen		
*Länder, mit denen die Schweiz kein Doppelbesteuerungsabkommen abgeschlossen hat[1]	Volle Steuer %	Ent-lastung[2] %	Ver-bleibende-Steuer[3] %	Volle Steuer %	Ent-lastung[2] %	Ver-bleibende Steuer[3] %
Australien	0[4]	4	4	10[5]	0	10
Belgien	25	10	15	25[6]	15	10
bei Beteiligungen ab 25%	25	15	10			
Dänemark	30	30	0	0		
Deutschland[7]						
Normalfall	(25)[8]	(10)[8]	(15)[8]	0		
Grenzkraftwerke	25	20	5			
Finnland						
natürliche Personen	25	15	10	30	30	0
juristische Personen	25	20	5	30	30	0
Frankreich[9]						
Regel	25	10	10	15[11]	5[12]	10[12]
bei Beteiligungen ab 20% durch schweiz.Gesellschaften	25	20[13]	5[13]			
Dividenden von französischen Kapitalanlagegesellschaften	25	10	15			
Kredit-, Sparheft-, Kontokorrentzinsen usw.			35[14]	25[14]	10[14]	
Grossbritannien	0	15	15	25	25	0
Irland	0	16	16	35	35	0
Italien	32,4	17,4	15[17]	30[18]	17,5	12,5
Bankguthaben				12,5-30	(17,5)	12,5
Kreditzinsen				15	2,5	12,5
Japan	20	5	15	15	5	10
bei Beteiligungen ab 25%	20	10	10			
Kreditzinsen				20	10	10
Kanada	25	10	15	25[19]	10[19]	15[19]
Luxemburg*	15[20]	0	15	0[21]		
Gewinnobligationen				15	0	15
Niederlande	25	10	15			
bei Beteiligungen ab 25%	25	25	0			
Gewinnobligationen				25	20	5
Norwegen	25	10	15			
bei Beteiligungen ab 25%	25	20	5			
Österreich[22]	25	20	5	10[23]	5	5
Schweden	30	25	5			
Spanien	25	10	15	25	15	10
bei Beteiligung ab 25%	25	15	10			
Südafrika	15	7,5	7,5	0		
USA	30	15	15	30[24]	25	5
bei Beteiligungen ab 95%	30	25	5[25]			

Schweizerische Gesellschaften, an denen zu einem wesentlichen Teil Ausländer beteiligt oder interessiert sind, können nach den bundesrechtlichen Vorschriften über die ungerechtfertigte Inanspruchnahme von Doppelbesteuerungsabkommen die Entlastung von ausländischen Quellensteuern nur verlangen, wenn sie verschiedene Bedingungen erfüllen. So ist unter anderem vorgeschrieben, dass sie die betreffenden Einkünfte höchstens zu 50% zur Erfüllung von Ansprüchen nicht abkommensberechtigter Personen, zum Beispiel Bezahlung von Kreditorenzinsen an Ausländer, verwenden und überdies mindestens 25% des betreffenden Bruttoertrages jährlich als Dividende ausschütten. Familienstiftungen, deren Stifter oder Begünstigte mehrheitlich im Ausland wohnen, sind von der Entlastung von ausländischen Quellensteuern gänzlich ausgeschlossen.

[1] Die Schweiz hat ausserdem mit folgenden Staaten Doppelbesteuerungsabkommen abgeschlossen: Ägypten,China, Elfenbeinküste, Griechenland, Indonesien, Island, Malaysia, Neuseeland, Indonesien, Island, Malaysia, Neuseeland, Pakistan, Polen, Portugal, Singapur, Sri Lanka, Südkorea, Trinidad und Tobago, Ungarn, einzelne GUS-Republiken.

[2] Die Entlastung wird in der Regel durch nachträgliche Rückerstattung gewährt; in einigen Fällen ist auch Steuerbefreiung an der Quelle möglich.

[3] Für die verbleibende Steuer kann mit Bezug auf Australien, Belgien, Deutschland, Frankreich, Grossbritannien, Irland, Italien, Japan, Kanada, die Niederlande, Norwegen, Österreich, Schweden, Spanien und Südafrika bis zum Prozentsatz der auf den betreffenden Erträgen zu bezahlenden Einkommenssteuern die pauschale Steueranrechnung beansprucht werden.

[4] Im Regelfall bei Ausschüttung ab 1. Juli 1987 (vorher: 30% Quellensteuer).

[5] Zinsen von Darlehen, die vor dem 19. Mai 1983 an australisch beherrschte Gesellschaften gewährt wurden, sind nach innerstaatlichem Recht steuerfrei. Bei Vorliegen bestimmter Voraussetzungen kann für Zinsen gewisser Anleihenskategorien Steuerfreiheit gewährt werden.

[6] Bei nach dem 1. März 1990 ausgegebenen Obligationen: 10%.

[7] Personen, die nicht auf allen ihren deutschen Einkünften die normalen schweizerischen Steuern bezahlen, können weder Rückerstattung in Deutschland noch Pauschalanrechnung in der Schweiz verlangen. Aus Deutschland zugezogene Personen haben während der ersten 5 Jahre nur Anrecht auf Pauschalanrechnung, nicht aber auf Rückerstattung durch Deutschland. – Für ausländisch beherrschte schweizerische Gesellschaften und Stiftungen gelten ähnliche Einschränkungen wie im Falle von Frankreich (siehe Fussnote 9).

[8] Für den Zeitraum 1. Juli 1991 bis 30. Juni 1992 erhebt Deutschland einen Solidaritätszuschlag von 7,5%. Empfänger mit Domizil in der Schweiz haben jedoch Anspruch auf eine entsprechend höhere Entlastung, so dass sich der verbleibende Steuerbetrag im Ergebnis nicht ändert.

A. Für natürliche Personen sowie juristische Personen, die eine Beteiligung von weniger als 20% halten: Bei der Quellensteuer erfolgt wie bisher eine Entlastung um 10%, zu der jedoch neu eine Steuergutschrift von 5% der Bruttodividende hinzukommt. Da für die pauschale Steueranrechnung nur die Quellensteuerrückvergütung berücksichtigt wird, können weiterhin 15% pauschal angerechnet werden.

B. Für juristische Personen, die eine Beteiligung von 20% oder mehr halten: Seit 1. Januar 1990 erfolgt eine Entlastung um 15% auf eine verbleibende Steuer von 10%, ab 1. Januar 1992 eine solche um 20% auf eine verbleibende Steuer von

nur noch 5%. Sofern für diese Dividende kein Beteiligungsabzug geltend gemacht werden kann, ist die pauschale Steueranrechnung der verbleibenden Steuer von 10% bzw. 5% möglich.

[9] Für ausländisch beherrschte schweizerische Gesellschaften enthält das Abkommen im wesentlichen gleichlautende Einschränkungen wie der oben erwähnte Bundesratsbeschluss betreffend Massnahmen gegen die ungerechtfertigte Inanspruchnahme von Doppelbesteuerungsabkommen. Darüber hinaus können schweizerische juristische Personen, an denen nicht in der Schweiz ansässige Personen überwiegend beteiligt oder auf andere Weise interessiert sind, Entlastung von den französischen Quellensteuern auf Zinsen und Lizenzgebühren nur verlangen, wenn sie im Kanton ihres Sitzes keine Steuerprivilegien geniessen. – Familienstiftungen können die Abkommensvorteile nicht beanspruchen, wenn der Stifter oder die Mehrheit der Begünstigten nicht in der Schweiz ansässig ist und mehr als ein Drittel der aus Frankreich stammenden Dividenden und Zinsen nicht in der Schweiz ansässigen Personen zukommt oder zukommen soll.

[10] Der schweizerische Aktionär hat gleich wie der französische Aktionär gegenüber dem französischen Fiskus Anspruch auf Ausrichtung einer «avoir fiscal» genannten Steuergutschrift von 50% der erklärten Dividende, so dass eine Gesamtdividende von 150% (100% erklärte Dividende +50% Steuergutschrift) entsteht. Von der Steuergutschrift werden aber 15% Quellensteuer, berechnet von der Gesamtdividende von 150% (= 22,5% der erklärten Dividende), abgezogen. Für den schweizerischen Empfänger französischer Dividenden ergibt sich somit folgendes Resultat:

Erklärte Dividende	100.–
./. 25% Quellensteuer bei Auszahlung	25.–
Nettoauszahlung durch die Gesellschaft	75.–
+ Erstattung durch den französischen Fiskus	
25% Quellensteuer	25.–
Steuergutschrift 50.–	
./. 15% von 100.– + 50.– (= 22,5%) 22.50	27.50
Total Einnahmen des schweizerischen Aktionärs	127.50

Für die nicht erstatteten 22,5% kann in der Schweiz die pauschale Steueranrechnung verlangt werden.

[11] Obligationenzinsen: Vor dem 1. Oktober 1984 ausgegebene Obligationen: Quellensteuer 25%; Entlastung 15%; nicht rückforderbare Steuer mit Anrecht auf pauschale Steueranrechnung 10%; zwischen dem 10. Oktober 1984 und dem 31. Dezember 1986 ausgegebene Obligationen: Staatsobligationen (einschliesslich öffentlich-rechtliche Körperschaften): keine Quellensteuer; andere Obligationen: Quellensteuer 10%; keine Entlastung; nicht rückforderbare Steuer mit Anrecht auf pauschale Steueranrechnung: 10%; ab dem 1. Januar 1987 ausgegebene Obligationen: keine Quellensteuer.

164

¹² Für vor 1965 ausgegebene Obligationen beträgt die Rückerstattung nur 13%; es ergibt sich eine verbleibende Steuer von 12%.

¹³ Im Falle von ausländisch beherrschten schweizerischen Gesellschaften beträgt die Entlastung nur 10% und die verbleibende Steuer 15%, sofern die Aktien weder der einen noch der andern Gesellschaft an der Börse kotiert sind oder ausserbörslich gehandelt werden. In beiden Fällen (Rückerstattung von 20% oder 10%) wird ferner die von der französischen Gesellschaft zu entrichtende Steuervorauszahlung («précompte») unter Abzug von 5% bzw. 15% Quellensteuer erstattet.

¹⁴ Bankguthaben von nicht in Frankreich ansässigen Personen sind rückwirkend auf 1. Januar 1985 von der Quellensteuer befreit. Zinsen von gewöhnlichen Darlehen (Vertragsabschluss nicht in Frankreich): vor dem 18. Juni 1987 gewährte Darlehen: 35%; nach dem 18. Juni 1987 gewährte Darlehen an französische Gesellschaften: 0%; Darlehen an natürliche Personen: 35%.

¹⁵ Der schweizerische Aktionär hat Anspruch auf die englischen Aktionär gewährte Steuergutschrift (tax credit), deren Ansatz wiederholt geändert und mit Wirkung ab 6. April 1988 auf $^{25}/_{75}$ festgesetzt wurde. Von diesem durch den englischen Fiskus auszuzahlenden «tax credit» werden allerdings 15% Quellensteuer, berechnet auf der ausbezahlten Dividende zuzüglich «tax credit», abgezogen, so dass sich für den schweizerischen Aktionär für Dividendenfälligkeiten ab 6. April 1988 folgendes Resultat ergibt:

Auszahlung durch die Gesellschaft		
(quellensteuerfrei)		100.–
+ Erstattung durch den britischen Fiskus		
«tax credit» $^{25}/_{75}$	33.33	
./. 15% Quellensteuer		
von 100.– + 33.33	19.99	13.34
Total Einnahme des schweizerischen Aktionärs		113.34

Für den nicht erstatteten Rest des «tax credit» von 19.99 kann in der Schweiz die pauschale Steueranrechnung verlangt werden.

Gesellschaften mit Beteiligungen von 10% und mehr können aufgrund der am 7. September 1978 ratifizierten Abkommensrevision vom 8. Dezember 1977 rückwirkend auf den 6. April 1975 einen halben «tax credit» geltend machen. Der Steuerabzug beträgt aber hier nur 5% (nicht 15%). Dies führt nach dem seit 6. April 1988 in Kraft stehenden Ansatz zu folgendem Ergebnis:

Auszahlung durch die Gesellschaft		
(quellensteuerfrei)		100.–
+ Erstattung durch den britischen Fiskus		
$^{1}/_{2}$ «tax credit» = $^{1}/_{2}$ von $^{25}/_{75}$	16.66	
./. 5% Quellensteuer		
von 100.– + 16.66	5.83	10.83
Total Einnahme der schweiz. Gesellschaft		110.83

Auch hier kann für den nicht erstatteten Rest des «tax credit» die pauschale Steueranrechnung verlangt werden.

¹⁶ Der schweizerische Aktionär hat seit dem 25. April 1984 rückwirkend auf den 6. April 1976 Anspruch auf eine Steuergutschrift ähnlich wie im Falle von Grossbritannien (diese beträgt hier allerdings $^{28}/_{72}$) sowie auf pauschale Steueranrechnung für den nicht erstatteten Rest (siehe Fussnote 15). Schweizerische Gesellschaften mit Stimmrechtsbeteiligung von mindestens 25% erhalten die Dividende quellensteuerfrei ohne Anspruch auf eine Steuergutschrift.

¹⁷ Bei Vorliegen bestimmter Voraussetzungen kann aufgrund des internen italienischen Rechts eine weitere Herabsetzung auf 10,8% verlangt werden.

¹⁸ Bei Zinsen auf Obligationen beträgt die Steuer je nach Ausgabedatum zwischen 0% und 30%.

¹⁹ Zinsen von gewissen Staats-, Provinz- und Gemeindeanleihen sowie von Anleihen mit mehr als fünfjähriger Laufzeit, die nach dem 23. Juni 1975 ausgegeben werden, sind steuerfrei. Zudem wird für Zinsen von den genannten Staatsanleihen usw. volle Entlastung von der kanadischen Quellensteuer gewährt.

²⁰ Keine Quellensteuer auf Dividenden von Holdinggesellschaften.

²¹ Einkommenssteuer auf Zinsen von Hypotheken.

²² Personen, die in der Schweiz eine Pauschalsteuer bezahlen, können die Abkommensvorteile nicht beanspruchen.

²³ Ausländische Wertpapieranleger sind im Regelfall befreit.

²⁴ Die Quellensteuer auf Zinsen amerikanischer Obligationen und Staatspapiere, die nach dem 18. Juli 1984 ausgegeben wurden, ist abgeschafft worden. (Bei Domestic-Papieren: Nachweis des Ausländerstatus notwendig.)

²⁵ Die Reduktion auf 5% wird nur bei Vorliegen spezieller Voraussetzungen gewährt.

Schweizerische Quellensteuern für nicht in der Schweiz ansässige Personen
(Stand 31.Dezember 1991)

Länder	Dividenden			Zinsen[2]		
*Länder, mit denen die Schweiz kein Doppelbesteuerungsabkommen abgeschlossen hat[1]	Volle Steuer %	Ent- lastung[3] %	Ver- bleibende- Steuer[4] %	Volle Steuer %	Ent- lastung[3] %	Ver- bleibende Steuer[4] %
Australien	20	15		25	10	
Belgien	20	15		25	10	
bei Beteiligungen ab 25%	25	10				
Dänemark	35	0		35	0	
Deutschland[5]						
Normalfall	20[6]	15		35	0	
Grenzkraftwerke	30	5				
Finnland						
natürliche Personen	25	10		35	0	
juristische Personen	30	5		35	10	
Frankreich[7]	30[8]	5[8]		25	0	
Grossbritannien	20	15		35	0	
bei Beteiligungen ab 25%	30	5				
Irland	20	15		35	0	
bei Beteiligungen ab 25%	25	10				
Italien	20	15		22,5	12,5	
Japan	20	15		25	10	
bei Beteiligungen ab 25%	25	10				
Kanada	20	15		20[9]	15[9]	
Luxemburg*	0	35		0	35	
Niederlande	20	15		30	5	
bei Beteiligungen ab 25%	35	0				
Norwegen	20	15		30	5	
bei Beteiligungen ab 25%	30	5				
Österreich	30	5		30	5	
Schweden	30	5		30	5	
Spanien	20	15		25	10	
bei Beteiligungen ab 25%	25	10				
Südafrika	27,5	7,5		0[10]	35[10]	
USA[11]	20	15		30	5	
bei Beteiligungen ab 95%	30[12]	5[12]				

(In der Spalte «Volle Steuer» steht jeweils vertikal: 35% Verrechnungssteuer)

[1] Die Schweiz hat ausserdem mit folgenden Staaten Doppelbesteuerungsabkommen abgeschlossen: Ägypten, China, Elfenbeinküste, Griechenland, Indonesien, Island, Malaysia, Neuseeland, Pakistan, Polen, Portugal, Singapur, Sri Lanka, Südkorea, Tobago, Trinidad, Ungarn, einzelne GUS-Republiken.

[2] Einschliesslich Zinsen von Bankguthaben, Sparheften usw. (Ausnahme: Zinsen auf gewöhnlichen Darlehen).

[3] Verfahren: nachträgliche Rückerstattung.

[4] Die verbleibende Steuer kann in den meisten angeführten Staaten an die dortigen Einkommensteuern angerechnet werden.

[5] Für ausländisch beherrschte deutsche Gesellschaften und Stiftungen bestehen ähnliche Einschränkungen wie im Abkommen mit Frankreich (siehe Fussnote 7).

[6] Bei Beteiligungen von 20% oder mehr: Entlastung 25%, ab 1. Januar 1992 30%.

[7] Für ausländisch beherrschte französische Gesellschaften gelten umgekehrt ähnliche Einschränkungen für die Geltendmachung der Abkommensvorteile wie für ausländisch beherrschte schweizerische Gesellschaften (siehe Fussnote 9 der Tabelle «Ausländische Quellensteuern für Steuerpflichtige mit Domizil in der Schweiz»).

[8] Für ausländisch beherrschte französische Gesellschaften, die an der die Dividenden zahlenden schweizerischen Gesellschaft mit mindestens 20% beteiligt sind, beträgt die Entlastung

nur 20% (verbleibend somit 15%), es sei denn, die Aktien der einen oder der andern Gesellschaft sind an der Börse kotiert oder werden ausserbörslich gehandelt.

[9] Bei Zinsen von Anleihen des Bundes, der Kantone und der Gemeinden sowie in gewissen Sonderfällen wird Entlastung für die volle Verrechnungssteuer von 35% gewährt.

[10] Keine Entlastung, solange Südafrika ausländische Zinsen beim südafrikanischen Gläubiger nicht besteuert; sollte Südafrika in Zukunft eine solche Steuer erheben, wird die Entlastung 25% und die verbleibende Steuer 10% betragen.

[11] Schweizer Bürger mit Wohnsitz in den USA, die nicht zugleich Bürger der USA sind, haben vorerst die Anrechnung der vollen Verrechnungssteuer an die USA-Steuern zu verlangen; nur der nicht angerechnete Teil wird durch die Eidgenössische Steuerverwaltung zurückerstattet.

[12] Die Reduktion auf 5% wird nur bei Vorliegen ganz spezieller Voraussetzungen gewährt.

Zu beziehen bei: Schweizerische Kreditanstalt. Abt. Rmd, Postfach 590, 8021 Zürich

Bundesgesetz über die Harmonisierung der direkten Steuern der Kantone und Gemeinden (StHG)

Dieses neue Gesetz tritt am 1. Januar 1993 in Kraft.

Mit diesem Gesetz sind Steuerharmonisierungen formeller Art verbunden; die Steuersätze bleiben in der Kompetenz der Kantone und Gemeinden.

Mit Ausnahme der einjährigen Steuerveranlagung, deren Einführung für natürliche Personen den Kantonen fakultativ anheimgestellt wird, müssen die kantonalen Gesetze binnen acht Jahren nach Inkrafttreten des StHG den Bestimmungen des neuen Bundesgesetzes angepasst werden.

Diese Steuerharmonisierung bringt formelle Vereinheitlichungen zwischen den einzelnen Kantonen und Gemeinden auf dem wohl kleinsten möglichen gemeinsamen Nenner.

Auch wenn man es ohne Zweifel als löblich bezeichnen darf, wenn dann einst in allen 26 Kantonen und Halbkantonen einheitliche Steuerformulare gelten, wurde dem Föderalismus (wir nennen ihn hier «Kantönligeist») ausreichend Reverenz erwiesen; zu Recht, denke ich. Die Steueratmosphäre berührt wohl intimste Bereiche eines jeden wirtschaftlich aktiven Menschen, und so scheint es nur vernünftig, die Kantone und Gemeinden dem Wettbewerb hinsichtlich der Standortwahl – sei es für natürliche oder juristische Personen – auszusetzen.

Das Studium des Textes des kurz Steuerharmonisierungsgesetz genannten Werks zeigt bald die Handschrift jener Personen, die am Bundesgesetz über die direkte Bundessteuer mitwirkten. Deshalb übernehmen einzelne Passagen ohne nennenswerte Abänderung Inhalte aus diesem. Der Willen der mehrheitsfähigen Parlamentarier, mit dem Steuerharmonisierungsgesetz die Kantone und Gemeinden «an die Kandare» zu nehmen, ist deshalb unverkennbar.

Werfen wir einen Blick auf die für den Leser dieses Buches relevanten Themen.

Für juristische Personen wird neu die einjährige Steuerveranlagung vorgeschrieben sein; wie eingangs erwähnt, bleibt dieses Vorhaben nur für natürliche Personen den Kantonen freigestellt.

Hinsichtlich Fusionen gelten die gleichen Regeln wie auf Bundesebene: Keine Steuerfolge für realisierte stille Reserven, wenn die Beteiligungsverhältnisse sowie der Geschäftsbetrieb unverändert bleiben.

Hingegen sollen von dieser Wohltat die sogenannten «unechten» oder wirtschaftlichen Fusionen ausdrücklich ausgeklammert werden. Ändern also nur die Beteiligungsverhältnisse, findet eine ordentliche Besteuerung statt.

Neu soll auch einheitlich der Aufwand für die direkten Steuern als gewinnmindernd anerkannt werden.

Wird auch im neuen Gesetz die Abschreibung nach den Wiederbeschaffungswerten ausgeschlossen bleiben (gewiss zur Freude der «Inflationspolitiker»), behalten die Kantone ihre Wahlfreiheit, über Mass und Methode selber zu befinden; das gleiche gilt für die Rückstellungen.

Verlustverrechnung

Das Gesetz über die direkte Bundessteuer setzt Messlatten und erlaubt die Verrechnung mit maximal sieben der Steuerperiode vorangegangenen Jahren. Hingegen sind Sanierungsleistungen zeitlich unbeschränkt zugelassen, solange ihnen nicht der Charakter von Kapitaleinzahlungen zukommt.

Schliesslich soll gesamtschweizerisch auch die Ersatzbeschaffung betriebsnotwendiger Anlagen steuerneutral möglich werden.

Beteiligungsgesellschaften und Holdinggesellschaften:
Hier sind etliche bedeutsame Vereinheitlichungen geschaffen worden.

Mindestens 20% oder Verkehrswert von wenigstens 2 Millionen Franken (bisherige Regelung der Bundessteuern) sind Voraussetzung für die Anerkennung einer «massgeblichen» Beteiligung.

Auch auf Kantons- und Gemeindeebene soll die Nettoertragsmethode anstatt die unsinnige Bruttoertragsmethode Verwendung finden.

Kapitalgesellschaften und Genossenschaften, deren statutarischer Zweck hauptsächlich in der dauernden Verwaltung von Beteiligungen besteht (Holdinggesellschaften) und in der Schweiz keiner anderen Tätigkeit nachgehen, sollen auf Kantonsebene ertragssteuerbefreit sein. Voraussetzung dafür ist jedoch, dass 2/3 der Aktiven oder der Erträge rein beteiligungsbedingt sind.

Findet auf dem Gebiet der Eidgenossenschaft eine wirtschaftliche Tätigkeit trotzdem statt, sind die damit zusammenhängenden Einkünfte gesondert und ordentlich zu versteuern.

Kantonales Domizilprivileg

Für reine Verwaltungsgesellschaften ohne jede andere Tätigkeit gelten folgende Vereinheitlichungen:
– Steuerbefreiung für Erträge aus Beteiligungen und Kapital- bzw. Aufwertungsgewinnen
– Andere Einkünfte werden ordentlich besteuert

Hier werden also – spätestens acht Jahre nach Inkrafttreten dieses Bundesgesetzes – die heutigen kantonalen, zum Teil erheblichen Unterschiede verschwinden müssen. Die Kantone behalten faktisch lediglich noch den Ermessensspielraum für die Definition der Verwaltungstätigkeit.

Schlussfolgerung

Die Attraktivität des Holdingstandorts Schweiz wurde durch die neuen Gesetze nur marginal verbessert, wenngleich die effektive Steuerbelastung einer Gesellschaft im Vergleich zu anderen Staaten nach wie vor erträglich scheint.

Ob die beabsichtigte Steuerharmonisierung zwischen den einzelnen Kantonen und Gemeinden die – je nach Optik befürchtete oder erhoffte – Vereinheitlichung letztendlich auch in der Substanz erreicht, ist zumindest fraglich. Immerhin schaffen die einheitlichen Kriterien für Holdinggesellschaften gerade für ausländische Interessenten einen bedeutend durchschaubareren Raster als früher.

Entscheidend ist sodann, dass der Gesetzgeber wirtschaftlich sinnvolle und manchmal gar notwendige Fusionen nicht mehr steuerlich bestrafen will und auch die Ersatzbeschaffung betriebsnotwendiger Anlagen steuerneutral zulässt.

Bundesgesetz über die direkten Bundessteuern (DBG)

Das neue Bundesgesetz über die direkten Bundessteuern nahm 1991 nach über 10jähriger Beratung die parlamentarischen Hürden; nachdem es auch die Referendumsfrist schadlos überstand, steht der Einführung auf den 1. Januar 1995 nichts mehr im Weg.

Das neue Gesetz löst den geltenden Bundesbeschluss über die direkten Bundessteuern aus dem Jahr 1940 ab und ist in allen Teilen logischer und auch übersichtlicher gegliedert.

Die im Zusammenhang mit diesem Buch wesentlich erscheinenden Themen sollen im folgenden kurz skizziert werden, kann es doch nichts schaden, wenn der interessierte Leser bereits heute über möglicherweise auf ihn zukommende Änderungen und Neuerungen Bescheid weiss und seine mittelfristigen Strategien danach ausrichtet.

Steuerpflicht

Das DBG schafft eine Anpassung der Betriebsstättendefinition an entsprechende OECD-Musterabkommen. Damit wird eine gewisse Vereinheitlichung zu den Usanzen in anderen Staaten erreicht.

Natürliche Personen und juristische Personen, die in der Schweiz weder einen Wohnsitz haben noch sich hier aufhalten, müssen neu Einkommen einer Quellensteuer unterwerfen lassen.

Dazu zählen insbesondere
– Leistungen aus Vorsorgekapital
– Honorare für Verwaltungsräte und Geschäftsleiter, Referenten und Künstler

Diese Quellensteuer muss von den Leistungsschuldnern zurückbehalten und dem Fiskus abgeliefert werden.

Von einer Erleichterung profitieren werden international tätige Unternehmungen. Verluste ausländischer Betriebsstätten können mit inländischem Einkommen verrechnet werden, während sie bisher nur satzbestimmend wirken. Allerdings muss sich die hier steuerpflichtige Gesellschaft eine Nachsteuerveranlagung gefallen lassen, falls während der darauffolgenden sieben Jahre die ausländische Betriebsstätte wieder Gewinne ausweist.

Einkommenssteuer

– Kapitalgewinne aus Veräusserung von Privatvermögen bleiben nach wie vor steuerfrei

170

- Einer ordentlichen Besteuerung unterworfen sind allerdings ungebrochen die Kapitalgewinne aus Verkauf oder Aufwertung von Geschäftsvermögen
- Gratisaktien sowie Gratisnennwerterhöhungen werden ebenfalls besteuert
- Das gleiche gilt für die Veräusserung extrem tief verzinslicher Anleihen und sogenannter «Zero bonds», also Null-Kupon-Anleihen
- Sinnvoll ist auf der anderen Seite, dass die im Zuge einer Ersatzbeschaffung betriebsnotwendiger Anlagegüter freiwerdenden stillen Reserven keiner Besteuerung unterworfen werden
- Und auch die Sitzverlegung innerhalb der Schweiz wird nicht steuerlich beeinträchtigt; allerdings führt eine Domizilverlegung ins Ausland zur Besteuerung
- Umstrukturierungen werden dadurch erleichtert, dass in bestimmten Fällen auf eine Besteuerung frei werdender stiller Reserven verzichtet wird. So kann die Umwandlung einer Personengesellschaft in eine juristische Person steuerneutral durchgeführt werden, wenn die Beteiligungsverhältnisse sowie der Geschäftsbetrieb unverändert weitergeführt werden.
Das gleiche Prinzip gilt auch für Umwandlungen von Kapitalgesellschaften (Fusionen) und Genossenschaften.
- Eine Verlustverrechnung als Folge der einjährigen Steuerveranlagung ist aus sieben vorangegangenen Jahren möglich.

Steuerberechnung

Der anachronistische Dreistufen-Tarif der renditeabhängigen Steuerberechnung soll durch einen Einheitssatz von 8% des Reingewinns ersetzt werden.

Das DBG wartet auch mit einem Geschenk an Eigentümer von Immobiliengesellschaften auf. Innerhalb der ersten fünf Jahre nach Inkrafttreten dieses Bundesgesetzes soll im Falle der Überführung von Geschäftsliegenschaften ins Privatvermögen auf den Kapitalgewinnen lediglich ein Satz von 25% des ordentlichen Tarifs gelten.

Leider hat man es erneut unterlassen, dem Holdingstandort Schweiz mit der längst überfälligen Anerkennung des Holdingprivilegs auch auf Bundesebene entgegenzukommen. Immerhin mildert der Übergang von der früheren Bruttoertragsmethode auf die Nettoertragsmethode in Einzelfällen die Steuerbelastung spürbar, und für reine Holdinggesellschaften stellt sich das Problem ohnehin nicht im selben Ausmass.

Schliesslich sei dieser Abschnitt mit einem erfreulichen Ausblick auf die Herabsetzung der Kapitalsteuer, die dann nur noch 0,8 Promille betragen wird, geschlossen.

Literaturhinweise und Gesetzessammlungen

Regelmässige Publikationen

Fachorgane

- *Steuer-Revue*
- *Steuerberater*
- *Schweizer Treuhänder*
- *Der Treuhandexperte*
- *Schweizerische Zeitschrift für Wirtschaftsrecht*
- *Der Steuerentscheid*

Kantonale Rechenschaftsberichte und Periodika

Praktisch alle Kantone der Schweiz publizieren regelmässig erscheinende Schriften

Eidgenössische Loseblattpublikationen

Die Steuern der Schweiz

Archiv für Schweizer Abgaberecht (ASA)

- *Steuerchronik der Kantone*
- Literaturübersichten

Eidgenössische Steuerverwaltung

Verschiedene Schriften zu spezifischen Themen

Juristische Datenbank

SWISSLEX

Empfohlene Bücher

Agner, P.   *Die Praxis der Bundessteuern,* Basel, Loseblattwerk

Blumenstein, E./
Locher, P.   *System des Steuerrechts,* Zürich, 1992

Cagianut, F./
Höhn, E.   *Unternehmenssteuerrecht,* 2. Auflage, Bern/Stuttgart, 1988

Fischer, T.   *Persönliche Steuerplanung,* 2. Auflage, Muri-Bern, 1992

Fleiner, T.	*Grundzüge des allgemeinen und schweizerischen Verwaltungsrechts*, 2. Auflage, Zürich 1980
Höhn, E.	*Steuerrecht*, 6. Auflage, Bern/Stuttgart, 1989
Höhn, E.	*Handbuch des internationalen Steuerrechts der Schweiz*, 6. Auflage, Bern/Stuttgart, 1988
Jung, B./Agner, P.	*Kommentar zur direkten Bundessteuer*, Ergänzungsband zur 2. Auflage des Kommentars, Zürich, 1989
Kälin, W.	*Das Verfahren der staatsrechtlichen Beschwerde*, Bern, 1984
Känzig, E./Behnisch, U.	*Die direkte Bundessteuer*, 2., neu überarbeitete Auflage, Bern, 1992
Locher, K.	*Die Praxis der Bundessteuern*, III. Teil: Das interkantonale Doppelbesteuerungsrecht, 3 Bände, Basel, Loseblattwerk
Metzger, D.	*Handbuch der Warenumsatzsteuer*, Muri/Bern, 1983
Metzger, D.	*Die Grundrechte der schweizerischen Bundesverfassung*, 2. Auflage, Bern, 1991
Pestalozzi, A./ Gmür, P./Heinz, R. (Hrsg.)	*Rechtsbuch der Schweizerischen Bundessteuern*, 9 Bände, Basel, Loseblattwerk
Pfund, R. W.	*Die Eidgenössische Verrechnungssteuer*, Basel, 1971
Saladin, P.	*Das Verwaltungsverfahrensrecht des Bundes*, Basel/Stuttgart, 1979
Stockar, C.	*Übersicht und Fallbeispiele zu den Stempelabgaben und Verrechnungssteuer*, Basel, 1983
Vallender, K. A.	*Die Auslegung des Steuerrechts*, 2. Auflage, Bern/Stuttgart, 1988
Vallender, K. A.	*Schweizerisches Steuer-Lexikon*, Zürich, 1986
Weiss, K. A.	*Kauf und Verkauf von kleinen und mittelgrossen Unternehmen*, Ebmatingen/Zürich, 1991

Neufassung Aktienrecht
per 1. Juli 1992

I

Art. 621

B. Mindestkapital

Das Aktienkapital muss mindestens 100 000 Franken betragen.

Art. 622 Abs. 4

[4] Der Nennwert der Aktie muss mindestens 10 Franken betragen. Vorbehalten bleibt die Herabsetzung des Nennwertes unter diesen Betrag im Fall einer Sanierung der Gesellschaft.

Art. 624 Abs. 2 und 3
Aufgehoben

Art. 626

E. Statuten
I. Gesetzlich vorgeschriebener Inhalt

Die Statuten müssen Bestimmungen enthalten über:
1. die Firma und den Sitz der Gesellschaft;
2. den Zweck der Gesellschaft;
3. die Höhe des Aktienkapitals und den Betrag der darauf geleisteten Einlagen;
4. Anzahl, Nennwert und Art der Aktien;
5. die Einberufung der Generalversammlung und das Stimmrecht der Aktionäre;
6. die Organe für die Verwaltung und für die Revision;
7. die Form der von der Gesellschaft ausgehenden Bekanntmachungen.

Art. 627

II. Weitere Bestimmungen
1. Im allgemeinen

Zu ihrer Verbindlichkeit bedürfen der Aufnahme in die Statuten Bestimmungen über:
1. die Änderung der Statuten, soweit sie von den gesetzlichen Bestimmungen abweichen;

174

2. die Ausrichtung von Tantiemen;
3. die Zusicherung von Bauzinsen;
4. die Begrenzung der Dauer der Gesellschaft;
5. Konventionalstrafen bei nicht rechtzeitiger Leistung der Einlage;
6. die genehmigte und die bedingte Kapitalerhöhung;
7. die Zulassung der Umwandlung von Namenaktien in Inhaberaktien und umgekehrt;
8. die Beschränkung der Übertragbarkeit von Namenaktien;
9. die Vorrechte einzelner Kategorien von Aktien, über Partizipationsscheine, Genussscheine und über die Gewährung besonderer Vorteile;
10. die Beschränkung des Stimmrechts und des Rechts der Aktionäre, sich vertreten zu lassen;
11. die im Gesetz nicht vorgesehenen Fälle, in denen die Generalversammlung nur mit qualifizierter Mehrheit Beschluss fassen kann;
12. die Ermächtigung zur Übertragung der Geschäftsführung auf einzelne Mitglieder des Verwaltungsrates oder Dritte;
13. die Organisation und die Aufgaben der Revisionsstelle, sofern dabei über die gesetzlichen Vorschriften hinausgegangen wird.

Art. 628 Randtitel, Abs. 1, 2 und 4

2. Im besonderen Sacheinlagen, Sachübernahmen, besondere Vorteile

[1] Leistet ein Aktionär eine Sacheinlage, so müssen die Statuten den Gegenstand und dessen Bewertung sowie den Namen des Einlegers und die ihm zukommenden Aktien angeben.

[2] Übernimmt die Gesellschaft von Aktionären oder Dritten Vermögenswerte oder beabsichtigt sie solche Sachübernahmen, so müssen die Statuten den Gegenstand, den Namen des Veräusserers und die Gegenleistung der Gesellschaft angeben.

[4] Die Generalversammlung kann nach zehn Jahren Bestimmungen der Statuten über Sacheinlagen oder Sachübernahmen aufheben.

Art. 629

F. Gründung
I. Errichtungsakt
1. Inhalt

[1] Die Gesellschaft wird errichtet, indem die Gründer in öffentlicher Urkunde erklären, eine Aktiengesellschaft zu gründen, darin die Statuten festlegen und die Organe bestellen.

[2] In diesem Errichtungsakt zeichnen die Gründer die Aktien und stellen fest:

1. dass sämtliche Aktien gültig gezeichnet sind;
2. dass die versprochenen Einlagen dem gesamten Ausgabebetrag entsprechen;
3. dass die gesetzlichen und statutarischen Anforderungen an die Leistung der Einlagen erfüllt sind.

Art. 630

2. Aktienzeichnung

Die Zeichnung bedarf zu ihrer Gültigkeit:
1. der Angabe von Anzahl, Nennwert, Art, Kategorie und Ausgabebetrag der Aktien;
2. einer bedingunslosen Verpflichtung, eine dem Ausgabebetrag entsprechende Einlage zu leisten.

Art. 631

II. Belege

[1] Im Errichtungsakt muß die Urkundsperson die Belege über die Gründung einzeln nennen und bestätigen, dass sie den Gründern vorgelegt haben.

[2] Dem Errichtungsakt sind die Statuten, der Gründungsbericht, die Prüfungsbestätigung, die Sacheinlageverträge und die bereits vorliegenden Sachübernahmeverträge beizulegen.

Art. 632

III. Einlagen
1. Mindesteinlage

[1] Bei der Errichtung der Gesellschaft muss die Einlage für mindestens 20 Prozent des Nennwertes jeder Aktie geleistet sein

[2] In allen Fällen müssen die geleisteten Einlagen mindestens 50 000 Franken betragen.

Art. 633

2. Leistung der Einlagen u. Einzahlungen

[1] Einlagen in Geld müssen bei einem dem Bundesgesetz vom 8. November 1934[1)] über die Banken und Sparkassen unterstellten Institut zur ausschliesslichen Verfügung der Gesellschaft hinterlegt werden.

[2] Das Institut gibt den Betrag erst frei, wenn die Gesellschaft in das Handelsregister eingetragen ist.

Art. 634

b. Sacheinlagen

Sacheinlagen gelten nur dann als Deckung, wenn:

1. sie gestützt auf einen schriftlichen oder öffentlich beurkundeten Sacheinlagevertrag geleistet werden;
2. die Gesellschaft nach ihrer Eintragung in das Handelsregister sofort als Eigentümerin darüber verfügen kann oder einen bedingungslosen Anspruch auf Eintragung in das Grundbuch erhält;
3. ein Gründungsbericht mit Prüfungsbestätigung vorliegt.

Art. 634a

c. Nachträgliche Leistung

[1] Der Verwaltungsrat beschliesst die nachträgliche Leistung von Einlagen auf nicht voll liberierte Aktien.

[2] Die nachträgliche Leistung kann in Geld, durch Sacheinlage oder durch Verrechnung erfolgen.

Art. 635

3. Prüfung der Einlagen
a. Gründungsbericht

Die Gründer geben in einem schriftlichen Bericht Rechenschaft über:

1. die Art und den Zustand von Sacheinlagen oder Sachübernahmen und die Angemessenheit der Bewertung;
2. den Bestand und die Verrechenbarkeit der Schuld;
3. die Begründung und die Angemessenheit besonderer Vorteile zugunsten von Gründern oder anderen Personen.

Art. 635a

b. Prüfungsbestätigung

Ein Revisor prüft den Gründungsbericht und bestätigt schriftlich, dass dieser vollständig und richtig ist.

Art. 640 Randtitel, Abs. 1 und 3

G. Eintragung in das Handelsregister
I. Anmeldung

[1] *Betrifft nur den französischen Text.*

[3] Der Anmeldung sind beizufügen:

1. eine beglaubigte Ausfertigung der Statuten;
2. der Errichtungsakt mit den Beilagen;
3. der Ausweis über die Wahl der Mitglieder des Verwaltungsra-

tes und der Revisionsstelle, unter Angabe des Wohnsitzes oder Sitzes, bei den Mitgliedern des Verwaltungsrates überdies der Staatsangehörigkeit.

Art. 641

In das Handelsregister sind einzutragen:

1. das Datum der Statuten;
2. die Firma und der Sitz der Gesellschaft;
3. der Zweck und, wenn die Statuten hierüber eine Bestimmung enthalten, die Dauer der Gesellschaft;
4. die Höhe des Aktienkapitals und der darauf geleisteten Einlagen;
5. Anzahl, Nennwert und Art der Aktien, Beschränkungen der Übertragbarkeit sowie Vorrechte einzelner Kategorien;
6. der Gegenstand der Sacheinlage und die dafür ausgegebenen Aktien, der Gegenstand der Sachübernahme und die Gegenleistung der Gesellschaft sowie Inhalt und Wert der besonderen Vorteile;
7. die Anzahl der Genussscheine mit Angabe des Inhalts der damit verbundenen Rechte;
8. die Art der Ausübung der Vertretung;
9. die Namen der Mitglieder des Verwaltungsrates und der zur Vertretung befugten Personen unter Angabe von Wohnsitz und Staatsangehörigkeit;
10. der Name oder die Firma der Revisoren, unter Angabe des Wohnsitzes, des Sitzes oder einer im Handelsregister eingetragenen Zweigniederlassung;
11. die Art und Weise, wie die von der Gesellschaft ausgehenden Bekanntmachungen erfolgen und, wenn die Statuten hierüber eine Bestimmung enthalten, wie der Verwaltungsrat den Aktionären seine Erklärungen kundgibt.

Art. 643 Randtitel

Art. 647 Randtitel und Abs. 1

[1] Jeder Beschluss der Generalversammlung oder des Verwaltungsrates über eine Änderung der Statuten muss öffentlich beurkundet werden.

Art. 650

K. Erhöhung des
Aktienkapitals
I. Ordentliche und
genehmigte
Kapitalerhöhung
1. Ordentliche
Kapitalerhöhung

[1] Die Erhöhung des Aktienkapitals wird von der Generalversammlung beschlossen; sie ist vom Verwaltungsrat innerhalb von drei Monaten durchzuführen.

[2] Der Beschluss der Generalversammlung muss öffentlich beurkundet werden und angeben:

1. den gesamten Nennbetrag, um den das Aktienkapital erhöht werden soll, und den Betrag der darauf zu leistenden Einlagen;
2. Anzahl, Nennwert und Art der Aktien sowie Vorrechte einzelner Kategorien;
3. den Ausgabebetrag oder die Ermächtigung an den Verwaltungsrat, diesen festzusetzen, sowie den Beginn der Dividendenberechtigung;
4. die Art der Einlagen, bei Sacheinlagen deren Gegenstand und Bewertung sowie den Namen des Sacheinlegers und die ihm zukommenden Aktien;
5. bei Sachübernahmen den Gegenstand, den Namen des Veräusserers und die Gegenleistung der Gesellschaft;
6. Inhalt und Wert von besonderen Vorteilen sowie die Namen der begünstigten Personen;
7. eine Beschränkung der Übertragbarkeit neuer Namenaktien;
8. eine Einschränkung oder Aufhebung des Bezugsrechtes und die Zuweisung nicht ausgeübter oder entzogener Bezugsrechte;
9. die Voraussetzungen für die Ausübung vertraglich erworbener Bezugsrechte.

[3] Wird die Kapitalerhöhung nicht innerhalb von drei Monaten ins Handelsregister eingetragen, so fällt der Beschluss der Generalversammlung dahin.

Art. 651

2. Genehmigte
Kapitalerhöhung
a. Statutarische
Grundlage

[1] Die Generalversammlung kann durch Statutenänderung den Verwaltungsrat ermächtigen, das Aktienkapital innert einer Frist von längstens zwei Jahren zu erhöhen.

[2] Die Statuten geben den Nennbetrag an, um den der Verwaltungsrat das Aktienkapital erhöhen kann. Das genehmigte Kapital darf die Hälfte des bisherigen Aktienkapitals nicht übersteigen.

[3] Die Statuten enthalten überdies die Angaben, welche für die ordentliche Kapitalerhöhung verlangt werden, mit Ausnahme der Angaben über den Ausgabebetrag, die Art der Einlagen, die Sachübernahmen und den Beginn der Dividendenberechtigung.

4 Im Rahmen der Ermächtigung kann der Verwaltungsrat Erhöhungen des Aktienkapitals durchführen. Dabei erlässt er die notwendigen Bestimmungen, soweit sie nicht schon im Beschluss der Generalversammlung enthalten sind.

Art. 651a

b. Anpassung der Statuten

1 Nach jeder Kapitalerhöhung setzt der Verwaltungsrat den Nennbetrag des genehmigten Kapitals in den Statuten entsprechend herab.

2 Nach Ablauf der für die Durchführung der Kapitalerhöhung festgelegten Frist wird die Bestimmung über die genehmigte Kapitalerhöhung auf Beschluss des Verwaltungsrates aus den Statuten gestrichen.

Art. 652

3. Gemeinsame Vorschriften
a. Aktienzeichnung

1 Die Aktien werden in einer besonderen Urkunde (Zeichnungsschein) nach den für die Gründung geltenden Regeln gezeichnet.

2 Der Zeichnungsschein muss auf den Beschluss der Generalversammlung über die Erhöhung oder die Ermächtigung zur Erhöhung des Aktienkapitals und auf den Beschluss des Verwaltungsrates über die Erhöhung Bezug nehmen. Verlangt das Gesetz einen Emissionsprospekt, so nimmt der Zeichnungsschein auch auf diesen Bezug.

3 Enthält der Zeichnungsschein keine Befristung, so endet seine Verbindlichkeit drei Monate nach der Unterzeichnung.

Art. 652a

b. Emissionsprospekt

1 Werden neue Aktien öffentlich zur Zeichnung angeboten, so gibt die Gesellschaft in einem Emissionsprospekt Aufschluss über:

1. den Inhalt der bestehenden Eintragung im Handelsregister, mit Ausnahme der Angaben über die zur Vertretung befugten Personen;
2. die bisherige Höhe und Zusammensetzung des Aktienkapitals unter Angabe von Anzahl, Nennwert und Art der Aktien sowie der Vorrechte einzelner Kategorien von Aktien;
3. Bestimmungen der Statuten über eine genehmigte oder eine bedingte Kapitalerhöhung;
4. die Anzahl der Genussscheine und den Inhalt der damit verbundenen Rechte;

180

5. die letzte Jahresrechnung und Konzernrechnung mit dem Revisionsbericht und, wenn der Bilanzstichtag mehr als sechs Monate zurückliegt, über die Zwischenabschlüsse;
6. die in den letzten fünf Jahren oder seit der Gründung ausgerichteten Dividenden;
7. den Beschluss über die Ausgabe neuer Aktien.

[2] Öffentlich ist jede Einladung zur Zeichnung, die sich nicht an einen begrenzten Kreis von Personen richtet.

Art. 652b

c. Bezugsrecht

[1] Jeder Aktionär hat Anspruch auf den Teil der neu ausgegebenen Aktien, der seiner bisherigen Beteiligung entspricht.

[2] Der Beschluss der Generalversammlung über die Erhöhung des Aktienkapitals darf das Bezugsrecht nur aus wichtigen Gründen aufheben. Als wichtige Gründe gelten insbesondere die Übernahme von Unternehmen, Unternehmensteilen oder Beteiligungen sowie die Beteiligung der Arbeitnehmer. Durch die Aufhebung des Bezugsrechts darf niemand in unsachlicher Weise begünstigt oder benachteiligt werden.

[3] Die Gesellschaft kann dem Aktionär, welchem sie ein Recht zum Bezug von Aktien eingeräumt hat, die Ausübung dieses Rechtes nicht wegen einer statutarischen Beschränkung der Übertragbarkeit von Namenaktien verwehren.

Art. 652c

d. Leistung der Einlagen

Soweit das Gesetz nichts anderes vorschreibt, sind die Einlagen nach den Bestimmungen über die Gründung zu leisten.

Art. 652d

e. Erhöhung aus Eigenkapital

[1] Das Aktienkapital kann auch durch Umwandlung von frei verwendbarem Eigenkapital erhöht werden.

[2] Die Deckung des Erhöhungsbetrages wird mit der Jahresrechnung in der von den Aktionären genehmigten Fassung oder, wenn der Bilanzstichtag mehr als sechs Monate zurückliegt, mit einem geprüften Zwischenabschluss nachgewiesen.

Art. 652e

Der Verwaltungsrat gibt in einem schriftlichen Bericht Rechenschaft über:

1. die Art und den Zustand von Sacheinlagen oder Sachübernahmen und die Angemessenheit der Bewertung;
2. den Bestand und die Verrechenbarkeit der Schuld;
3. die freie Verwendbarkeit von umgewandeltem Eigenkapital;
4. die Einhaltung des Generalversammlungsbeschlusses, insbesondere über die Einschränkung oder die Aufhebung des Bezugsrechtes und die Zuweisung nicht ausgeübter oder entzogener Bezugsrechte;
5. die Begründung und die Angemessenheit besonderer Vorteile zugunsten einzelner Aktionäre oder anderer Personen.

Art. 652f

[1] Die Revisionsstelle prüft den Kapitalerhöhungsbericht und bestätigt schriftlich, dass dieser vollständig und richtig ist.

[2] Keine Prüfungsbestätigung ist erforderlich, wenn die Einlage auf das neue Aktienkapital in Geld erfolgt, das Aktienkapital nicht zur Vornahme einer Sachübernahme erhöht wird und die Bezugsrechte nicht eingeschränkt oder aufgehoben werden.

Art. 652g

[1] Liegen der Kapitalerhöhungsbericht und, sofern erforderlich, die Prüfungsbestätigung vor, so ändert der Verwaltungsrat die Statuten und stellt dabei fest:

1. dass sämtliche Aktien gültig gezeichnet sind;
2. dass die versprochenen Einlagen dem gesamten Ausgabebetrag entsprechen;
3. dass die Einlagen entsprechend den Anforderungen des Gesetzes, der Statuten oder des Generalversammlungsbeschlusses geleistet wurden.

[2] Beschluss und Feststellungen sind öffentlich zu beurkunden. Die Urkundsperson hat die Belege, die der Kapitalerhöhung zugrunde liegen, einzeln zu nennen und zu bestätigen, dass sie dem Verwaltungsrat vorgelegen haben.

[3] Der öffentlichen Urkunde sind die geänderten Statuten, der Kapitalerhöhungsbericht, die Prüfungsbestätigung sowie die Sacheinlageverträge und die bereits vorliegenden Sachübernahmeverträge beizulegen.

Art. 652h

[1] Der Verwaltungsrat meldet die Statutenänderung und seine Feststellungen beim Handelsregister zur Eintragung an.

[2] Einzureichen sind:

1. die öffentlichen Urkunden über die Beschlüsse der Generalversammlung und des Verwaltungsrates mit den Beilagen;
2. eine beglaubigte Ausfertigung der geänderten Statuten.

[3] Aktien, die vor der Eintragung der Kapitalerhöhung ausgegeben werden, sind nichtig; die aus der Aktienzeichnung hervorgehenden Verpflichtungen werden dadurch nicht berührt.

Art. 653

[1] Die Generalversammlung kann eine bedingte Kapitalerhöhung beschliessen, indem sie in den Statuten den Gläubigern von neuen Anleihens- oder ähnlichen Obligationen gegenüber der Gesellschaft oder ihren Konzerngesellschaften sowie den Arbeitnehmern Rechte auf den Bezug neuer Aktien (Wandel- oder Optionsrechte) einräumt.

[2] Das Aktienkapital erhöht sich ohne weiteres in dem Zeitpunkt und in dem Umfang, als diese Wandel- oder Optionsrechte ausgeübt und die Einlagepflichten durch Verrechnung oder Einzahlung erfüllt werden.

Art. 653a

[1] Der Nennbetrag, um den das Aktienkapital bedingt erhöht werden kann, darf die Hälfte des bisherigen Aktienkapitals nicht übersteigen.

[2] Die geleistete Einlage muss mindestens dem Nennwert entsprechen.

Art. 653b

[1] Die Statuten müssen angeben:

1. den Nennbetrag der bedingten Kapitalerhöhung;
2. Anzahl, Nennwert und Art der Aktien;
3. den Kreis der Wandel- oder der Optionsberechtigten;
4. die Aufhebung der Bezugsrechte der bisherigen Aktionäre;
5. Vorrechte einzelner Kategorien von Aktien;

6. die Beschränkung der Übertragbarkeit neuer Namenaktien.

[2] Werden die Anleihens- oder ähnlichen Obligationen, mit denen Wandel- oder Optionsrechte verbunden sind, nicht den Aktionären vorweg zur Zeichnung angeboten, so müssen die Statuten überdies angeben:

1. die Voraussetzungen für die Ausübung der Wandel- oder der Optionsrechte;
2. die Grundlagen, nach denen der Ausgabebetrag zu berechnen ist.

[3] Wandel- oder Optionsrechte, die vor der Eintragung der Statutenbestimmung über die bedingte Kapitalerhöhung im Handelsregister eingeräumt werden, sind nichtig.

Art. 653c

4. Schutz der Aktionäre

[1] Sollen bei einer bedingten Kapitalerhöhung Anleihens- oder ähnliche Obligationen, mit denen Wandel- oder Optionsrechte verbunden sind, ausgegeben werden, so sind diese Obligationen vorweg den Aktionären entsprechend ihrer bisherigen Beteiligung zur Zeichnung anzubieten.

[2] Dieses Vorwegzeichnungsrecht kann beschränkt oder aufgehoben werden, wenn ein wichtiger Grund vorliegt.

[3] Durch die für eine bedingte Kapitalerhöhung notwendige Aufhebung des Bezugsrechtes sowie durch eine Beschränkung oder Aufhebung des Vorwegzeichnungsrechtes darf niemand in unsachlicher Weise begünstigt oder benachteiligt werden.

Art. 653d

5. Schutz der Wandel- oder Optionsberechtigten

[1] Dem Gläubiger oder dem Arbeitnehmer, dem ein Wandel- oder ein Optionsrecht zum Erwerb von Namenaktien zusteht, kann die Ausübung dieses Rechtes nicht wegen einer Beschränkung der Übertragbarkeit von Namenaktien verwehrt werden, es sei denn, dass dies in den Statuten und im Emissionsprospekt vorbehalten wird.

[2] Wandel- oder Optionsrechte dürfen durch die Erhöhung des Aktienkapitals, durch die Ausgabe neuer Wandel- oder Optionsrechte oder auf andere Weise nur beeinträchtigt werden, wenn der Konversionspreis gesenkt oder den Berechtigten auf andere Weise ein angemessener Ausgleich gewährt wird, oder wenn die gleiche Beeinträchtigung auch die Aktionäre trifft.

Art. 653e

6. Durchführung der Kapitalerhöhung
a. Ausübung der Rechte; Einlage

¹ Wandel- oder Optionsrechte werden durch eine schriftliche Erklärung ausgeübt, die auf die Statutenbestimmung über die bedingte Kapitalerhöhung hinweist; verlangt das Gesetz einen Emissionsprospekt, so nimmt die Erklärung auch auf diesen Bezug.

² Die Leistung der Einlage durch Geld oder Verrechnung muss bei einem Bankinstitut erfolgen, das dem Bundesgesetz vom 8. November 1934[1]) über die Banken und Sparkassen unterstellt ist.

³ Die Aktionärsrechte entstehen mit der Erfüllung der Einlagepflicht.

Art. 653f

b. Prüfungsbestätigung

¹ Ein besonders befähigter Revisor prüft nach Abschluss jedes Geschäftsjahres, auf Verlangen des Verwaltungsrates schon vorher, ob die Ausgabe der neuen Aktien dem Gesetz, den Statuten und, wenn ein solcher erforderlich ist, dem Emissionsprospekt entsprochen hat.

² Er bestätigt dies schriftlich.

Art. 653g

c. Anpassung der Statuten

¹ Nach Eingang der Prüfungsbestätigung stellt der Verwaltungsrat in öffentlicher Urkunde Anzahl, Nennwert und Art der neu ausgegebenen Aktien sowie die Vorrechte einzelner Kategorien und den Stand des Aktienkapitals am Schluss des Geschäftsjahres oder im Zeitpunkt der Prüfung fest. Er nimmt die nötigen Statutenanpassungen vor.

² In der öffentlichen Urkunde stellt die Urkundsperson fest, dass die Prüfungsbestätigung die verlangten Angaben enthält.

Art. 653h

d. Eintragung in das Handelsregister

Der Verwaltungsrat meldet dem Handelsregister spätestens drei Monate nach Abschluss des Geschäftsjahres die Statutenänderung an und reicht die öffentliche Urkunde und die Prüfungsbestätigung ein.

Art. 653i

7. Streichung

¹ Sind die Wandel- oder die Optionsrechte erloschen und wird dies von einem besonders befähigten Revisor in einem schriftlichen Be-

richt bestätigt, so hebt der Verwaltungsrat die Statutenbestimmungen über die bedingte Kapitalerhöhung auf.

[2] In der öffentlichen Urkunde stellt die Urkundsperson fest, dass der Bericht des Revisors die verlangten Angaben enthält.

Art. 654 Randtitel

Art. 656 Randtitel

Art. 656a

[1] Die Statuten können ein Partizipationskapital vorsehen, das in Teilsummen (Partizipationsscheine) zerlegt ist. Diese Partizipationsscheine werden gegen Einlage ausgegeben, haben einen Nennwert und gewähren kein Stimmrecht.

[2] Die Bestimmungen über das Aktienkapital, die Aktie und den Aktionär gelten, soweit das Gesetz nichts anderes vorsieht, auch für das Partizipationskapital, den Partizipationsschein und den Partizipanten.

[3] Die Partizipationsscheine sind als solche zu bezeichnen.

Art. 656b

[1] Das Partizipationskapital darf das Doppelte des Aktienkapitals nicht übersteigen.

[2] Die Bestimmungen über das Mindestkapital und über die Mindestgesamteinlage finden keine Anwendung.

[3] In den Bestimmungen über die Einschränkungen des Erwerbs eigener Aktien, die allgemeine Reserve, die Einleitung einer Sonderprüfung gegen den Willen der Generalversammlung und über die Meldepflicht bei Kapitalverlust ist das Partizipationskapital dem Aktienkapital zuzuzählen.

[4] Eine genehmigte oder eine bedingte Erhöhung des Aktien- und des Partizipationskapitals darf insgesamt die Hälfte der Summe des bisherigen Aktien- und Partizipationskapitals nicht übersteigen.

[5] Partizipationskapital kann im Verfahren der genehmigten oder bedingten Kapitalerhöhung geschaffen werden.

Art. 656c

[1] Der Partizipant hat kein Stimmrecht und, sofern die Statuten nichts anderes bestimmen, keines der damit zusammenhängenden Rechte.

[2] Als mit dem Stimmrecht zusammenhängende Rechte gelten das Recht auf Einberufung einer Generalversammlung, das Teilnahmerecht, das Recht auf Auskunft, das Recht auf Einsicht und das Antragsrecht.

[3] Gewähren ihm die Statuten kein Recht auf Auskunft oder Einsicht oder kein Antragsrecht auf Einleitung einer Sonderprüfung (Art. 697a ff.), so kann der Partizipant Begehren um Auskunft oder Einsicht oder um Einleitung einer Sonderprüfung schriftlich zu Handen der Generalversammlung stellen.

Art. 656d

[1] Den Partizipanten muss die Einberufung der Generalversammlung zusammen mit den Verhandlungsgegenständen und den Anträgen bekanntgegeben werden.

[2] Jeder Beschluss der Generalversammlung ist unverzüglich am Gesellschaftssitz und bei den eingetragenen Zweigniederlassungen zur Einsicht der Partizipanten aufzulegen. Die Partizipanten sind in der Bekanntgabe darauf hinzuweisen.

Art. 656e

Die Statuten können den Partizipanten einen Anspruch auf einen Vertreter im Verwaltungsrat einräumen.

Art. 656f

[1] Die Statuten dürfen die Partizipanten bei der Verteilung des Bilanzgewinnes und des Liquidationsergebnisses sowie beim Bezug neuer Aktien nicht schlechter stellen als die Aktionäre.

[2] Bestehen mehrere Kategorien von Aktien, so müssen die Partizipationsscheine zumindest der Kategorie gleichgestellt sein, die am wenigsten bevorzugt ist.

[3] Statutenänderungen und andere Generalversammlungsbeschlüsse, welche die Stellung der Partizipanten verschlechtern, sind nur zulässig, wenn sie auch die Stellung der Aktionäre, denen die Partizipanten gleichstehen, entsprechend beeinträchtigen.

⁴ Sofern die Statuten nichts anderes bestimmen, dürfen die Vorrechte und die statutarischen Mitwirkungsrechte von Partizipanten nur mit Zustimmung einer besonderen Versammlung der betroffenen Partizipanten und der Generalversammlung der Aktionäre beschränkt oder aufgehoben werden.

Art. 656g

b. Bezugsrechte

¹ Wird ein Partizipationskapital geschaffen, so haben die Aktionäre ein Bezugsrecht wie bei der Ausgabe neuer Aktien.

² Die Statuten können vorsehen, dass Aktionäre nur Aktien und Partizipanten nur Partizipationsscheine beziehen können, wenn das Aktien- und das Partizipationskapital gleichzeitig und im gleichen Verhältnis erhöht werden.

³ Wird das Partizipationskapital oder das Aktienkapital allein oder verhältnismässig stärker als das andere erhöht, so sind die Bezugsrechte so zuzuteilen, dass Aktionäre und Partizipanten am gesamten Kapital gleich wie bis anhin beteiligt bleiben können.

Art. 657

M. Genussscheine

¹ Die Statuten können die Schaffung von Genussscheinen zugunsten von Personen vorsehen, die mit der Gesellschaft durch frühere Kapitalbeteiligung oder als Aktionär, Gläubiger, Arbeitnehmer oder in ähnlicher Weise verbunden sind. Sie haben die Zahl der ausgegebenen Genussscheine und den Inhalt der damit verbundenen Rechte anzugeben.

² Durch die Genussscheine können den Berechtigten nur Ansprüche auf einen Anteil am Bilanzgewinn oder am Liquidationsergebnis oder auf den Bezug neuer Aktien verliehen werden.

³ Der Genussschein darf keinen Nennwert haben; er darf weder Partizipationsschein genannt noch gegen eine Einlage ausgegeben werden, die unter den Aktiven der Bilanz ausgewiesen wird.

⁴ Die Berechtigten bilden von Gesetzes wegen eine Gemeinschaft, für welche die Bestimmungen über die Gläubigergemeinschaft bei Anleihensobligationen sinngemäss gelten. Den Verzicht auf einzelne oder alle Rechte aus den Genussscheinen können jedoch nur die Inhaber der Mehrheit aller im Umlauf befindlichen Genussscheintitel verbindlich beschliessen.

⁵ Zugunsten der Gründer der Gesellschaft dürfen Genussscheine nur aufgrund der ursprünglichen Statuten geschaffen werden.

Art. 659

[1] Die Gesellschaft darf eigene Aktien nur dann erwerben, wenn frei verwendbares Eigenkapital in der Höhe der dafür nötigen Mittel vorhanden ist und der gesamte Nennwert dieser Aktien 10 Prozent des Aktienkapitals nicht übersteigt.

[2] Werden im Zusammenhang mit einer Übertragbarkeitsbeschränkung Namenaktien erworben, so beträgt die Höchstgrenze 20 Prozent. Die über 10 Prozent des Aktienkapitals hinaus erworbenen eigenen Aktien sind innert zweier Jahre zu veräussern oder durch Kapitalherabsetzung zu vernichten.

Art. 659a

[1] Das Stimmrecht und die damit verbundenen Rechte eigener Aktien ruhen.

[2] Die Gesellschaft hat für die eigenen Aktien einen dem Anschaffungswert entsprechenden Betrag gesondert als Reserve auszuweisen.

Art. 659b

[1] Ist eine Gesellschaft an Tochtergesellschaften mehrheitlich beteiligt, so gelten für den Erwerb ihrer Aktien durch diese Tochtergesellschaften die gleichen Einschränkungen und Folgen wie für den Erwerb eigener Aktien.

[2] Erwirbt eine Gesellschaft die Mehrheitsbeteiligung an einer anderen Gesellschaft, die ihrerseits Aktien der Erwerberin hält, so gelten diese Aktien als eigene Aktien der Erwerberin.

[3] Die Reservebildung obliegt der Gesellschaft, welche die Mehrheitsbeteiligung hält.

Art. 660

[1] Jeder Aktionär hat Anspruch auf einen verhältnismässigen Anteil am Bilanzgewinn, soweit dieser nach dem Gesetz oder den Statuten zur Verteilung unter die Aktionäre bestimmt ist.

[2] Bei Auflösung der Gesellschaft hat der Aktionär, soweit die Statuten über die Verwendung des Vermögens der aufgelösten Gesellschaft nichts anderes bestimmen, das Recht auf einen verhältnismässigen Anteil am Ergebnis der Liquidation.

³ Vorbehalten bleiben die in den Statuten für einzelne Kategorien von Aktien festgesetzten Vorrechte.

Art. 662

B. Geschäftsbericht
I. Im allgemeinen
1. Inhalt

¹ Der Verwaltungsrat erstellt für jedes Geschäftsjahr einen Geschäftsbericht, der sich aus der Jahresrechnung, dem Jahresbericht und einer Konzernrechnung zusammensetzt, soweit das Gesetz eine solche verlangt.

² Die Jahresrechnung besteht aus der Erfolgsrechnung, der Bilanz und dem Anhang.

Art. 662a

2. Ordnungs-
mässige Rech-
nungslegung

¹ Die Jahresrechnung wird nach den Grundsätzen der ordnungsmässigen Rechnungslegung so aufgestellt, dass die Vermögens- und Ertragslage der Gesellschaft möglichst zuverlässig beurteilt werden kann. Sie enthält auch die Vorjahreszahlen.

² Die ordnungsmässige Rechnungslegung erfolgt insbesondere nach den Grundsätzen der:

1. Vollständigkeit der Jahresrechnung;
2. Klarheit und Wesentlichkeit der Angaben;
3. Vorsicht;
4. Fortführung der Unternehmenstätigkeit;
5. Stetigkeit in Darstellung und Bewertung;
6. Unzulässigkeit der Verrechnung von Aktiven und Passiven sowie von Aufwand und Ertrag.

³ Abweichungen vom Grundsatz der Unternehmensfortführung, von der Stetigkeit der Darstellung und Bewertung und vom Verrechnungsverbot sind in begründeten Fällen zulässig. Sie sind im Anhang darzulegen.

⁴ Im übrigen gelten die Bestimmungen über die kaufmännische Buchführung.

Art. 663

II. Erfolgsrech-
nung;
Mindestgliede-
rung

¹ Die Erfolgsrechnung weist betriebliche und betriebsfremde sowie ausserordentliche Erträge und Aufwendungen aus.

² Unter Ertrag werden der Erlös aus Lieferungen und Leistungen, der Finanzertrag sowie die Gewinne aus Veräusserungen von Anlagevermögen gesondert ausgewiesen.

³ Unter Aufwand werden Material- und Warenaufwand, Personalaufwand, Finanzaufwand sowie Aufwand für Abschreibungen gesondert ausgewiesen.

⁴ Die Erfolgsrechnung zeigt den Jahresgewinn oder den Jahresverlust.

Art. 663a

III. Bilanz; Mindestgliederung

¹ Die Bilanz weist das Umlaufvermögen und das Anlagevermögen, das Fremdkapital und das Eigenkapital aus.

² Das Umlaufvermögen wird in flüssige Mittel, Forderungen aus Lieferungen und Leistungen, andere Forderungen sowie Vorräte unterteilt, das Anlagevermögen in Finanzanlagen, Sachanlagen und immaterielle Anlagen.

³ Das Fremdkapital wird in Schulden aus Lieferungen und Leistungen, andere kurzfristige Verbindlichkeiten, langfristige Verbindlichkeiten und Rückstellungen unterteilt, das Eigenkapital in Aktienkapital, gesetzliche und andere Reserven sowie in einen Bilanzgewinn.

⁴ Gesondert angegeben werden auch das nicht einbezahlte Aktienkapital, die Gesamtbeträge der Beteiligungen, der Forderungen und der Verbindlichkeiten gegenüber anderen Gesellschaften des Konzerns oder Aktionären, die eine Beteiligung an der Gesellschaft halten, die Rechnungsabgrenzungsposten sowie ein Bilanzverlust.

Art. 663b

Der Anhang enthält:

IV. Anhang

1. den Gesamtbetrag der Bürgschaften, Garantieverpflichtungen und Pfandbestellungen zugunsten Dritter;
2. den Gesamtbetrag der zur Sicherung eigener Verpflichtungen verpfändeten oder abgetretenen Aktiven sowie der Aktiven unter Eigentumsvorbehalt;
3. den Gesamtbetrag der nichtbilanzierten Leasingverbindlichkeiten;
4. die Brandversicherungswerte der Sachanlagen;
5. Verbindlichkeiten gegenüber Vorsorgeeinrichtungen;
6. die Beträge, Zinssätze und Fälligkeiten der von der Gesellschaft ausgegebenen Anleihensobligationen;
7. jede Beteiligung, die für die Beurteilung der Vermögens- und Ertragslage der Gesellschaft wesentlich ist;

8. den Gesamtbetrag der aufgelösten Wiederbeschaffungsreserven und der darüber hinausgehenden stillen Reserven, soweit dieser den Gesamtbetrag der neugebildeten derartigen Reserven übersteigt, wenn dadurch das erwirtschaftete Ergebnis wesentlich günstiger dargestellt wird;

9 . Angaben über Gegenstand und Betrag von Aufwertungen;

10. Angaben über Erwerb, Veräusserung und Anzahl der von der Gesellschaft gehaltenen eigenen Aktien, einschliesslich ihrer Aktien, die eine andere Gesellschaft hält, an der sie mehrheitlich beteiligt ist; anzugeben sind ebenfalls die Bedingungen, zu denen die Gesellschaft die eigenen Aktien erworben oder veräussert hat;

11. den Betrag der genehmigten und der bedingten Kapitalerhöhung;

12. die anderen vom Gesetz vorgeschriebenen Angaben.

Art. 663c

V. Beteiligungsverhältnisse bei Publikumsgesellschaften

[1] Gesellschaften, deren Aktien[1)] an einer Börse kotiert sind, haben im Anhang zur Bilanz bedeutende Aktionäre und deren Beteiligungen anzugeben, sofern diese ihnen bekannt sind oder bekannt sein müssten.

[2] Als bedeutende Aktionäre gelten Aktionäre und stimmrechtsverbundene Aktionärsgruppen, deren Beteiligung 5 Prozent aller Stimmrechte übersteigt. Enthalten die Statuten eine tiefere prozentmässige Begrenzung der Namenaktien (Art. 685d Abs. 1), so gilt für die Bekanntgabepflicht diese Grenze.

Art. 663d

VI. Jahresbericht

[1] Der Jahresbericht stellt den Geschäftsverlauf sowie die wirtschaftliche und finanzielle Lage der Gesellschaft dar.

[2] Er nennt die im Geschäftsjahr eingetretenen Kapitalerhöhungen und gibt die Prüfungsbestätigung wieder.

Art. 663e

VII. Konzernrechnung
1. Pflicht zur Erstellung

[1] Fasst die Gesellschaft durch Stimmenmehrheit oder auf andere Weise eine oder mehrere Gesellschaften unter einheitlicher Leitung zusammen (Konzern), so erstellt sie eine konsolidierte Jahresrechnung (Konzernrechnung).

[2] Die Gesellschaft ist von der Pflicht zur Erstellung einer Konzernrechnung befreit, wenn sie zusammen mit ihren Untergesellschaf-

ten zwei der nachstehenden Grössen in zwei aufeinanderfolgenden Geschäftsjahren nicht überschreitet:

1. Bilanzsumme von 10 Millionen Franken;
2. Umsatzerlös von 20 Millionen Franken;
3. 200 Arbeitnehmer im Jahresdurchschnitt.

[3] Eine Konzernrechnung ist dennoch zu erstellen, wenn:

1. die Gesellschaft Anleihensobligationen ausstehend hat;
2. die Aktien der Gesellschaft an der Börse kotiert sind;
3. Aktionäre, die zusammen mindestens 10 Prozent des Aktienkapitals vertreten, es verlangen;
4. dies für eine möglichst zuverlässige Beurteilung der Vermögens- und Ertragslage der Gesellschaft notwendig ist.

Art. 663f

2. Zwischengesellschaften

[1] Ist eine Gesellschaft in die Konzernrechnung einer Obergesellschaft einbezogen, die nach schweizerischen oder gleichwertigen ausländischen Vorschriften erstellt und geprüft worden ist, so muss sie keine besondere Konzernrechnung erstellen, wenn sie die Konzernrechnung der Obergesellschaft ihren Aktionären und Gläubigern wie die eigene Jahresrechnung bekanntmacht.

[2] Sie ist jedoch verpflichtet, eine besondere Konzernrechnung zu erstellen, wenn sie ihre Jahresrechnung veröffentlichen muss oder wenn Aktionäre, die zusammen mindestens 10 Prozent des Aktienkapitals vertreten, es verlangen.

Art. 663g

3. Erstellung

[1] Die Konzernrechnung untersteht den Grundsätzen ordnungsmässiger Rechnungslegung.

[2] Im Anhang zur Konzernrechnung nennt die Gesellschaft die Konsolidierungs- und Bewertungsregeln. Weicht sie davon ab, so weist sie im Anhang darauf hin und vermittelt in anderer Weise die für den Einblick in die Vermögens- und Ertragslage des Konzerns nötigen Angaben.

Art. 663h

VIII. Schutz und Anpassung

[1] In der Jahresrechnung, im Jahresbericht und in der Konzernrechnung kann auf Angaben verzichtet werden, welche der Gesellschaft oder dem Konzern erhebliche Nachteile bringen können. Die Revisionsstelle ist über die Gründe zu unterrichten.

² Die Jahresrechnung kann im Rahmen der Grundsätze der ordnungsmässigen Rechnungslegung den Besonderheiten des Unternehmens angepasst werden. Sie hat jedoch den gesetzlich vorgeschriebenen Mindestinhalt aufzuweisen.

Art. 664

IX. Bewertung
1. Gründungs-, Kapitalerhöhungs- und Organisationskosten

Gründungs-, Kapitalerhöhungs- und Organisationskosten, die aus der Errichtung, der Erweiterung oder der Umstellung des Geschäfts entstehen, dürfen bilanziert werden. Sie werden gesondert ausgewiesen und innerhalb von fünf Jahren abgeschrieben.

Art. 665

2. Anlagevermögen
a. Im allgemeinen

Das Anlagevermögen darf höchstens zu den Anschaffungs- oder den Herstellungskosten bewertet werden, unter Abzug der notwendigen Abschreibungen.

Art. 665a

b. Beteiligungen

¹ Zum Anlagevermögen gehören auch Beteiligungen und andere Finanzanlagen.

² Beteiligungen sind Anteile am Kapital anderer Unternehmen, die mit der Absicht dauernder Anlage gehalten werden und einen massgeblichen Einfluss vermitteln.

³ Stimmberechtigte Anteile von mindestens 20 Prozent gelten als Beteiligung.

Art. 666

3. Vorräte

¹ Rohmaterialien, teilweise oder ganz fertiggestellte Erzeugnisse sowie Waren dürfen höchstens zu den Anschaffungs- oder den Herstellungskosten bewertet werden.

² Sind die Kosten höher als der am Bilanzstichtag allgemein geltende Marktpreis, so ist dieser massgebend.

Art. 667

4. Wertschriften

¹ Wertschriften mit Kurswert dürfen höchstens zum Durchschnittskurs des letzten Monats vor dem Bilanzstichtag bewertet werden.

² Wertschriften ohne Kurswert dürfen höchstens zu den Anschaffungskosten bewertet werden, unter Abzug der notwendigen Wertberichtigungen.

194

Art. 669

5. Abschreibungen, Wertberichtigungen und Rückstellungen

[1] Abschreibungen, Wertberichtigungen und Rückstellungen müssen vorgenommen werden, soweit sie nach allgemein anerkannten kaufmännischen Grundsätzen notwendig sind. Rückstellungen sind insbesondere zu bilden, um ungewisse Verpflichtungen und drohende Verluste aus schwebenden Geschäften zu decken.

[2] Der Verwaltungsrat darf zu Wiederbeschaffungszwecken zusätzliche Abschreibungen, Wertberichtigungen und Rückstellungen vornehmen und davon absehen, überflüssig gewordene Rückstellungen aufzulösen.

[3] Stille Reserven, die darüber hinausgehen, sind zulässig, soweit die Rücksicht auf das dauernde Gedeihen des Unternehmens oder auf die Ausrichtung einer möglichst gleichmässigen Dividende es unter Berücksichtigung der Interessen der Aktionäre rechtfertigt.

[4] Bildung und Auflösung von Wiederbeschaffungsreserven und darüber hinausgehenden stillen Reserven sind der Revisionsstelle im einzelnen mitzuteilen.

Art. 670

6. Aufwertung

[1] Ist die Hälfte des Aktienkapitals und der gesetzlichen Reserven infolge eines Bilanzverlustes nicht mehr gedeckt, so dürfen zur Beseitigung der Unterbilanz Grundstücke oder Beteiligungen, deren wirklicher Wert über die Anschaffungs- oder Herstellungskosten gestiegen ist, bis höchstens zu diesem Wert aufgewertet werden. Der Aufwertungsbetrag ist gesondert als Aufwertungsreserve auszuweisen.

[2] Die Aufwertung ist nur zulässig, wenn die Revisionsstelle zu Handen der Generalversammlung schriftlich bestätigt, dass die gesetzlichen Bestimmungen eingehalten sind.

Art. 671

C. Reserven
I. Gesetzliche Reserven
1. Allgemeine Reserve

[1] 5 Prozent des Jahresgewinnes sind der allgemeinen Reserve zuzuweisen, bis diese 20 Prozent des einbezahlten Aktienkapitals erreicht.

[2] Dieser Reserve sind, auch nachdem sie die gesetzliche Höhe erreicht hat, zuzuweisen:

1. ein bei der Ausgabe von Aktien nach Deckung der Ausgabekosten über den Nennwert hinaus erzielter Mehrerlös, soweit er nicht zu Abschreibungen oder zu Wohlfahrtszwecken verwendet wird;

2. was von den geleisteten Einzahlungen auf ausgefallene Aktien übrigbleibt, nachdem ein allfälliger Mindererlös aus den dafür ausgegebenen Aktien gedeckt worden ist;

3. 10 Prozent der Beträge, die nach Bezahlung einer Dividende von 5 Prozent als Gewinnanteil ausgerichtet werden.

[3] Die allgemeine Reserve darf, soweit sie die Hälfte des Aktienkapitals nicht übersteigt, nur zur Deckung von Verlusten oder für Massnahmen verwendet werden, die geeignet sind, in Zeiten schlechten Geschäftsganges das Unternehmen durchzuhalten, der Arbeitslosigkeit entgegenzuwirken oder ihre Folgen zu mildern.

[4] Die Bestimmungen in Absatz 2 Ziffer 3 und Absatz 3 gelten nicht für Gesellschaften, deren Zweck hauptsächlich in der Beteiligung an anderen Unternehmen besteht (Holdinggesellschaften).

[5] Konzessionierte Transportanstalten sind, unter Vorbehalt abweichender Bestimmungen des öffentlichen Rechts, von der Pflicht zur Bildung der Reserve befreit.

[6] Versicherungseinrichtungen bilden ihre Reserve nach dem von der zuständigen Aufsichtsbehörde genehmigten Geschäftsplan.

Art. 671a

2. Reserve für eigene Aktien

Die Reserve für eigene Aktien kann bei Veräusserung oder Vernichtung von Aktien im Umfang der Anschaffungswerte aufgehoben werden.

Art. 671b

3. Aufwertungsreserve

Die Aufwertungsreserve kann nur durch Umwandlung in Aktienkapital sowie durch Wiederabschreibung oder Veräusserung der aufgewerteten Aktiven aufgelöst werden.

Art. 672

II. Statutarische Reserven
1. Im allgemeinen

[1] Die Statuten können bestimmen, dass der Reserve höhere Beträge als 5 Prozent des Jahresgewinnes zuzuweisen sind und dass die Reserve mehr als die vom Gesetz vorgeschriebenen 20 Prozent des einbezahlten Aktienkapitals betragen muss.

[2] Sie können die Anlage weiterer Reserven vorsehen und deren Zweckbestimmung und Verwendung festsetzen.

Art. 673

2. Zu Wohlfahrtszwecken für Arbeitnehmer

Die Statuten können insbesondere auch Reserven zur Gründung und Unterstützung von Wohlfahrtseinrichtungen für Arbeitnehmer des Unternehmens vorsehen.

Art. 674

III. Verhältnis des Gewinnanteils zu den Reserven

[1] Die Dividende darf erst festgesetzt werden, nachdem die dem Gesetz und den Statuten entsprechenden Zuweisungen an die gesetzlichen und statutarischen Reserven abgezogen worden sind.

[2] Die Generalversammlung kann die Bildung von Reserven beschliessen, die im Gesetz und in den Statuten nicht vorgesehen sind oder über deren Anforderungen hinausgehen, soweit

1. dies zu Wiederbeschaffungszwecken notwendig ist;
2. die Rücksicht auf das dauernde Gedeihen des Unternehmens oder auf die Ausrichtung einer möglichst gleichmässigen Dividende es unter Berücksichtigung der Interessen aller Aktionäre rechtfertigt.

[3] Ebenso kann die Generalversammlung zur Gründung und Unterstützung von Wohlfahrtseinrichtungen für Arbeitnehmer des Unternehmens und zu anderen Wohlfahrtszwecken aus dem Bilanzgewinn auch dann Reserven bilden, wenn sie in den Statuten nicht vorgesehen sind.

Art. 675 Abs. 2

D. Dividenden, Bauzinse und Tantiemen
I. Dividenden

[2] Dividenden dürfen nur aus dem Bilanzgewinn und aus hierfür gebildeten Reserven ausgerichtet werden.

Art. 677

III. Tantiemen

Gewinnanteile an Mitglieder des Verwaltungsrates dürfen nur dem Bilanzgewinn entnommen werden und sind nur zulässig, nachdem die Zuweisung an die gesetzliche Reserve gemacht und eine Dividende von 5 Prozent oder von einem durch die Statuten festgesetzten höheren Ansatz an die Aktionäre ausgerichtet worden ist.

Art. 678

E. Rückerstattung von Leistungen
I. Im allgemeinen

[1] Aktionäre und Mitglieder des Verwaltungsrates sowie diesen nahestehende Personen, die ungerechtfertigt und in bösem Glauben Dividenden, Tantiemen, andere Gewinnanteile oder Bauzinsen bezogen haben, sind zur Rückerstattung verpflichtet.

[2] Sie sind auch zur Rückerstattung anderer Leistungen der Gesellschaft verpflichtet, soweit diese in einem offensichtlichen Missverhältnis zur Gegenleistung und zur wirtschaftlichen Lage der Gesellschaft stehen.

³ Der Anspruch auf Rückerstattung steht der Gesellschaft und dem Aktionär zu; dieser klagt auf Leistung an die Gesellschaft.

⁴ Die Pflicht zur Rückerstattung verjährt fünf Jahre nach Empfang der Leistung.

Art. 679

II. Tantiemen im Konkurs

¹ Im Konkurs der Gesellschaft müssen die Mitglieder des Verwaltungsrates alle Tantiemen, die sie in den letzten drei Jahren vor Konkurseröffnung erhalten haben, zurückerstatten, es sei denn, sie weisen nach, dass die Voraussetzungen zur Ausrichtung der Tantiemen nach Gesetz und Statuten erfüllt waren; dabei ist insbesondere nachzuweisen, dass die Ausrichtung aufgrund vorsichtiger Bilanzierung erfolgte.

² Die Zeit zwischen Konkursaufschub und Konkurseröffnung zählt bei der Berechnung der Frist nicht mit.

Art. 684

II. Namenaktien

¹ Die Namenaktien sind, wenn nicht Gesetz oder Statuten es anders bestimmen, ohne Beschränkung übertragbar.

² Die Übertragung durch Rechtsgeschäft kann durch Übergabe des indossierten Aktientitels an den Erwerber erfolgen.

Art. 685

H. Beschränkung der Übertragbarkeit
I. Gesetzliche Beschränkung

¹ Nicht voll liberierte Namenaktien dürfen nur mit Zustimmung der Gesellschaft übertragen werden, es sei denn, sie werden durch Erbgang, Erbteilung, eheliches Güterrecht oder Zwangsvollstreckung erworben.

² Die Gesellschaft kann die Zustimmung nur verweigern, wenn die Zahlungsfähigkeit des Erwerbers zweifelhaft ist und die von der Gesellschaft geforderte Sicherheit nicht geleistet wird.

Art. 685a

II. Statutarische Beschränkung
1. Grundsätze

¹ Die Statuten können bestimmen, dass Namenaktien nur mit Zustimmung der Gesellschaft übertragen werden dürfen.

² Diese Beschränkung gilt auch für die Begründung einer Nutzniessung.

³ Tritt die Gesellschaft in Liquidation, so fällt die Beschränkung der Übertragbarkeit dahin.

Art. 685b

2. Nicht börsen-
kotierte Namen-
aktien
a. Voraus-
setzungen der
Ablehnung

[1] Die Gesellschaft kann das Gesuch um Zustimmung ablehnen, wenn sie hierfür einen wichtigen, in den Statuten genannten Grund bekanntgibt oder wenn sie dem Veräusserer der Aktien anbietet, die Aktien für eigene Rechnung, für Rechnung anderer Aktionäre oder für Rechnung Dritter zum wirklichen Wert im Zeitpunkt des Gesuches zu übernehmen.

[2] Als wichtige Gründe gelten Bestimmungen über die Zusammensetzung des Aktionärskreises, die im Hinblick auf den Gesellschaftszweck oder die wirtschaftliche Selbständigkeit des Unternehmens die Verweigerung rechtfertigen.

[3] Die Gesellschaft kann überdies die Eintragung in das Aktienbuch verweigern, wenn der Erwerber nicht ausdrücklich erklärt, dass er die Aktien im eigenen Namen und auf eigene Rechnung erworben hat.

[4] Sind die Aktien durch Erbgang, Erbteilung, eheliches Güterrecht oder Zwangsvollstreckung erworben worden, so kann die Gesellschaft das Gesuch um Zustimmung nur ablehnen, wenn sie dem Erwerber die Übernahme der Aktien zum wirklichen Wert anbietet.

[5] Der Erwerber kann verlangen, dass der Richter am Sitz der Gesellschaft den wirklichen Wert bestimmt. Die Kosten der Bewertung trägt die Gesellschaft.

[6] Lehnt der Erwerber das Übernahmeangebot nicht innert eines Monates nach Kenntnis des wirklichen Wertes ab, so gilt es als angenommen.

[7] Die Statuten dürfen die Voraussetzungen der Übertragbarkeit nicht erschweren.

Art. 685c

b. Wirkung

[1] Solange eine erforderliche Zustimmung zur Übertragung von Aktien nicht erteilt wird, verbleiben das Eigentum an den Aktien und alle damit verknüpften Rechte beim Veräusserer.

[2] Beim Erwerb von Aktien durch Erbgang, Erbteilung, eheliches Güterrecht oder Zwangsvollstreckung gehen das Eigentum und die Vermögensrechte sogleich, die Mitwirkungsrechte erst mit der Zustimmung der Gesellschaft auf den Erwerber über.

[3] Lehnt die Gesellschaft das Gesuch um Zustimmung innert dreier Monate nach Erhalt nicht oder zu Unrecht ab, so gilt die Zustimmung als erteilt.

Art. 685d

[1] Bei börsenkotierten Namenaktien kann die Gesellschaft einen Erwerber als Aktionär nur ablehnen, wenn die Statuten eine prozentmässige Begrenzung der Namenaktien vorsehen, für die ein Erwerber als Aktionär anerkannt werden muss, und diese Begrenzung überschritten wird.

[2] Die Gesellschaft kann überdies die Eintragung in das Aktienbuch verweigern, wenn der Erwerber auf ihr Verlangen nicht ausdrücklich erklärt, dass er die Aktien im eigenen Namen und auf eigene Rechnung erworben hat.

[3] Sind börsenkotierte[1)] Namenaktien durch Erbgang, Erbteilung oder eheliches Güterrecht erworben worden, kann der Erwerber nicht abgelehnt werden.

Art. 685e

Werden börsenkotierte Namenaktien börsenmässig verkauft, so meldet die Veräussererbank den Namen des Veräusserers und die Anzahl der verkauften Aktien unverzüglich der Gesellschaft.

Art. 685f

[1] Werden börsenkotierte Namenaktien börsenmässig erworben, so gehen die Rechte mit der Übertragung auf den Erwerber über. Werden börsenkotierte Namenaktien ausserbörslich erworben, so gehen die Rechte auf den Erwerber über, sobald dieser bei der Gesellschaft ein Gesuch um Anerkennung als Aktionär eingereicht hat.

[2] Bis zur Anerkennung des Erwerbers durch die Gesellschaft kann dieser weder das mit den Aktien verknüpfte Stimmrecht noch andere mit dem Stimmrecht zusammenhängende Rechte ausüben. In der Ausübung aller übrigen Aktionärsrechte, insbesondere auch des Bezugsrechts, ist der Erwerber nicht eingeschränkt.

[3] Noch nicht von der Gesellschaft anerkannte Erwerber sind nach dem Rechtsübergang als Aktionär ohne Stimmrecht ins Aktienbuch einzutragen. Die entsprechenden Aktien gelten in der Generalversammlung als nicht vertreten.

[4] Ist die Ablehnung widerrechtlich, so hat die Gesellschaft das Stimmrecht und die damit zusammenhängenden Rechte vom Zeitpunkt des richterlichen Urteils an anzuerkennen und dem Erwerber Schadenersatz zu leisten, sofern sie nicht beweist, dass ihr kein Verschulden zur Last fällt.

Art. 685g

d. Ablehnungs-
frist

Lehnt die Gesellschaft das Gesuch des Erwerbers um Anerkennung innert 20 Tagen nicht ab, so ist dieser als Aktionär anerkannt.

Art. 686

4. Aktienbuch
a. Eintragung

¹Die Gesellschaft führt über die Namenaktien ein Aktienbuch, in welches die Eigentümer und Nutzniesser mit Namen und Adresse eingetragen werden.

² Die Eintragung in das Aktienbuch setzt einen Ausweis über den Erwerb der Aktie zu Eigentum oder die Begründung einer Nutzniessung voraus.

³ Die Gesellschaft muss die Eintragung auf dem Aktientitel bescheinigen.

⁴ Im Verhältnis zur Gesellschaft gilt als Aktionär oder als Nutzniesser, wer im Aktienbuch eingetragen ist.

Art. 686a

b. Streichung

Die Gesellschaft kann nach Anhörung des Betroffenen Eintragungen im Aktienbuch streichen, wenn diese durch falsche Angaben des Erwerbers zustande gekommen sind. Dieser muss über die Streichung sofort informiert werden.

Art. 687 Randtitel

5. Nicht voll ein-
bezahlte Na-
menaktien

Art. 689

J. Persönliche
Mitgliedschafts-
rechte
I. Teilnahme an
der Generalver-
sammlung
1. Grundsatz

¹ Der Aktionär übt seine Rechte in den Angelegenheiten der Gesellschaft, wie Bestellung der Organe, Abnahme des Geschäftsberichtes und Beschlussfassung über die Gewinnverwendung, in der Generalversammlung aus.

² Er kann seine Aktien in der Generalversammlung selbst vertreten oder durch einen Dritten vertreten lassen, der unter Vorbehalt abweichender statutarischer Bestimmungen nicht Aktionär zu sein braucht.

Art. 689a

2. Berechtigung
gegenüber der
Gesellschaft

¹ Die Mitgliedschaftsrechte aus Namenaktien kann ausüben, wer durch den Eintrag im Aktienbuch ausgewiesen oder vom Aktionär dazu schriftlich bevollmächtigt ist.

² Die Mitgliedschaftsrechte aus Inhaberaktien kann ausüben, wer sich als Besitzer ausweist, indem er die Aktien vorlegt. Der Verwaltungsrat kann eine andere Art des Besitzesausweises anordnen.

Art. 689b

3. Vertretung des Aktionärs
a. Im allgemeinen

¹ Wer Mitwirkungsrechte als Vertreter ausübt, muss die Weisungen des Vertretenen befolgen.

² Wer eine Inhaberaktie aufgrund einer Verpfändung, Hinterlegung oder leihweisen Überlassung besitzt, darf die Mitgliedschaftsrechte nur ausüben, wenn er vom Aktionär hierzu in einem besonderen Schriftstück bevollmächtigt wurde.

Art. 689c

b. Organvertreter

Schlägt die Gesellschaft den Aktionären ein Mitglied ihrer Organe oder eine andere abhängige Person für die Stimmrechtsvertretung an einer Generalversammlung vor, so muss sie zugleich eine unabhängige Person bezeichnen, die von den Aktionären mit der Vertretung beauftragt werden kann.

Art. 689d

c. Depotvertreter

¹ Wer als Depotvertreter Mitwirkungsrechte aus Aktien, die bei ihm hinterlegt sind, ausüben will, ersucht den Hinterleger vor jeder Generalversammlung um Weisungen für die Stimmabgabe.

² Sind Weisungen des Hinterlegers nicht rechtzeitig erhältlich, so übt der Depotvertreter das Stimmrecht nach einer allgemeinen Weisung des Hinterlegers aus; fehlt eine solche, so folgt er den Anträgen des Verwaltungsrates.

³ Als Depotvertreter gelten die dem Bundesgesetz vom 8. November 1934[1)] über die Banken und Sparkassen unterstellten Institute sowie gewerbsmässige Vermögensverwalter.

Art. 689e

d. Bekanntgabe

¹ Organe, unabhängige Stimmrechtsvertreter und Depotvertreter geben der Gesellschaft Anzahl, Art, Nennwert und Kategorie der von ihnen vertretenen Aktien bekannt. Unterbleiben diese Angaben, so sind die Beschlüsse der Generalversammlung unter den gleichen Voraussetzungen anfechtbar wie bei unbefugter Teilnahme an der Generalversammlung.

2 Der Vorsitzende teilt die Angaben gesamthaft für jede Vertretungsart der Generalversammlung mit. Unterlässt er dies, obschon ein Aktionär es verlangt hat, so kann jeder Aktionär die Beschlüsse der Generalversammlung mit Klage gegen die Gesellschaft anfechten.

4. Mehrere Berechtigte

Art. 690 Randtitel

Art. 693 Abs. 2 und 3

2 In diesem Falle können Aktien, die einen kleineren Nennwert als andere Aktien der Gesellschaft haben, nur als Namenaktien ausgegeben werden und müssen voll liberiert sein. Der Nennwert der übrigen Aktien darf das Zehnfache des Nennwertes der Stimmrechtsaktien nicht übersteigen.

3 Die Bemessung des Stimmrechts nach der Zahl der Aktien ist nicht anwendbar für:

1. die Wahl der Revisionsstelle;
2. die Ernennung von Sachverständigen zur Prüfung der Geschäftsführung oder einzelner Teile;
3. die Beschlussfassung über die Einleitung einer Sonderprüfung;
4. die Beschlussfassung über die Anhebung einer Verantwortlichkeitsklage.

Art. 696

IV. Kontrollrechte der Aktionäre
1. Bekanntgabe des Geschäftsberichtes

1 Spätestens 20 Tage vor der ordentlichen Generalversammlung sind der Geschäftsbericht und der Revisionsbericht den Aktionären am Gesellschaftssitz zur Einsicht aufzulegen. Jeder Aktionär kann verlangen, dass ihm unverzüglich eine Ausfertigung dieser Unterlagen zugestellt wird.

2 Namenaktionäre sind hierüber durch schriftliche Mitteilung zu unterrichten, Inhaberaktionäre durch Bekanntgabe im Schweizerischen Handelsamtsblatt sowie in der von den Statuten vorgeschriebenen Form.

3 Jeder Aktionär kann noch während eines Jahres nach der Generalversammlung von der Gesellschaft den Geschäftsbericht in der von der Generalversammlung genehmigten Form sowie den Revisionsbericht verlangen.

Art. 697

2. Auskunft und Einsicht

[1] Jeder Aktionär ist berechtigt, an der Generalversammlung vom Verwaltungsrat Auskunft über die Angelegenheiten der Gesellschaft und von der Revisionsstelle über Durchführung und Ergebnis ihrer Prüfung zu verlangen.

[2] Die Auskunft ist insoweit zu erteilen, als sie für die Ausübung der Aktionärsrechte erforderlich ist. Sie kann verweigert werden, wenn durch sie Geschäftsgeheimnisse oder andere schutzwürdige Interessen der Gesellschaft gefährdet werden.

[3] Die Geschäftsbücher und Korrespondenzen können nur mit ausdrücklicher Ermächtigung der Generalversammlung oder durch Beschluss des Verwaltungsrates und unter Wahrung der Geschäftsgeheimnisse eingesehen werden.

[4] Wird die Auskunft oder die Einsicht ungerechtfertigterweise verweigert, so ordnet sie der Richter am Sitz der Gesellschaft auf Antrag an.

Art. 697a

V. Recht auf Einleitung einer Sonderprüfung
1. Mit Genehmigung der Generalversammlung

[1] Jeder Aktionär kann der Generalversammlung beantragen, bestimmte Sachverhalte durch eine Sonderprüfung abklären zu lassen, sofern dies zur Ausübung der Aktionärsrechte erforderlich ist und er das Recht auf Auskunft oder das Recht auf Einsicht bereits ausgeübt hat.

[2] Entspricht die Generalversammlung dem Antrag, so kann die Gesellschaft oder jeder Aktionär innert 30 Tagen den Richter um Einsetzung eines Sonderprüfers ersuchen.

Art. 697b

2. Bei Ablehnung durch die Generalversammlung

[1] Entspricht die Generalversammlung dem Antrag nicht, so können Aktionäre, die zusammen mindestens 10 Prozent des Aktienkapitals oder Aktien im Nennwert von 2 Millionen Franken vertreten, innert dreier Monate den Richter ersuchen, einen Sonderprüfer einzusetzen.

[2] Die Gesuchsteller haben Anspruch auf Einsetzung eines Sonderprüfers, wenn sie glaubhaft machen, dass Gründer oder Organe Gesetz oder Statuten verletzt und damit die Gesellschaft oder die Aktionäre geschädigt haben.

Art. 697c

3. Einsetzung

[1] Der Richter entscheidet nach Anhörung der Gesellschaft und des seinerzeitigen Antragstellers.

[2] Entspricht der Richter dem Gesuch, so beauftragt er einen unabhängigen Sachverständigen mit der Durchführung der Prüfung. Er umschreibt im Rahmen des Gesuches den Prüfungsgegenstand.

[3] Der Richter kann die Sonderprüfung auch mehreren Sachverständigen gemeinsam übertragen.

Art. 697d

4. Tätigkeit

[1] Die Sonderprüfung ist innert nützlicher Frist und ohne unnötige Störung des Geschäftsganges durchzuführen.

[2] Gründer, Organe, Beauftragte, Arbeitnehmer, Sachwalter und Liquidatoren müssen dem Sonderprüfer Auskunft über erhebliche Tatsachen erteilen. Im Streitfall entscheidet der Richter.

[3] Der Sonderprüfer hört die Gesellschaft zu den Ergebnissen der Sonderprüfung an.

[4] Er ist zur Verschwiegenheit verpflichtet.

Art. 697e

5. Bericht

[1] Der Sonderprüfer berichtet einlässlich über das Ergebnis seiner Prüfung, wahrt aber das Geschäftsgeheimnis. Er legt seinen Bericht dem Richter vor.

[2] Der Richter stellt den Bericht der Gesellschaft zu und entscheidet auf ihr Begehren, ob Stellen des Berichtes das Geschäftsgeheimnis oder andere schutzwürdige Interessen der Gesellschaft verletzen und deshalb den Gesuchstellern nicht vorgelegt werden sollen.

[3] Er gibt der Gesellschaft und den Gesuchstellern Gelegenheit, zum bereinigten Bericht Stellung zu nehmen und Ergänzungsfragen zu stellen.

Art. 697f

6. Behandlung und Bekanntgabe

[1] Der Verwaltungsrat unterbreitet der nächsten Generalversammlung den Bericht und die Stellungnahmen dazu.

[2] Jeder Aktionär kann während eines Jahres nach der Generalversammlung von der Gesellschaft eine Ausfertigung des Berichtes und der Stellungnahmen verlangen.

Art. 697g

¹ Entspricht der Richter dem Gesuch um Einsetzung eines Sonderprüfers, so überbindet er den Vorschuss und die Kosten der Gesellschaft. Wenn besondere Umstände es rechtfertigen, kann er die Kosten ganz oder teilweise den Gesuchstellern auferlegen.

² Hat die Generalversammlung der Sonderprüfung zugestimmt, so trägt die Gesellschaft die Kosten.

Art. 697h

¹ Jahresrechnung und Konzernrechnung sind nach der Abnahme durch die Generalversammlung mit den Revisionsberichten entweder im Schweizerischen Handelsamtsblatt zu veröffentlichen oder jeder Person, die es innerhalb eines Jahres seit Abnahme verlangt, auf deren Kosten in einer Ausfertigung zuzustellen, wenn

1. die Gesellschaft Anleihensobligationen ausstehend hat;
2. die Aktien der Gesellschaft an einer Börse kotiert sind.

² Die übrigen Aktiengesellschaften müssen den Gläubigern, die ein schutzwürdiges Interesse nachweisen, Einsicht in die Jahresrechnung, die Konzernrechnung und die Revisionsberichte gewähren. Im Streitfall entscheidet der Richter.

Art. 698 Abs. 2

² Ihr stehen folgende unübertragbare Befugnisse zu:

1. die Festsetzung und Änderung der Statuten;
2. die Wahl der Mitglieder des Verwaltungsrates und der Revisionsstelle;
3. die Genehmigung des Jahresberichtes und der Konzernrechnung;
4. die Genehmigung der Jahresrechnung sowie die Beschlussfassung über die Verwendung des Bilanzgewinnes, insbesondere die Festsetzung der Dividende und der Tantieme;
5. die Entlastung der Mitglieder des Verwaltungsrates;
6. die Beschlussfassung über die Gegenstände, die der Generalversammlung durch das Gesetz oder die Statuten vorbehalten sind.

Art. 699 Randtitel und Abs. 3

³ Die Einberufung einer Generalversammlung kann auch von einem oder mehreren Aktionären, die zusammen mindestens 10 Prozent des Aktienkapitals vertreten, verlangt werden. Aktionäre,

206

die Aktien im Nennwerte von 1 Million Franken vertreten, können die Traktandierung eines Verhandlungsgegenstandes verlangen. Einberufung und Traktandierung werden schriftlich unter Angabe des Verhandlungsgegenstandes und der Anträge anbegehrt.

Art. 700

2. Form

[1] Die Generalversammlung ist spätestens 20 Tage vor dem Versammlungstag in der durch die Statuten vorgeschriebenen Form einzuberufen.

[2] In der Einberufung sind die Verhandlungsgegenstände sowie die Anträge des Verwaltungsrates und der Aktionäre bekanntzugeben, welche die Durchführung einer Generalversammlung oder die Traktandierung eines Verhandlungsgegenstandes verlangt haben.

[3] Über Anträge zu nicht gehörig angekündigten Verhandlungsgegenständen können keine Beschlüsse gefasst werden; ausgenommen sind Anträge auf Einberufung einer ausserordentlichen Generalversammlung oder auf Durchführung einer Sonderprüfung.

[4] Zur Stellung von Anträgen im Rahmen der Verhandlungsgegenstände und zu Verhandlungen ohne Beschlussfassung bedarf es keiner vorgängigen Ankündigung.

Art. 702

III. Vorbereitende Massnahmen; Protokoll

[1] Der Verwaltungsrat trifft die für die Feststellung der Stimmrechte erforderlichen Anordnungen.

[2] Er sorgt für die Führung des Protokolls. Dieses hält fest:

1. Anzahl, Art, Nennwert und Kategorie der Aktien, die von den Aktionären, von den Organen, von unabhängigen Stimmrechtsvertretern und von Depotvertretern vertreten werden;
2. die Beschlüsse und die Wahlergebnisse;
3. die Begehren um Auskunft und die darauf erteilten Antworten;
4. die von den Aktionären zu Protokoll gegebenen Erklärungen.

[3] Die Aktionäre sind berechtigt, das Protokoll einzusehen.

IV. Beschlussfassung und Wahlen
1. Im allgemeinen

Art. 703 Randtitel

Art. 704

2. Wichtige Beschlüsse

[1] Ein Beschluss der Generalversammlung, der mindestens zwei Drittel der vertretenen Stimmen und die absolute Mehrheit der vertretenen Aktiennennwerte auf sich vereinigt, ist erforderlich für:

1. die Änderung des Gesellschaftszweckes;
2. die Einführung von Stimmrechtsaktien;
3. die Beschränkung der Übertragbarkeit von Namenaktien;
4. eine genehmigte oder eine bedingte Kapitalerhöhung;
5. die Kapitalerhöhung aus Eigenkapital, gegen Sacheinlage oder zwecks Sachübernahme und die Gewährung von besonderen Vorteilen;
6. die Einschränkung oder Aufhebung des Bezugsrechtes;
7. die Verlegung des Sitzes der Gesellschaft;
8. die Auflösung der Gesellschaft ohne Liquidation.

[2] Statutenbestimmungen, die für die Fassung bestimmter Beschlüsse grössere Mehrheiten als die vom Gesetz vorgeschriebenen festlegen, können nur mit dem vorgesehenen Mehr eingeführt werden.

[3] Namenaktionäre, die einem Beschluss über die Zweckänderung oder die Einführung von Stimmrechtsaktien nicht zugestimmt haben, sind während sechs Monaten nach dessen Veröffentlichung im Schweizerischen Handelsamtsblatt an statutarische Beschränkungen der Übertragbarkeit der Aktien nicht gebunden.

V. Abberufung des Verwaltungsrates und der Revisionsstelle

Art. 705 Randtitel

VI. Anfechtung von Generalversammlungsbeschlüssen
1. Legitimation und Gründe

Art. 706 Randtitel und Abs. 2–4

[2] Anfechtbar sind insbesondere Beschlüsse, die

1. unter Verletzung von Gesetz oder Statuten Rechte von Aktionären entziehen oder beschränken;
2. in unsachlicher Weise Rechte von Aktionären entziehen oder beschränken;
3. eine durch den Gesellschaftszweck nicht gerechtfertigte Ungleichbehandlung oder Benachteiligung der Aktionäre bewirken;
4. die Gewinnstrebigkeit der Gesellschaft ohne Zustimmung sämtlicher Aktionäre aufheben.

[3] und [4] *Aufgehoben*

2. Verfahren

Art. 706a

[1] Das Anfechtungsrecht erlischt, wenn die Klage nicht spätestens zwei Monate nach der Generalversammlung angehoben wird.

² Ist der Verwaltungsrat Kläger, so bestellt der Richter einen Vertreter für die Gesellschaft.

³ Der Richter verteilt die Kosten bei Abweisung der Klage nach seinem Ermessen auf die Gesellschaft und den Kläger.

Art. 706b

VII. Nichtigkeit

Nichtig sind insbesondere Beschlüsse der Generalversammlung, die:

1. das Recht auf Teilnahme an der Generalversammlung, das Mindeststimmrecht, die Klagerechte oder andere vom Gesetz zwingend gewährte Rechte des Aktionärs entziehen oder beschränken;
2. Kontrollrechte von Aktionären über das gesetzlich zulässige Mass hinaus beschränken; oder
3. die Grundstrukturen der Aktiengesellschaft missachten oder die Bestimmungen zum Kapitalschutz verletzen.

Gliederungstitel vor Artikel 707

B. Der Verwaltungsrat

I. Im allgemeinen
1. Wählbarkeit

Art. 707 Randtitel

Art. 708

2. Nationalität
und Wohnsitz

¹ Die Mitglieder des Verwaltungsrates müssen mehrheitlich Personen sein, die in der Schweiz wohnhaft sind und das Schweizer Bürgerrecht besitzen. Der Bundesrat kann für Gesellschaften, deren Zweck hauptsächlich in der Beteiligung an anderen Unternehmen besteht (Holdinggesellschaften), Ausnahmen von dieser Regel bewilligen, wenn die Mehrheit dieser Unternehmen sich im Ausland befindet.

² Wenigstens ein zur Vertretung der Gesellschaft befugtes Mitglied des Verwaltungsrates muss in der Schweiz wohnhaft sein.

³ Ist mit der Verwaltung eine einzige Person betraut, so muss sie in der Schweiz wohnhaft sein und das Schweizer Bürgerrecht besitzen.

⁴ Sind diese Vorschriften nicht mehr erfüllt, so hat der Handelsre-

gisterführer der Gesellschaft eine Frist zur Wiederherstellung des gesetzmässigen Zustandes zu setzen und nach fruchtlosem Ablauf die Gesellschaft von Amtes wegen als aufgelöst zu erklären.

Art. 709

3. Vertretung von Aktionärskategorien und -gruppen

[1] Bestehen in bezug auf das Stimmrecht oder die vermögensrechtlichen Ansprüche mehrere Kategorien von Aktien, so ist durch die Statuten den Aktionären jeder Kategorie die Wahl wenigstens eines Vertreters im Verwaltungsrat zu sichern.

[2] Die Statuten können besondere Bestimmungen zum Schutz von Minderheiten oder einzelnen Gruppen von Aktionären vorsehen.

Art. 710

4. Amtsdauer

[1] Die Mitglieder des Verwaltungsrates werden auf drei Jahre gewählt, sofern die Statuten nichts anderes bestimmen. Die Amtsdauer darf jedoch sechs Jahre nicht übersteigen.

[2] Wiederwahl ist möglich.

Art. 711

5. Ausscheiden aus dem Verwaltungsrat

[1] Die Gesellschaft meldet das Ausscheiden eines Mitgliedes des Verwaltungsrates ohne Verzug beim Handelsregister zur Eintragung an.

[2] Erfolgt diese Anmeldung nicht innert 30 Tagen, so kann der Ausgeschiedene die Löschung selbst anmelden.

Art. 712

II. Organisation
1. Präsident und Sekretär

[1] Der Verwaltungsrat bezeichnet seinen Präsidenten und den Sekretär. Dieser muss dem Verwaltungsrat nicht angehören.

[2] Die Statuten können bestimmen, dass der Präsident durch die Generalversammlung gewählt wird.

Art. 713

2. Beschlüsse

[1] Die Beschlüsse des Verwaltungsrates werden mit der Mehrheit der abgegebenen Stimmen gefasst. Der Vorsitzende hat den Stichentscheid, sofern die Statuten nichts anderes vorsehen.

² Beschlüsse können auch auf dem Wege der schriftlichen Zustimmung zu einem gestellten Antrag gefasst werden, sofern nicht ein Mitglied die mündliche Beratung verlangt.

³ Über die Verhandlungen und Beschlüsse ist ein Protokoll zu führen, das vom Vorsitzenden und vom Sekretär unterzeichnet wird.

Art. 714

3. Nichtige Beschlüsse

Für die Beschlüsse des Verwaltungsrates gelten sinngemäss die gleichen Nichtigkeitsgründe wie für die Beschlüsse der Generalversammlung.

Art. 715

4. Recht auf Einberufung

Jedes Mitglied des Verwaltungsrates kann unter Angabe der Gründe vom Präsidenten die unverzügliche Einberufung einer Sitzung verlangen.

Art. 715a

5. Recht auf Auskunft und Einsicht

¹ Jedes Mitglied des Verwaltungsrates kann Auskunft über alle Angelegenheiten der Gesellschaft verlangen.

² In den Sitzungen sind alle Mitglieder des Verwaltungsrates sowie die mit der Geschäftsführung betrauten Personen zur Auskunft verpflichtet.

³ Ausserhalb der Sitzungen kann jedes Mitglied von den mit der Geschäftsführung betrauten Personen Auskunft über den Geschäftsgang und, mit Ermächtigung des Präsidenten, auch über einzelne Geschäfte verlangen.

⁴ Soweit es für die Erfüllung einer Aufgabe erforderlich ist, kann jedes Mitglied dem Präsidenten beantragen, dass ihm Bücher und Akten vorgelegt werden.

⁵ Weist der Präsident ein Gesuch auf Auskunft, Anhörung oder Einsicht ab, so entscheidet der Verwaltungsrat.

⁶ Regelungen oder Beschlüsse des Verwaltungsrates, die das Recht auf Auskunft und Einsichtnahme der Verwaltungsräte erweitern, bleiben vorbehalten.

Art. 716

III. Aufgaben
1. Im allgemeinen

¹ Der Verwaltungsrat kann in allen Angelegenheiten Beschluss fassen, die nicht nach Gesetz oder Statuten der Generalversammlung zugeteilt sind.

² Der Verwaltungsrat führt die Geschäfte der Gesellschaft, soweit er die Geschäftsführung nicht übertragen hat.

Art. 716a

¹ Der Verwaltungsrat hat folgende unübertragbare und unentziehbare Aufgaben:

1. die Oberleitung der Gesellschaft und die Erteilung der nötigen Weisungen;
2. die Festlegung der Organisation;
3. die Ausgestaltung des Rechnungswesen, der Finanzkontrolle sowie der Finanzplanung, sofern diese für die Führung der Gesellschaft notwendig ist;
4. die Ernennung und Abberufung der mit der Geschäftsführung und der Vertretung betrauten Personen;
5. die Oberaufsicht über die mit der Geschäftsführung betrauten Personen, namentlich im Hinblick auf die Befolgung der Gesetze, Statuten, Reglemente und Weisungen;
6. die Erstellung des Geschäftsberichtes[1] sowie die Vorbereitung der Generalversammlung und die Ausführung ihrer Beschlüsse;
7. die Benachrichtigung des Richters im Falle der Überschuldung.

² Der Verwaltungsrat kann die Vorbereitung und die Ausführung seiner Beschlüsse oder die Überwachung von Geschäften Ausschüssen oder einzelnen Mitgliedern zuweisen. Er hat für eine angemessene Berichterstattung an seine Mitglieder zu sorgen.

Art. 716b

¹ Die Statuten können den Verwaltungsrat ermächtigen, die Geschäftsführung nach Massgabe eines Organisationsreglementes ganz oder zum Teil an einzelne Mitglieder oder an Dritte zu übertragen.

² Dieses Reglement ordnet die Geschäftsführung, bestimmt die hierfür erforderlichen Stellen, umschreibt deren Aufgaben und regelt insbesondere die Berichterstattung. Der Verwaltungsrat orientiert Aktionäre und Gesellschaftsgläubiger, die ein schutzwürdiges Interesse glaubhaft machen, auf Anfrage hin schriftlich über die Organisation der Geschäftsführung.

³ Soweit die Geschäftsführung nicht übertragen worden ist, steht sie allen Mitgliedern des Verwaltungsrates gesamthaft zu.

Art. 717

IV. Sorgfalts- und
Treuepflicht

[1] Die Mitglieder des Verwaltungsrates sowie Dritte, die mit der Geschäftsführung befasst sind, müssen ihre Aufgaben mit aller Sorgfalt erfüllen und die Interessen der Gesellschaft in guten Treuen wahren.

[2] Sie haben die Aktionäre unter gleichen Voraussetzungen gleich zu behandeln.

Art. 718

V. Vertretung
1. Im allgemeinen

[1] Der Verwaltungsrat vertritt die Gesellschaft nach aussen. Bestimmen die Statuten oder das Organisationsreglement nichts anderes, so steht die Vertretungsbefugnis jedem Mitglied einzeln zu.

[2] Der Verwaltungsrat kann die Vertretung einem oder mehreren Mitgliedern (Delegierte) oder Dritten (Direktoren) übertragen.

[3] Mindestens ein Mitglied des Verwaltungsrates muss zur Vertretung befugt sein.

Art. 718a

2. Umfang und
Beschränkung

[1] Die zur Vertretung befugten Personen können im Namen der Gesellschaft alle Rechtshandlungen vornehmen, die der Zweck der Gesellschaft mit sich bringen kann.

[2] Eine Beschränkung dieser Vertretungsbefugnis hat gegenüber gutgläubigen Dritten keine Wirkung; ausgenommen sind die im Handelsregister eingetragenen Bestimmungen über die ausschliessliche Vertretung der Hauptniederlassung oder einer Zweigniederlassung oder über die gemeinsame Vertretung der Gesellschaft.

Art. 721

5. Prokuristen
und Bevollmäch-
tigte

Der Verwaltungsrat kann Prokuristen und andere Bevollmächtigte ernennen.

Art. 722

VI. Organhaftung

Die Gesellschaft haftet für den Schaden aus unerlaubten Handlungen, die eine zur Geschäftsführung oder zur Vertretung befugte Person in Ausübung ihrer geschäftlichen Verrichtungen begeht.

Art. 725

[1] Zeigt die letzte Jahresbilanz, dass die Hälfte des Aktienkapitals und der gesetzlichen Reserven nicht mehr gedeckt ist, so beruft der Verwaltungsrat unverzüglich eine Generalversammlung ein und beantragt ihr Sanierungsmassnahmen.

[2] Wenn begründete Besorgnis einer Überschuldung besteht, muss eine Zwischenbilanz erstellt und diese der Revisionsstelle zur Prüfung vorgelegt werden. Ergibt sich aus der Zwischenbilanz, dass die Forderungen der Gesellschaftsgläubiger weder zu Fortführungs- noch zu Veräusserungswerten gedeckt sind, so hat der Verwaltungsrat den Richter zu benachrichtigen, sofern nicht Gesellschaftsgläubiger im Ausmass dieser Unterdeckung im Rang hinter alle anderen Gesellschaftsgläubiger zurücktreten.

Art. 725a

[1] Der Richter eröffnet auf die Benachrichtigung hin den Konkurs. Er kann ihn auf Antrag des Verwaltungsrates oder eines Gläubigers aufschieben, falls Aussicht auf Sanierung besteht; in diesem Falle trifft er Massnahmen zur Erhaltung des Vermögens.

[2] Der Richter kann einen Sachwalter bestellen und entweder dem Verwaltungsrat die Verfügungsbefugnis entziehen oder dessen Beschlüsse von der Zustimmung des Sachwalters abhängig machen. Er umschreibt die Aufgaben des Sachwalters.

[3] Der Konkursaufschub muss nur veröffentlicht werden, wenn dies zum Schutze Dritter erforderlich ist.

Art. 726 Randtitel

Gliederungstitel vor Artikel 727

C. Die Revisionsstelle

Art. 727

[1] Die Generalversammlung wählt einen oder mehrere Revisoren als Revisionsstelle. Sie kann Ersatzleute bezeichnen.

[2] Wenigstens ein Revisor muss in der Schweiz seinen Wohnsitz, seinen Sitz oder eine eingetragene Zweigniederlassung haben.

Art. 727a

2. Befähigung
a. Im allgemeinen

Die Revisoren müssen befähigt sein, ihre Aufgabe bei der zu prüfenden Gesellschaft zu erfüllen.

Art. 727b

b. Besondere
Befähigung

[1] Die Revisoren müssen besondere fachliche Voraussetzungen erfüllen, wenn

1. die Gesellschaft Anleihensobligationen ausstehend hat;
2. die Aktien der Gesellschaft an der Börse kotiert sind, oder[1]
3. zwei der nachstehenden Grössen in zwei aufeinanderfolgenden Geschäftsjahren überschritten werden:
   a. Bilanzsumme von 20 Millionen Franken;
   b. Umsatzerlös von 40 Millionen Franken;
   c. 200 Arbeitnehmer im Jahresdurchschnitt.

[2] Der Bundesrat umschreibt die fachlichen Anforderungen an die besonders befähigten Revisoren.

Art. 727c

3. Unabhängig-
keit

[1] Die Revisoren müssen vom Verwaltungsrat und von einem Aktionär, der über die Stimmenmehrheit verfügt, unabhängig sein. Insbesondere dürfen sie weder Arbeitnehmer der zu prüfenden Gesellschaft sein noch Arbeiten für diese ausführen, die mit dem Prüfungsauftrag unvereinbar sind.

[2] Sie müssen auch von Gesellschaften, die dem gleichen Konzern angehören, unabhängig sein, sofern ein Aktionär oder ein Gläubiger dies verlangt.

Art. 727d

4. Wahl einer
Handelsgesell-
schaft oder
Genossenschaft

[1] In die Revisionsstelle können auch Handelsgesellschaften oder Genossenschaften gewählt werden.

[2] Die Handelsgesellschaft oder die Genossenschaft sorgt dafür, dass Personen die Prüfung leiten, welche die Anforderungen an die Befähigung erfüllen.

[3] Das Erfordernis der Unabhängigkeit gilt sowohl für die Handelsgesellschaft oder die Genossenschaft als auch für alle Personen, welche die Prüfung durchführen.

Art. 727e

I. Amtsdauer, Rücktritt, Abberufung und Löschung im Handelsregister

[1] Die Amtsdauer beträgt höchstens drei Jahre; sie endet mit der Generalversammlung, welcher der letzte Bericht zu erstatten ist. Wiederwahl ist möglich.

[2] Tritt ein Revisor zurück, so gibt er dem Verwaltungsrat die Gründe an; dieser teilt sie der nächsten Generalversammlung mit.

[3] Die Generalversammlung kann einen Revisor jederzeit abberufen. Ausserdem kann ein Aktionär oder ein Gläubiger durch Klage gegen die Gesellschaft die Abberufung eines Revisors verlangen, der die Voraussetzungen für das Amt nicht erfüllt.

[4] Der Verwaltungsrat meldet die Beendigung des Amtes ohne Verzug beim Handelsregister an. Erfolgt diese Anmeldung nicht innert 30 Tagen, so kann der Ausgeschiedene die Löschung selbst anmelden.

Art. 727f

III. Einsetzung durch den Richter

[1] Erhält der Handelsregisterführer davon Kenntnis, dass der Gesellschaft die Revisionsstelle fehlt, so setzt er ihr eine Frist zur Wiederherstellung des gesetzmässigen Zustandes.

[2] Nach unbenütztem Ablauf der Frist ernennt der Richter auf Antrag des Handelsregisterführers die Revisionsstelle für ein Geschäftsjahr. Er bestimmt den Revisor nach seinem Ermessen.

[3] Tritt dieser zurück, so teilt er es dem Richter mit.

[4] Liegen wichtige Gründe vor, so kann die Gesellschaft vom Richter die Abberufung des von ihm ernannten Revisors verlangen.

Art. 728

IV. Aufgaben
1. Prüfung

[1] Die Revisionsstelle prüft, ob die Buchführung und die Jahresrechnung sowie der Antrag über die Verwendung des Bilanzgewinnes Gesetz und Statuten entsprechen.

[2] Der Verwaltungsrat übergibt der Revisionsstelle alle erforderlichen Unterlagen und erteilt ihr die benötigten Auskünfte, auf Verlangen auch schriftlich.

Art. 729

2. Berichterstattung

[1] Die Revisionsstelle berichtet der Generalversammlung schriftlich über das Ergebnis ihrer Prüfung. Sie empfiehlt Abnahme, mit oder ohne Einschränkung, oder Rückweisung der Jahresrechnung.

^{2} Der Bericht nennt die Personen, welche die Revision geleitet haben, und bestätigt, dass die Anforderungen an Befähigung und Unabhängigkeit erfüllt sind.

Art. 729a

3. Erläuterungsbericht

Bei Gesellschaften, die von besonders befähigten Revisoren geprüft werden müssen, erstellt die Revisionsstelle zuhanden des Verwaltungsrates einen Bericht, worin sie die Durchführung und das Ergebnis ihrer Prüfung erläutert.

Art. 729b

4. Anzeigepflichten

^{1} Stellt die Revisionsstelle bei der Durchführung ihrer Prüfung Verstösse gegen Gesetz oder Statuten fest, so meldet sie dies schriftlich dem Verwaltungsrat, in wichtigen Fällen auch der Generalversammlung.

^{2} Bei offensichtlicher Überschuldung benachrichtigt die Revisionsstelle den Richter, wenn der Verwaltungsrat die Anzeige unterlässt.

Art. 729c

5. Voraussetzungen für die Beschlussfassung der Generalversammlung

^{1} Die Generalversammlung darf die Jahresrechnung nur dann abnehmen und über die Verwendung des Bilanzgewinnes beschliessen, wenn ein Revisionsbericht vorliegt und ein Revisor anwesend ist.

^{2} Liegt kein Revisionsbericht vor, so sind diese Beschlüsse nichtig; ist kein Revisor anwesend, so sind sie anfechtbar.

^{3} Auf die Anwesenheit eines Revisors kann die Generalversammlung durch einstimmigen Beschluss verzichten.

Art. 730

6. Wahrung der Geschäftsgeheimnisse; Verschwiegenheit

^{1} Die Revisoren wahren bei der Berichterstattung und Auskunftserteilung die Geschäftsgeheimnisse der Gesellschaft.

^{2} Den Revisoren ist untersagt, von den Wahrnehmungen, die sie bei der Ausführung ihres Auftrages gemacht haben, einzelnen Aktionären oder Dritten Kenntnis zu geben. Vorbehalten bleibt die Auskunftpflicht gegenüber einem Sonderprüfer.

Art. 731

V. Besondere Be-
stimmungen

[1] Die Statuten und die Generalversammlung können die Organisation der Revisionsstelle eingehender regeln und deren Aufgaben erweitern. Sie dürfen jedoch der Revisionsstelle weder Aufgaben des Verwaltungsrates zuteilen, noch solche, die ihre Unabhängigkeit beeinträchtigen.

[2] Die Generalversammlung kann zur Prüfung der Geschäftsführung oder einzelner ihrer Teile Sachverständige ernennen.

Art. 731a

VI. Prüfung der
Konzernrechnung

[1] Hat die Gesellschaft eine Konzernrechnung zu erstellen, so prüft ein besonders befähigter Revisor, ob die Rechnung mit dem Gesetz und den Konsolidierungsregeln übereinstimmt.

[2] Für den Konzernprüfer gelten die Bestimmungen über die Unabhängigkeit und die Aufgaben der Revisionsstelle sinngemäss, ausgenommen die Bestimmung über die Anzeigepflicht im Falle offensichtlicher Überschuldung.

Art. 732 Abs. 2 und 5

[2] Dieser Beschluss darf nur gefasst werden, wenn durch einen besonderen Revisionsbericht festgestellt ist, dass die Forderungen der Gläubiger trotz der Herabsetzung des Aktienkapitals voll gedeckt sind. Der Revisionsbericht muss von einem besonders befähigten Revisor erstattet werden. Dieser muss an der Generalversammlung, die den Beschluss fasst, anwesend sein.

[5] In keinem Fall darf das Aktienkapital unter 100 000 Franken herabgesetzt werden.

Art. 736 Ziff. 4

Die Gesellschaft wird aufgelöst:

    4. durch Urteil des Richters, wenn Aktionäre, die zusammen mindestens zehn Prozent des Aktienkapitals vertreten, aus wichtigen Gründen die Auflösung verlangen. Statt derselben kann der Richter auf eine andere sachgemässe und den Beteiligten zumutbare Lösung erkennen.

Art. 737

II. Anmeldung
beim Handelsre-
gister

Erfolgt die Auflösung der Gesellschaft nicht durch Konkurs oder richterliches Urteil, so ist sie vom Verwaltungsrat zur Eintragung in das Handelsregister anzumelden.

Art. 740 Randtitel, Abs. 3 und 4

II. Bestellung und
Abberufung der
Liquidatoren
1. Bestellung

[3] Wenigstens einer der Liquidatoren muss in der Schweiz wohnhaft und zur Vertretung berechtigt sein. Ist kein zur Vertretung berechtigter Liquidator in der Schweiz wohnhaft, so ernennt der Richter auf Antrag eines Aktionärs oder eines Gläubigers einen Liquidator, der dieses Erfordernis erfüllt.

[4] Wird die Gesellschaft durch richterliches Urteil aufgelöst, so bestimmt der Richter die Liquidatoren.

Art. 741

2. Abberufung

[1] Die Generalversammlung kann die von ihr ernannten Liquidatoren jederzeit abberufen.

[2] Auf Antrag eines Aktionärs kann der Richter, sofern wichtige Gründe vorliegen, Liquidatoren abberufen und nötigenfalls andere ernennen.

Art. 745 Abs. 1 und 3

[1] Das Vermögen der aufgelösten Gesellschaft wird nach Tilgung ihrer Schulden, soweit die Statuten nichts anderes bestimmen, unter die Aktionäre nach Massgabe der einbezahlten Beträge und unter Berücksichtigung der Vorrechte einzelner Aktienkategorien verteilt.

[3] Eine Verteilung darf bereits nach Ablauf von drei Monaten erfolgen, wenn ein besonders befähigter Revisor bestätigt, dass die Schulden getilgt sind und nach den Umständen angenommen werden kann, dass keine Interessen Dritter gefährdet werden.

Art. 752

A. Haftung
I. Für den
Emissions-
prospekt

Sind bei der Gründung einer Gesellschaft oder bei der Ausgabe von Aktien, Obligationen oder anderen Titeln in Emissionsprospekten oder ähnlichen Mitteilungen unrichtige, irreführende oder den gesetzlichen Anforderungen nicht entsprechende Angaben gemacht oder verbreitet worden, so haftet jeder, der absichtlich oder fahrlässig dabei mitgewirkt hat, den Erwerbern der Titel für den dadurch verursachten Schaden.

Art. 753

II. Gründungs-
haftung

Gründer, Mitglieder des Verwaltungsrates und alle Personen, die bei der Gründung mitwirken, werden sowohl der Gesellschaft als den einzelnen Aktionären und Gesellschaftsgläubigern für den Schaden verantwortlich, wenn sie

1. absichtlich oder fahrlässig Sacheinlagen, Sachübernahmen oder die Gewährung besonderer Vorteile zugunsten von Aktionären oder anderen Personen in den Statuten, einem Gründungsbericht oder einem Kapitalerhöhungsbericht unrichtig oder irreführend angeben, verschweigen oder verschleiern, oder bei der Genehmigung einer solchen Massnahme in anderer Weise dem Gesetz zuwiderhandeln;

2. absichtlich oder fahrlässig die Eintragung der Gesellschaft in das Handelsregister aufgrund einer Bescheinigung oder Urkunde veranlassen, die unrichtige Angaben enthält;

3. wissentlich dazu beitragen, dass Zeichnungen zahlungsunfähiger Personen angenommen werden.

Art. 754

III. Haftung für Verwaltung, Geschäftsführung und Liquidation

[1] Die Mitglieder des Verwaltungsrates und alle mit der Geschäftsführung oder mit der Liquidation befassten Personen sind sowohl der Gesellschaft als den einzelnen Aktionären und Gesellschaftsgläubigern für den Schaden verantwortlich, den sie durch absichtliche oder fahrlässige Verletzung ihrer Pflichten verursachen.

[2] Wer die Erfüllung einer Aufgabe befugterweise einem anderen Organ überträgt, haftet für den von diesem verursachten Schaden, sofern er nicht nachweist, dass er bei der Auswahl, Unterrichtung und Überwachung die nach den Umständen gebotene Sorgfalt angewendet hat.

Art. 755

IV. Revisionshaftung

Alle mit der Prüfung der Jahres- und Konzernrechnung, der Gründung, der Kapitalerhöhung oder Kapitalherabsetzung befassten Personen sind sowohl der Gesellschaft als auch den einzelnen Aktionären und Gesellschaftsgläubigern für den Schaden verantwortlich, den sie durch absichtliche oder fahrlässige Verletzung ihrer Pflichten verursachen.

Art. 756

B. Schaden der Gesellschaft
I. Ansprüche ausser Konkurs

[1] Neben der Gesellschaft sind auch die einzelnen Aktionäre berechtigt, den der Gesellschaft verursachten Schaden einzuklagen. Der Anspruch des Aktionärs geht auf Leistung an die Gesellschaft.

² Hatte der Aktionär aufgrund der Sach- und Rechtslage begründeten Anlass zur Klage, so verteilt der Richter die Kosten, soweit sie nicht vom Beklagten zu tragen sind, nach seinem Ermessen auf den Kläger und die Gesellschaft.

Art. 757

II. Ansprüche im Konkurs

¹ Im Konkurs der geschädigten Gesellschaft sind auch die Gesellschaftsgläubiger berechtigt, Ersatz des Schadens an die Gesellschaft zu verlangen. Zunächst steht es jedoch der Konkursverwaltung zu, die Ansprüche von Aktionären und Gesellschaftsgläubigern geltend zu machen.

² Verzichtet die Konkursverwaltung auf die Geltendmachung dieser Ansprüche, so ist hierzu jeder Aktionär oder Gläubiger berechtigt. Das Ergebnis wird vorab zur Deckung der Forderungen der klagenden Gläubiger gemäss den Bestimmungen des Bundesgesetzes über Schuldbetreibung und Konkurs¹⁾ verwendet. Am Überschuss nehmen die klagenden Aktionäre im Ausmass ihrer Beteiligung an der Gesellschaft teil; der Rest fällt in die Konkursmasse.

³ Vorbehalten bleibt die Abtretung von Ansprüchen der Gesellschaft gemäss Artikel 260 des Bundesgesetzes über Schuldbetreibung und Konkurs.

Art. 758

III. Wirkung des Entlastungsbeschlusses

¹ Der Entlastungsbeschluss der Generalversammlung wirkt nur für bekanntgegebene Tatsachen und nur gegenüber der Gesellschaft sowie gegenüber den Aktionären, die dem Beschluss zugestimmt oder die Aktien seither in Kenntnis des Beschlusses erworben haben.

Art. 759

C. Solidarität und Rückgriff

¹ Sind für einen Schaden mehrere Pesonen ersatzpflichtig, so ist jede von ihnen insoweit mit den anderen solidarisch haftbar, als ihr der Schaden aufgrund ihres eigenen Verschuldens und der Umstände persönlich zurechenbar ist.

² Der Kläger kann mehrere Beteiligte gemeinsam für den Gesamtschaden einklagen und verlangen, dass der Richter im gleichen Verfahren die Ersatzpflicht jedes einzelnen Beklagten festsetzt.

³ Der Rückgriff unter mehreren Beteiligten wird vom Richter in Würdigung aller Umstände bestimmt.

Art. 762 Abs. 1 und 3

¹ Haben Körperschaften des öffentlichen Rechts wie Bund, Kanton, Bezirk oder Gemeinde ein öffentliches Interesse an einer Aktiengesellschaft, so kann der Körperschaft in den Statuten der Gesellschaft das Recht eingeräumt werden, Vertreter in den Verwaltungsrat oder in die Revisionsstelle abzuordnen, auch wenn sie nicht Aktionärin ist.

³ Die von einer Körperschaft des öffentlichen Rechts abgeordneten Mitglieder des Verwaltungsrates und der Revisionsstelle haben die gleichen Rechte und Pflichten wie die von der Generalversammlung gewählten.

II

Ersatz von Ausdrücken

1. Das Wort «Grundkapital» wird durch «Aktienkapital» ersetzt in den Artikeln 620 Absatz 1, 623 Absatz 1, 661, 732 Absatz 1, 733–735 sowie in der Überschrift des 4. Abschnittes.
2. Das Wort «Kontrollstelle» wird durch «Revisionsstelle» ersetzt in den Artikeln 625 Absatz 1, 695 Absatz 2, 699 Absatz 1, 705 Absatz 1, 762 Absatz 2.
3. Das Wort «Verwaltung» wird durch «Verwaltungsrat» ersetzt in den Artikeln 622 Absatz 5, 625 Absatz 1, 640 Absatz 2, 642 Absatz 2, 647 Absatz 2, 681 Absatz 2, 682 Absatz 1, 691 Absatz 2, 695 Absatz 1, 699 Absätze 1 und 4, 705 Absatz 1, 706 Absatz 1, 707 Absätze 1 und 3, 720, 726 Absätze 1 und 2, 733, 740 Absätze 1 und 2, 748 Ziffer 1 und Ziffer 3 Satzanfang, 750 Absatz 1, 762 Absatz 2.

III

Schlussbestimmungen des Bundesgesetzes über die Revision des Aktienrechts

Art. 1

A. Schlussstitel des Zivilgesetzbuches

Der Schlusstitel des Zivilgesetzbuches¹⁾ gilt für dieses Gesetz.

Art. 2

B. Anpassung an das neue Recht
I. Im allgemeinen

¹ Aktiengesellschaften und Kommanditaktiengesellschaften, die im Zeitpunkt des Inkrafttretens dieses Gesetzes im Handelsregister eingetragen sind, jedoch den neuen gesetzlichen Vorschriften nicht

entsprechen, müssen innert fünf Jahren ihre Statuten den neuen Bestimmungen anpassen.

[2] Gesellschaften, die ihre Statuten trotz öffentlicher Aufforderung durch mehrfache Publikation im Schweizerischen Handelsamtsblatt und in den kantonalen Amtsblättern nicht innert fünf Jahren den Bestimmungen über das Mindestkapital, die Mindesteinlage und die Partizipations- und Genussscheine anpassen, werden auf Antrag des Handelsregisterführers vom Richter aufgelöst. Der Richter kann eine Nachfrist von höchstens sechs Monaten ansetzen. Gesellschaften, die vor dem 1. Januar 1985 gegründet wurden, sind von der Anpassung ihrer Statutenbestimmung über das Mindestkapital ausgenommen. Gesellschaften, deren Partizipationskapital am 1. Januar 1985 das Doppelte des Aktienkapitals überstieg, sind von dessen Anpassung an die gesetzliche Begrenzung ausgenommen.

[3] Andere statutarische Bestimmungen, die mit dem neuen Recht unvereinbar sind, bleiben bis zur Anpassung, längstens aber noch fünf Jahre, in Kraft.

Art. 3

II. Einzelne
Bestimmungen
1. Partizipations-
und Genuss-
scheine

[1] Die Artikel *656a, 656b* Absätze 2 und 3, *656c* und *656d* sowie *656g* gelten für bestehende Gesellschaften mit dem Inkrafttreten dieses Gesetzes, auch wenn ihnen die Statuten oder Ausgabebedingungen widersprechen. Sie gelten für Titel, die als Partizipationsscheine oder Genussscheine bezeichnet sind, einen Nennwert haben und in den Passiven der Bilanz ausgewiesen sind.

[2] Die Gesellschaften müssen für die in Absatz 1 genannten Titel innert fünf Jahren die Ausgabebedingungen in den Statuten niederlegen und Artikel *656f* anpassen, die erforderlichen Eintragungen in das Handelsregister veranlassen und die Titel, die sich im Umlauf befinden und nicht als Partizipationsscheine bezeichnet sind, mit dieser Bezeichnung versehen.

[3] Für andere als in Absatz 1 genannte Titel gelten die neuen Vorschriften über die Genussscheine, auch wenn sie als Partizipationsscheine bezeichnet sind. Innert fünf Jahren müssen sie nach dem neuen Recht bezeichnet werden und dürfen keinen Nennwert mehr angeben. Die Statuten sind entsprechend abzuändern. Vorbehalten bleibt die Umwandlung in Partizipationsscheine.

Art. 4

2. Ablehnung von Namenaktionären

In Ergänzung zu Artkel *685d* Absatz 1 kann die Gesellschaft, aufgrund statutarischer Bestimmung, Personen als Erwerber börsenkotierter Namenaktien ablehnen, soweit und solange deren Anerkennung die Gesellschaft daran hindern könnte, durch Bundesgesetze geforderte Nachweise über die Zusammensetzung des Kreises der Aktionäre zu erbringen.

Art. 5

3. Stimmrechtsaktien

Gesellschaften, die in Anwendung von Artikel 10 der Schluss- und Übergangsbestimmungen des Bundesgesetzes vom 18. Dezember 1936 über die Revision der Titel 24–33 des Obligationenrechtes[1] Stimmrechtsaktien mit einem Nennwert von unter zehn Franken beibehalten haben, sowie Gesellschaften, bei denen der Nennwert der grösseren Aktien mehr als das Zehnfache des Nennwertes der kleineren Aktien beträgt, müssen ihre Statuten dem Artikel 693 Absatz 2 zweiter Satz nicht anpassen. Sie dürfen jedoch keine neuen Aktien mehr ausgeben, deren Nennwert mehr als das Zehnfache des Nennwertes der kleineren Aktien oder weniger als zehn Prozent des Nennwertes der grösseren Aktien beträgt.

Art. 6

4. Qualifizierte Mehrheiten

Hat eine Gesellschaft durch blosse Wiedergabe von Bestimmungen des bisherigen Rechts für bestimmte Beschlüsse Vorschriften über qualifizierte Mehrheiten in die Statuten übernommen, so kann binnen eines Jahres seit dem Inkrafttreten dieses Gesetzes mit absoluter Mehrheit aller an einer Generalversammlung vertretenen Aktienstimmen die Anpassung an das neue Recht beschlossen werden.

Art. 7

C. Änderung von Bundesgesetzen

Es werden geändert:

1. Bundesgesetz vom 27. Juni 1973[1] über die Stempelabgaben

Art. 1 Abs. 1 Bst. a und b

[1] Der Bund erhebt Stempelabgaben:

    a.   auf der Ausgabe inländischer Aktien, Anteilscheine von Gesellschaften mit beschränkter Haftung und Genossenschaften, Partizipationsscheine, Genussscheine sowie Anteilscheine von Anlagefonds;

b. auf dem Umsatz inländischer und ausländischer Obligationen, Aktien, Anteilscheine von Gesellschaften mit beschränkter Haftung und Genossenschaften, Partizipationsscheine, Genussscheine, Anteilscheine von Anlagefonds sowie der ihnen durch dieses Gesetz gleichgestellten Urkunden.

Art. 5 Abs. 1 Bst. a fünfter Strich und Abs. 2 Bst. b

[1] Gegenstand der Abgabe sind:

a. die entgeltliche oder unentgeltliche Begründung und Erhöhung des Nennwertes von Beteiligungsrechten in Form von:
...

– Partizipationsscheinen inländischer Gesellschaften, Genossenschaften oder gewerblicher Unternehmen des öffentlichen Rechts.

[2] Der Begründung von Beteiligungsrechten im Sinne von Absatz 1 Buchstabe a sind gleichgestellt:

b. Der Handwechsel der Mehrheit der Aktien, Stammeinlagen oder Genossenschaftsanteile an einer inländischen Gesellschaft oder Genossenschaft, die wirtschaftlich liquidiert oder in liquide Form gebracht worden ist.

Art. 6 Abs. 1 Bst. g

[1] Von der Abgabe sind ausgenommen:

g. die Beteiligungsrechte, die unter Verwendung eines Partizipationskapitals begründet oder erhöht werden, sofern die Gesellschaft oder Genossenschaft nachweist, dass sie auf diesem Partizipationskapital die Abgabe entrichtet hat.

Art. 7 Abs. 1 Bst. a und a^{bis}

[1] Die Abgabeforderung entsteht:

a. bei Aktien, Partizipationsscheinen und bei Stammeinlagen von Gesellschaften mit beschränkter Haftung: im Zeitpunkt der Eintragung der Begründung oder Erhöhung der Beteiligungsrechte im Handelsregister;

a.^{bis} bei Beteiligungsrechten, die im Verfahren der bedingten Kapitalerhöhung begründet werden: im Zeitpunkt ihrer Ausgabe.

Art. 9 Abs. 1 Bst. c und d

[1] Die Abgabe beträgt:

  c. bei der Verlegung des Sitzes einer ausländischen Aktiengesellschaft in die Schweiz ohne Neugründung: 1,5 Prozent des Reinvermögens, das sich im Zeitpunkt der Sitzverlegung in der Gesellschaft befindet, mindestens aber vom Nennwert der bestehenden Aktien und Partizipationsscheine;

  d. auf unentgeltlich ausgegebenen Genussscheinen: 3 Franken je Genussschein.

Art. 11 Bst. b

Die Abgabe wird fällig:

  b. auf Beteiligungsrechten und Anteilen an Anlagefonds, die laufend ausgegeben werden: 30 Tage nach Ablauf des Vierteljahres, in dem die Abgabeforderung entstanden ist (Art. 7).

Art. 13 Abs. 2 Bst. a zweiter Strich

[2] Steuerbare Urkunden sind:

  a. die von einem Inländer ausgegebenen

    . . .

  – Aktien, Anteilscheine von Gesellschaften mit beschränkter Haftung und Genossenschaften, Partizipationsscheine, Genussscheine.

Art. 14 Abs. 1 Bst. a und b

[1] Von der Abgabe sind ausgenommen:

  a. die Ausgabe inländischer Aktien, Anteilscheine von Gesellschaften mit beschränkter Haftung und Genossenschaften, Partizipationsscheine, Genussscheine sowie Anteilscheine von Anlagefonds, einschliesslich der Festübernahme durch eine Bank oder Beteiligungsgesellschaft und der Zuteilung bei einer nachfolgenden Emission;

  b. die Sacheinlage von Urkunden zur Liberierung inländischer Aktien, Stammeinlagen von Gesellschaften mit beschränkter Haftung, Genossenschaftsanteile, Partizipationsscheine und Anteile an einem Anlagefonds.

2. Bundesgesetz vom 13. Oktober 1965[1] über die Verrechnungssteuer

Art. 4 Abs. 1 Bst. b

[1] Gegenstand der Verrechnungssteuer auf dem Ertrag beweglichen Kapitalvermögens sind die Zinsen, Renten, Gewinnanteile und sonstigen Erträge:

    b.   der von einem Inländer ausgegebenen Aktien, Anteile an Gesellschaften mit beschränkter Haftung, Genossenschaftsanteile, Partizipationsscheine und Genussscheine.

3. Versicherungsaufsichtsgesetz vom 23. Juni 1978[2]

Art. 21 Abs. 2 – 4

[2] Die aktienrechtlichen Vorschriften über die Bildung und Auflösung stiller Reserven gelten nicht für die technischen Rückstellungen.

[3] Der Bundesrat kann für Versicherungseinrichtungen vom Obligationenrecht abweichende Vorschriften über die Abschreibung der Gründungs-, Kapitalerhöhungs- und Organisationskosten sowie über die Bewertung der Aktiven und die Bilanzierung von Mehrwerten aufstellen.

[4] Die Aufsichtsbehörde veranlasst, dass die Bilanzen von Versicherungseinrichtungen, die der ordentlichen Aufsicht unterstehen, im Schweizerischen Handelsamtsblatt veröffentlicht werden.

Art. 42 Abs. 1 Bst. a

[1] Der Bundesrat erlässt:

    a.   ergänzende Bestimmungen zu den Artikeln 3 Absatz 1, 5 Absatz 3, 6 Absatz 1 Buchstabe b letzter Satz, 13 Absatz 3, 14 Absatz 3, 15, 21 Absatz 3, 24, 31 Absatz 2, 34, 37 Absatz 4 und 44 dieses Gesetzes sowie zum Zweck des Einschreitens gegen Missstände, welche die Interessen der Versicherten gefährden.